日本経済
長期低迷の構造
30年にわたる苦闘とその教訓

荒巻健二［著］

東京大学出版会

JAPAN'S LONG ECONOMIC STAGNATION:
30 Years of Struggles and Lessons
Kenji Aramaki
Translation from the English language Edition:
Japan's Long Stagnation, Deflation, and Abenomics:
Mechanisms and Lessons
by Kenji Aramaki
Copyright ©Kenji Aramaki 2018. All Right Reserved.
University of Tokyo Press, 2019
ISBN978-4-13-040286-6

はしがき

　本書は，1980年代以降の日本経済を対象として，バブルの形成・崩壊と長期経済低迷・デフレのメカニズムを解明し，現在の日本経済が抱える課題を明らかにすることを目的とするものである．

　専門外ともいえる分野でこのような本の執筆を目指したのは，筆者が長年抱いてきた大きな疑問である「日本経済は何故このような状況に陥ったのか」「これは必然ではなかったのではないか」という問いに答えを見出したいという強い気持ちがあったからである．

　筆者が社会人となったのは1976年であり，今から40年以上も前である．そのころの日本経済は活気と徐々に強まる自信に溢れていた．80年代のバブルの陶酔期には個人的には違和感を覚えたものの，日本経済の強さを信じる気持ちは変わらず，バブルが崩壊した90年代になっても，まだいつでもかつての活気あふれる日本に戻れると感じていた．しかし現実にはそうはならず，90年代後半に日本は深刻な金融危機を迎え，デフレに陥り，2000年代に入ってからも低成長は続き，数十年にわたり世界経済の成長から取り残された．日本のGDP（名目，ドル建て）が世界GDP（同）に占めるシェアは，1990年には米国（25.4％）に次ぐ13.4％（ピークの94年には17.7％）であったが，2017年には6.0％と大きく低下している．90年に日本の約13％であった中国の名目GDPは，2017年には日本の2.5倍である[1]．対外面を見ても，90年代前半には日本は世界の財輸出の9％を超えるシェア（ピークの93年には10％）を有していたが，現在はその半分以下の約4％を占めるのみである．今ある景色は当時は誰も予想しなかったものであり，「何故か」という問いに答えることは我々の世代の責任ではないかと感じてきた．

---

[1] IMF World Economic Outlook October 2018による．各国通貨建て名目GDPを市場為替レートでドル換算している．

しかしながら，国際金融を専門とし意見交換の場も限られる中，こうした問いへの解を求める作業は難航した．2011年の夏に当時教鞭をとっていた東京大学教養学部の演習で初めて本格的に日本経済の問題をとりあげ，受講生とともに広範な文献講読を開始した．また2014年に在外研究の機会を得て，ロンドン大学東洋アフリカ研究学院（School of Oriental and African Studies, University of London: SOAS[2]）に客員教授として所属し，国際金融危機の研究を進める傍ら，日本経済について guest lecturer として一連の講義を行い，その準備作業が研究の原動力となった．帰国する年であった2015年の夏以降も，SOASの同僚と立ち上げた日本経済をテーマとする研究者の国際的なネットワークである Japan Economy Network（JEN）の会合（ロンドン，ベルリン，チューリヒ）で三度にわたり報告を行い，徐々に形が整うこととなったが，執筆まで8年近い月日がかかることとなった．

本書の中心的主張は，バブルの形成・崩壊から金融危機，デフレという長期にわたる日本経済の変調の中心には，企業行動があったというものである．例えば，バブルが日本経済に残した最大の負の遺産は企業部門の過剰な資産（十分な需要が見込めず低収益とならざるを得ない資産）である[3]．バブル崩壊後に経済が長期にわたり力強い成長を遂げることができなかったのは，バブル崩壊後，売上が成長を止め，成長率の低下とともに過剰資産（低収益資産）がむしろ拡大する中で，企業は過剰資産の解消を速やかに進めることができず，その結果，長期にわたり投資が抑制されたことが大きい．更にその一方で，売上が伸びないにもかかわらずバブル崩壊後当初は賃金が増加を続け，企業収益をこの面からも圧迫することとなった．バブル崩壊により生じた問題に対する，この時期の企業の対応は受身的なもので，これが結果として低迷を長期化させることになった．ところが，90年代後半に金融危機が勃発すると，景況の悪化に加え，貸し渋りにとどまらず「貸しはがし」とさえ言われた資金調達環境の急激な悪化の下，企業の対応は一挙に危機対応に変化し，賃金の削減，非正規化，投資の一層の抑制と純資産ポジションの強

---

[2] 現在は，SOAS University of London（略称 SOAS）と改称されている．
[3] 過剰は資産のみならず負債にも生じており，企業はバランスシートの両面にわたり過剰を抱えた．

化が強力に推進された．この時期から賃金低下を背景に，物価の全般的下落（デフレ）も始まる．日本経済は金融危機を契機として，もう一段水準を下げるとともに，根本的な変貌を遂げた[4]．

企業によるこうした対応の結果，2000年代半ばまでには過剰な資産や同時に生じていた過剰な負債・過剰な雇用が除去され，経済はその面では平時に戻る．しかし，金融危機を契機として鮮明となった企業の防衛的な姿勢はその後も維持され，投資抑制，賃金抑制が継続する．日本経済低迷の最大の特徴は，このように過剰の除去に90年代初めのバブル崩壊から約15年という長年月を費やしたこと，更に2000年代半ばまでに問題の根源にあったと見られる企業のバランスシートの問題（過剰資産・過剰負債）がノーマルな状態に戻ったにもかかわらず，企業の抑制的な姿勢が継続したことにある（現在も完全には払拭されていない）．

本書は現在に至る企業の防衛的姿勢の重要な背景として，国内経済の低成長予想の定着をあげている．低成長予想は，90年代以降長期にわたった低成長の現実（本書が「長期低迷期」と呼ぶ1991～2012年の22年間の平均成長率は1.0％である）とともに，日本経済に深く根を下ろし定着した．ちなみに日本の全営利法人の総売上高（名目値）はバブル崩壊が始まる1990年度から2012年度までの22年間に－3.8％と絶対的に減少し，2015年度までの25年間をとっても0.2％増に過ぎない[5]．日本企業は四半世紀にわたり，成長の存在しない世界に生きてきたのである．

こうした現実の下で形成された低成長予想について，問題（低成長の継続）の根源にあった企業のバランスシートの問題は解消されたのであるから，低成長予想は本質的には経済実体の反映というよりも習慣化された考え方（マ

---

[4] 特に雇用についての企業行動の変貌は日本の経済社会の変質を生み出すものであった．90年代前半まで雇用重視を強く掲げていた多くの日本企業は，危機以降，基本的には内部者の雇用を守りつつも，賃金引下げと非正規化による労働コストの削減に邁進する（これを，脇田成『賃上げはなぜ必要か──日本経済の誤謬』（2014年，筑摩選書）は，要塞化する日本企業と表現している）．これに伴い，非正規化された特に若年労働者の有配偶率の低下など，重大な社会的コストが発生している（非正規労働者と正規労働者の有配偶率の顕著な差については，第6章参照）．この面では労働市場の分断を活用した防衛的な企業行動は，外部不経済を生んでいると言える．

[5] 財務省「法人企業統計調査」による．

インドセット）に起因するものであって，企業の考え方を変えることができれば変わるという見方がある．これに対し，低成長予想には合理的な根拠があるという見方もある．近年，後者の見方の中で勢いを増しているのが，人口減少による国内市場縮小予想を強調する考えである．

本文で触れるが，筆者はバブル崩壊後 2010 年代の初頭までの 20 年ほどの長期低迷期の大半，具体的には企業部門がバブル崩壊の後遺症を最終的に払拭した 2000 年代半ばまでの期間については，後者の見方（生産性成長率の低さ，人口減少など長期的・構造的な要因が，低成長予想あるいは低成長の現実をもたらしたとの考え）は当たらないと考えている．特に，人口減少予想は将来に向けて企業行動を大きく制約する可能性が高いが，人口減少が現実のものとなったのは 2000 年代後半からであり[6]，またこれが重要な問題として一般国民レベルで広く意識されたのは，おそらく 2010 年代初め以降とそれほど古いことではないと思われる．本書では前記のように，過剰資産の処理の長期化と，金融危機による企業の防衛的姿勢の一段の強化が長期低迷期の大部分の基本メカニズムと考えており，更に，2000 年代半ば以降現在に至るまで続く低成長のメカニズムについても，厳密に区分することは困難であるが，長期にわたった低成長の現実により形成されたマインドセットに起因する部分が残っていると考えている[7]．従って，それを変える試み（例えば，賃金引上げへの他律的な働きかけ，観光・対内投資等いわば外需の内需化による以前より高い成長実績の実現や，外部の見方を企業経営にとり入れるガバナンス改革）が有効性を持つと思われる．ただし，日本経済が現在抱える問題はそれにとどまるものではなく，人口減少，財政悪化，若年層や将来に向けた資源投入の少なさなど長期的，構造的な問題が益々重要性を増してきている．

安倍政権により推進されてきた包括的な経済政策，いわゆるアベノミクス

---

6) 総務省統計局「人口推計」による．なお，就業者数を見ると，1997 年の 6557 万人をピークに金融危機以降減少傾向にあったが，2012 年の 6280 万人を底に増加に転じ，2018 年には 12 年比 6.1% 増の 6664 万人と過去最高の水準にある（総務省統計局「労働力調査」）．

7) 第 5 章の補論には，企業の対応を，1990 年代初頭のバブル崩壊直後の「受動的対応期」，90 年代後半の金融危機後の「危機対応期」，2000 年代半ば以降の「防衛姿勢継続期」の 3 つに分け，それぞれの時期における低迷のメカニズムをフローチャートで示した図を掲載しているので参照されたい．

は，マインドセットの変化を促すと同時に，我が国が抱える長期的，構造的な問題への対応も視野に収めるものであり，これまでに一定の結果をあげたと言える．特に2013年半ば近くまで約15年にわたった継続的物価下落から抜け出し，デフレ状況とは言えなくなったこと，更に企業の売上が2012年度から2017年度までの5年間で12.3%の伸びを示し，売上拡大という前向きの動きが生まれていることは大きな成果である．しかし，こうした動きがあるものの，これにより企業行動が国内投資や賃金引上げ・正規化の面で顕著に積極的なものへと変化したとは言い難く，成長率の大きな上昇も見られない．その一方で，消費の成長寄与の低下，金融システムへの潜在的リスクの蓄積，財政の極端な悪化の継続など副産物への懸念が強まってきている．日本経済はアベノミクスを経て，ようやくバブルの形成・崩壊，金融危機の衝撃，デフレといった過去の清算を終え，様々な意味で平時に戻ったが，これまで徐々に進行していた人口減少，財政悪化，更には潜在的な成長性の低下という巨大な問題が姿を見せ始め，低成長予想と将来不安に覆われた状況にある．我が国が今後安全で安定した社会を維持していくためには，この数十年の苦闘の経験から教訓をくみ取り，これらの大きな課題に対応していかなくてはならない[8]．そのためにも，この30年間の出来事を的確に整理しておく必要がある．筆者の分析が的を射たものか是非ご一読いただき，ご批判，ご助言を賜ればと考えている．

　本書の執筆にあたっては，多くの方々の支援をいただいた．まず，2011年夏の演習で初めて日本経済をテーマにとりあげた際に熱心に参加してくれた，当時まだ学部生であった高本浩之君，大澤渉君，ノップス舵ジェラール君，鈴木彩夏さん，澤田淳君，浅見知冴さんほかの学部生の諸君に感謝したい．また筆者が東京大学教養学部で開催していた「日本経済研究会」に参加してくれた柳沢崇文君，深澤武志君，増田康隆君，佐藤友理さんほかの学部生・院生・OBの諸君，初めて公の場で日本経済について話す機会をいただいた湖島知高氏（日本取締役協会（当時）），原稿を通読し極めて根源的な指摘

---

[8] 本書はバブル崩壊から現在に至る三十数年間の日本経済の変調と困難のメカニズムの解明を図るものであるが，今後の対応策についても，最終章である第6章及び「あとがき」でごく簡単に触れている．

をいただいた大守隆氏（元経済企画庁調査局内国調査第一課長（経済白書担当））や全編にわたり有益なコメントをいただいた西川輝横浜国立大学経済学部准教授，原稿の一部にコメントをいただいた本間勝氏（欧州復興開発銀行（当時）），御厨邦雄氏（WCO）及び田代隆雄氏（(株)ウェザーニューズ），筆者の議論に対し常に現実を踏まえた鋭いコメントをいただいた大学時代のクラブの先輩である菅谷眞人氏（公認会計士），大きな方向感にコメントをいただいた渋谷博史東京大学名誉教授ほかの皆さんに厚く感謝したい．

2017年3月まで所属した東京大学大学院総合文化研究科国際社会科学専攻の同僚と職員の皆様には，在外研究に従事することを認め支援していただき大変感謝している．先述の通りその機会に行ったlectureは分析を進める原動力となった．また在外研究時の受け入れ教員となっていただいたSOASのNissanke Machiko名誉教授，先に触れたJENの立ち上げとその後の運営を通じて，筆者の日本経済研究をバックアップしてくれたSOASのsenior lecturerのUlrich Volz氏，SOASでの日本経済の講義を同僚としてアシストしてくれたsenior lecturerのSatoshi Miyamura氏にも厚く感謝したい．特に，Nissanke名誉教授には，SOASでの研究環境の整備に尽力していただき，更に当初講義用スライドを文章化する形で作成した英語での原稿を出版するための労をお取りいただき，感謝に堪えない．本書の英語版は，Palgrave Macmillanより *Japan's Long Stagnation, Deflation, and Abenomics: Mechanisms and Lessons* として2019年2月に出版されている．本書には一部新しいデータが盛り込まれているが，英語版と本書の内容は基本的に同じである[9]．

---

9) 2019年初めに，2004年から2018年分の毎月勤労統計調査の一部の数値が，全数調査でなく抽出調査であったにもかかわらず（2018年分を除き）復元（抽出調査を行った際に，母集団の調査結果として扱うために必要となる統計的処理）が行われていなかったことが明らかとなった．その後厚生労働省より復元に必要なデータ等が存在する2012年から2018年までについて，現金給与総額（名目，実質）等の再集計値が公表された．従来の公表値と再集計値との差は，かなり小さい．例えば，現金給与総額（名目）の指数（2015＝100）は，従来の公表値では2012年100から2018年102.7へと2.7％増であったが，再集計値では2012年99.7から2018年102.5へと2.8％増と6年間で0.1ポイントの差である（再集計値の方が伸び率がごくわずかに高い）．この間の現金給与総額（実質）指数の伸びも従来の公表値では－3.6％，再集計値では－3.5％とやはり0.1ポイントの差である．また，内閣府はこの再集計値公表を受

なお，筆者はかつて行政実務に従事していたが，本書で扱ったテーマに関わる事項の政策形成に直接関わったことはない．本書の内容は全て公開された資料とデータに基づく個人の考えであり，筆者がこれまでに所属したいかなる組織の見解を代表するものではないことを明記しておきたい．データ・資料の解釈や記載内容に誤解や不十分な点があればすべて筆者個人の責任である．

 最後になるが，本書の出版を担当していただいた東京大学出版会の大矢宗樹氏には厚く感謝したい．本書の企画に対する大矢氏の柔軟なご対応がなければ本書の出版は実現できなかったと考えている．また，現在特任教授として講義を担当している東京女子大学にも本書をまとめる研究環境をいただいたことに厚く感謝したい．

 本書が日本経済社会再構築の一助となれば，若い世代の教育の末端を担ってきた者の一人として，これに過ぎる喜びはない．

2019 年 3 月 16 日

荒 巻 健 二

け，GDP 統計の雇用者報酬の見直しを行った．2016 年，2017 年の雇用者報酬の額は両年ともに見直し前に比べ 0.26〜0.28% 増加となり，労働分配率は 0.18〜0.19 ポイント上昇となった．本書では，従来の公表値と再集計値との差がこのようにごくわずかであり，本書の議論に実質的な影響を及ぼすものではないと考えられることから，図表は従来の公表値のものを維持し，再集計値に基づくグラフ（現金給与総額等については 2012〜18 年分について，雇用者報酬等については 2016, 17 年度について作成可能であるが，これを追加する場合には，従来の公表値に基づくグラフとほとんど重なり合うことになる）は掲載しないこととした．

目　次

はしがき　i

序　章　本書の狙いと基本的主張 …………………………… 1
1. 本書の目的　1
2. 本書の特徴　3
3. 本書の構成　10

第1章　バブルの形成とその背景 …………………………… 31
1. 1980年代のバブル形成　31
   1.1　資産価格上昇とその後の下落　31
   1.2　資産価格上昇のバブルへの転換　33
2. 何故資産価格バブルが形成されたのか，回避することは可能だったのか　40
   2.1　経済政策運営　40
   2.2　金融自由化の下での銀行行動　67
   2.3　まとめ　71

　補論　資産の理論価格　74

第2章　バブルの崩壊と長期低迷の開始 …………………… 79
1. バブルの崩壊　79
   1.1　バブルへの政府の対応　79
   1.2　バブル崩壊の開始　82
2. 長期低迷　82
   2.1　バブル崩壊後，日本経済に何が起こったのか　83
   2.2　何故日本経済はこれほどの長期にわたり低迷したのか──主要な議論　85

  2.3 全プロセスをいくつかの時期に区分する必要性 91
 3. バブル崩壊後の初期調整期（第 I 期：1991〜97 年） 99
  3.1 第 I 期に何が起こったか 99
  3.2 何故民間設備投資は，これほど大幅にかつこれほど長く低迷したのか 102
  3.3 政府はどのように対応したのか 112
  3.4 初期調整期の要約 115

第 3 章　金融危機の衝撃と企業行動の変貌　……………… 119

 1. 金融危機とそのインパクト期（第 II 期：1998〜2002 年） 119
  1.1 金融危機の進行とその処理——概観 119
  1.2 不良債権問題の背景 121
  1.3 不良債権問題は，どのように対処されたのか 125
  1.4 不良債権問題は何故もっと早く解決されなかったのか 130
  1.5 何故政府は不良債権問題の解決にこれだけの時間がかかったのか 134
  1.6 銀行危機は他の国ではどう対処されたのか
    ——スカンジナビア諸国のケース 139
  1.7 金融危機の要約 143
  1.8 金融危機のインパクト 144
 2. 長期回復期（第 III 期：2003〜07 年） 151
  2.1 長期景気回復 151
  2.2 長期回復の背景 151
  2.3 根本的な変化はその後も不変 155
  2.4 長期回復期に政府は何をしたか 156
  2.5 日本経済は他の顕著な変化を示し始める 160
  2.6 第 III 期のまとめ 163
 3. 世界金融危機とその後（第 IV 期：2008‐12 年） 164
 4. バブルの後遺症と金融危機のショック克服後の日本経済の問題
   ——需要構造と成長性 165
 補論　過剰資産の急速な処理が雇用に与える影響 168

第4章　デフレと金融政策　……………………………… 173

1. 1990年代からの日本のデフレ　173
2. デフレの原因に関する主要な議論　175
    - 2.1 供給要因説——供給側の構造的な要因がデフレを引き起したのか　175
    - 2.2 需要要因説——需要不足による経済低迷がデフレの原因なのか　179
    - 2.3 金融セクター要因説——金融セクターの問題が原因なのか　180
3. 黒田総裁による量的・質的金融緩和より前の金融政策の評価
  ——金融政策はデフレへの転落とデフレから脱出できないことに
  対し責任があるか　181
    - 3.1 QQE採用までのクロノロジー
      ——バブル崩壊以降，日本銀行は何をしたか　181
    - 3.2 1999年のゼロ金利政策の導入までの日本銀行の金融政策をどう評価
      すべきか——金融政策が経済低迷あるいはデフレの原因なのか　182
    - 3.3 日本経済がデフレに陥った後の金融政策をどう評価すべきか
      ——ゼロ金利政策後の金融政策の評価　191
4. 本章における分析のまとめ　198

第5章　デフレと企業行動のメカニズム　……………………… 201

1. 企業行動から見る長期低迷とデフレのメカニズム　201
    - 1.1 企業の損益　202
    - 1.2 企業の資産と負債　205
    - 1.3 企業の純資産　211
    - 1.4 企業の資産負債，純資産ポジションの変化とその解釈
      ——企業の防衛的姿勢の強化　214
2. 企業の防衛的な姿勢継続の背後にあるメカニズム　218
    - 2.1 投資抑制のメカニズム　219
    - 2.2 賃金抑制のメカニズム　229
    - 2.3 対外要因はこうした労働コスト抑制に係る防衛的姿勢の継続に
      関わっているのか　237
    - 2.4 賃金抑制・低金利と消費　243
3. デフレと長期低迷の原因に関する本章の要約　248

補論　252

第6章　アベノミクスと日本経済の課題　………………… 261

1. アベノミクス　262
2. アベノミクス下での外国為替市場，株式市場の反応　269
   - 2.1　当初の劇的な反応とその後の変化　269
   - 2.2　当初の劇的な反応の背景　271
3. アベノミクスと実体経済　274
   - 3.1　円安，株価上昇と実質 GDP 成長率　274
   - 3.2　実質 GDP 成長への需要項目別寄与度　274
   - 3.3　主要需要項目の動向　277
   - 3.4　物価　281
   - 3.5　企業収益と投資　286
   - 3.6　労働コスト抑制の継続と正規・非正規の労働市場に見られる差異　286
4. アベノミクスの評価と日本経済の課題　291
   - 4.1　アベノミクスの評価　291
   - 4.2　日本経済の課題　292
   - 4.3　日本経済の現在とチャレンジ　306

参考文献　313
あとがき　329
索　引　336

序章　本書の狙いと基本的主張

1. 本書の目的

　本書は，1980年代以降，バブルの形成と崩壊，長期の経済低迷とデフレの発生という先進国では近年他に例を見ない長期にわたる困難を経験した日本経済の30年を検証し，バブル形成と崩壊，長期低迷とデフレのメカニズムを解明し，将来の政策運営に向けて教訓を引き出そうというものである．

　日本経済は1950年代から70年代初めにかけての高度経済成長を経て自由世界で米国に次ぐ第2の規模の経済に発展し，1人当たりGDPも世界でトップクラスに上昇する．1970年代初めに高度成長が終了した後も，ブレトンウッズ体制（固定相場制）の崩壊と変動相場制への移行，二度にわたる石油危機を乗り越え，極めて低い失業率と安定的な成長を誇る経済の優等生であり続けた．1980年代には日本経済は金融面でプレゼンスを高め，他国の経済的脅威とまでみられるようになる．ところが1980年代後半，日本経済は巨大なバブルを形成し，90年代初頭のその崩壊以降，長期にわたり低成長，更にデフレに悩むことになる．日本の名目GDPの額は，1997年に534.1兆円とピークを打った後，完全に成長を止め，20年後の2017年に545.1兆円と，1997年のピーク時をわずか11.0兆円（2.1%）上回るに過ぎない水準にある[1]．

---

[1]　実質ベースで見ると，バブル崩壊後の1991～2017年の実質経済成長率は平均1.0%と先進国平均の2.2%の半分以下（世界平均の2.7%の3分の1強）であり，仮に日本経済が1991年以降先進国平均の2.2%成長を遂げていれば，実質GDPは現在の1.4倍弱（世界平均の2.7%成長であれば1.6倍近い水準）となっているはずであった（IMF "World Economic Outlook database October 2018" による）．

このような誰もが予想しなかった低迷は何故生じたのか，これまで様々な議論が行われてきた．しかし，今も長期経済低迷のメカニズムについてコンセンサスはなく，従って引き出すべき教訓についても意見は分かれている．後に簡単に触れるが，世界金融危機を経験して米国は比較的速やかに回復を取り戻したが，欧州は弱い回復を続け近年に至るまでデフレへの懸念が完全には払拭できず，また急速な成長を遂げてきた中国が数年前には急な減速を経験し，その後安定を回復したものの，その先行きについて懸念がなくなったわけではない．これらの経済は日本経済が経験したような，長期の低迷と低インフレないしデフレのリスクに曝されていたのであろうか．仮にそうしたリスクに曝されつつもそこから脱却したのであれば，何が奏功したのであろうか．あるいはそうしたリスクはなお残存しているのであろうか．こうした問いに答えるに当たっても，日本経済の長期低迷とデフレのメカニズムについて正確な理解を持つことが有用であることは言うまでもない．

本書は，先に述べたように，1980年代以降の日本経済を対象として，バブルと長期経済低迷・デフレのメカニズムを解明することを目指すものであるが，この問題にアプローチする上で，次のようなより具体的な問いに答えることを目指した．

- 1980年代のバブルは何故生じたのか．バブルを回避するためには何をすべきであったのか．
- バブルはいかにして崩壊したのか．バブル崩壊は経済に何をもたらしたのか．
- 何故金融危機がバブル崩壊開始後7年を経た90年代後半に発生したのか．金融危機発生の背景となった不良債権問題は何故もっと早く解決されなかったのか．
- 金融危機は経済にどのような影響を与えたのか．
- 2000年代半ばまでにバブルの形成・崩壊による負の遺産[2]と金融危機のショックを克服した後においても日本経済の脆弱性が続いたのは何故

---

2) 本書で説明していくが，主に企業部門の過剰な資産・負債の残存を指す．

か．現在の日本経済の根本的な問題は何か．
- アベノミクスはかかる日本経済の根本的な問題を解決するものであるか．

こうした問いに対する答えを探すことを通じ，長期低迷とデフレのメカニズムを把握し，将来あるいは他国への教訓を引き出すことが最終的な目標である．

2. 本書の特徴

本書の特徴を述べれば次の諸点が挙げられる．

第1に，1980年代以降の30年以上にわたる日本経済の変調と困難の真因を，主にデータと事実を観察することにより浮かび上がらせるというアプローチをとっている点である．即ち，2011年に当時筆者が教えていた大学の学生と日本経済の長期低迷について検証を開始して以来，何ら特定の理論や見方を前提とせず，多くの議論と広範なデータの分析を行ってきたが，本書は，そうした検討の上に立って，データや事実が示すところを最も整合的に説明する議論を展開することに努めた．こうした形で三十数年間の日本経済の変調と困難のメカニズムを，流れのあるものとして包括的に提示したことが，これまでの研究と比べて新しい点と言えるかもしれない．

第2に，上記のアプローチと関わるが，三十数年間の日本経済を大きく時期区分して分析することが適当であるとの視点を提示したことである．大きく分ければ，1980年代半ばから90年代初頭までのバブル期，90年代初頭から2010年代初めまでの20年余にわたる長期低迷期，そして2013年に始まるアベノミクス期の3つであるが，本書の特徴的な点は，更に長期低迷期を4つの時期に区分して分析していることである．このように長期低迷の20年余をいくつかの期に分けて分析することが適当であるとの考えは，日本経済の変化がバブル崩壊後唐突に訪れ，それが長期化し永続化したという事実の観察から生まれたものである．即ち，低迷のメカニズムは当初の突発性の

ものから，長期低迷のプロセスを経る中で永続性を備えるものへと変化した．本書で示しているが，90年代後半の金融危機が日本経済にとって重要な分水嶺となっており，金融危機の前と後という区分を含め，バブル崩壊以降アベノミクス登場の前までの長期低迷期を4期に分けている．具体的には，90年代初頭のバブル崩壊から90年代後半の金融危機の前まで（第I期），金融危機から戦後最長の景気回復が2000年代前半に開始される頃まで（第II期），2000年代前半から2008年の世界金融危機の前まで（第III期）及び世界金融危機以降アベノミクス開始前まで（第IV期）に分け，それぞれの時期における低迷のメカニズムとその変化を分析した．

第3に，長期低迷とデフレのメカニズムの解明に当たって，企業の行動に着目していることである．これもデータに即して考えていくというアプローチの結果生まれた観点であるが，バブル崩壊や金融危機を契機に日本経済には極めて重大な変化が生じた．例えば，1990年代初頭以降の投資の抑制，金融危機以降の名目賃金及び物価の低下などであるが，そうした変化のほとんどは企業行動に関わる．このため，企業行動の分析は本書の重要な要素となった．本書ではこうした観点から，マクロ的なデータのみならず，企業部門の集計された財務諸表の分析を通じ，バブル期，バブル崩壊後，金融危機後などそれぞれの時期にどのような形で企業行動が展開されていったかを検討している．そうした企業行動の分析は主に第5章で行われているが，こうした分析からも長期低迷期の企業行動が時期により大きく変化していることが浮かび上がってくる．上述の時期区分と対応させて言えば，バブル崩壊後金融危機の前までの第I期におけるバブル崩壊への企業の対応は「受動的対応」とも言えるものであり，この間，過剰資産・負債の拡大，労働コストの上昇が進行した．金融危機の勃発から2000年代前半まで（ほぼ第II期に対応）には，金融危機に直面した企業は過剰な資産・負債の除去と労働コストの削減を急速に進めた．この時期の企業の対応は「危機対応」とも言えるものである．その後（バブル崩壊後約15年を経た）2000年代半ばまでには過剰な資産・負債，更には過剰な雇用の除去がほぼ終了するが，危機対応期に顕著となった企業の投資抑制，労働コスト抑制（2つの抑制）の姿勢は変わらず，その後も，即ち，第III期（「長期景気回復期」），第IV期（「世界金融危機

とその後」),更にはアベノミクス期にも基本的に継続することとなった.こうした2000年代半ば以降の企業行動は「防衛姿勢継続」と呼べるものである.何故このように防衛的姿勢が続くのかについては,第5章で詳しく分析する.

本書の検討からは多くの示唆がえられるが,最大の示唆は,経済主体が過剰な資産を抱えることのリスクである.過剰とは十分な需要(売上げあるいは収益)が伴わない資産という意味である.こうした過剰な資産(低収益資産)の存在は,資産圧縮への継続的な圧力を生み,投資を抑制する.また低収益資産の存在は企業収益を圧迫し,コスト削減,即ち,賃金や調達コストへの削減圧力を生む.こうした圧力は,投資抑制や(賃金抑制を通じた)消費抑制を通じ需要低下をもたらし,経済低迷を長期化させ,価格にも低下圧力をもたらす.更に過剰な資産が過剰な負債によってファイナンスされている場合には,こうした悪循環の中で,過剰資産・負債のもたらすコストが金融セクターにシフトされ金融危機につながるリスクがあり,危機に至る場合には経済に大きな傷跡を残すことになる.更にこうした過剰の除去,金融危機克服のプロセスが長期にわたる場合には,経済主体の行動様式が大きく変化し,経済全体が別の均衡に移ってしまうことさえありうる.

図序-1は資産ではなくその背後にある負債の状況を示すものであるが,日・米・ユーロ圏・中国の民間非金融部門(企業及び家計)に対する信用総額(民間非金融部門から見れば債務総額)(GDP比)の推移を示している.日本の同比率は1980年代半ばの160％台から80年代末には200％を超え,94年末のピーク時には218.2％に達し,その後1999年に200％を割り込むまで200％超の水準を維持し,バブル前の160％台に戻ったのは2000年代半ばであった.この間日本経済は,経済回復力の弱さと不良債権問題による金融危機を経験した.米国では,同比率は,90年代後半の120％台半ばから上昇を開始し,リーマン・ブラザーズの破綻時の2008年9月末には170.0％とピークに達し,その後減少,2012年頃から150％前後で安定した.ユーロ圏は99年の120％前後から上昇し,2009年半ばに160％台となり,その後も160％台で推移しており,顕著な低下を見せていない.中国は,2000年代前半から120％内外で推移していたが,2009年初めに急上昇を始め,

6　序　章　本書の狙いと基本的主張

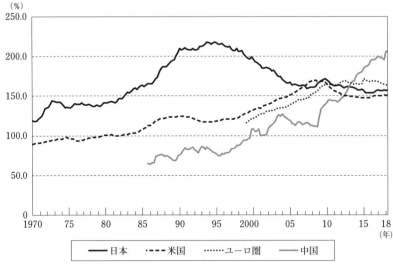

図序-1　民間非金融部門（企業及び家計）への総信用（名目GDP比）
出所）BIS.

2014年末には180%, 2000年には200%を突破し, 2018年6月末時点で205.5%という極めて高い水準にある.

　これを企業と家計別に見たのが図序-2及び図序-3である. 日本の負債急増は企業部門に生じており, 家計部門の負債は大きな増加を示していない. 日本では過剰資産, その裏にある過剰負債問題は企業部門にあったことが示されている. 米国は, 債務急増は家計部門に生じている. サブプライム・ローン問題が世界金融危機のきっかけとなったことに現れているように, 問題は家計部門にあり, 企業部門ではなかったこと, 家計部門の債務水準の削減が速やかに進んだことが見てとれる. 米国経済の回復が比較的早かったことの背景に, こうした債務水準の調整が進んだことがあると見られる. これに対し, ユーロ圏では企業部門の負債の増勢が大きくしかも債務水準の調整が進んでいないことが見てとれ, 経済回復の弱さの背景となっていたことが推測される. 中国は家計部門の債務も急上昇しているが, 企業部門はより大きな問題を抱えていると見られる. 債務水準の急上昇は, 2008年末に打ち出された「4兆元の景気対策」を契機として進んだもので, その裏には企業部

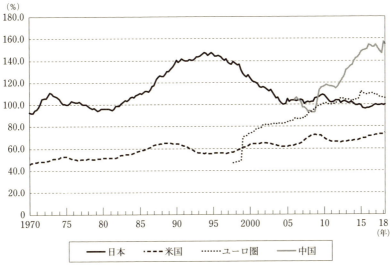

図序-2　非金融企業への総信用（名目 GDP 比）

出所）BIS.

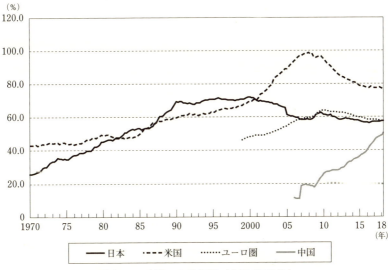

図序-3　家計への総信用（名目 GDP 比）

出所）BIS.

8　序　章　本書の狙いと基本的主張

図序-4　政府部門への総信用（名目 GDP 比）

出所）BIS.

門の資産拡大があると見られ，これが十分な需要の伴わないものである場合，日本のバブル期の過剰資産と同様の重しとして今後経済活動を長期にわたり下押しする可能性がある．企業の債務水準は急上昇後 2016 年初以降，横ばいないし減少気味であったが，2018 年には再び増加に転じ，2018 年 6 月末現在，日本のバブル後のピーク（1993 年末，147.6%）を超える 155.1% の高い水準にとどまっていることは大きな懸念材料と言える．

　図序-4 は政府に対する総信用の推移を示す．これと図序-1 に示す民間非金融部門（企業及び家計）の債務（GDP 比）を合わせてみると，日本の民間非金融部門の債務は，1997 年末の 206.9% から 2018 年 6 月末の 157.5% へと 49.4% 低下したが，その同じ期間に政府債務は 91.7% から 213.2% へと 121.5% 増加した．政府債務の上昇は，高齢化による社会保障費の増加，景気低迷による歳入の減少，1990 年代に繰り返し発動された景気刺激策による歳出増によるが，民間部門の過剰債務（あるいは過剰資産）の削減の直接的コスト（例えば，不良債権処理解決への公的資金使用），間接的コスト（例えば，景気低迷による歳出増（刺激策や失業保険支払い増），歳入減）の多くが政府部門

により負担されたことを示すとも言える．米国では民間非金融部門の債務が，2008年6月末（リーマン・ショックの前）の169.1%から2018年6月末の151.0%まで18.1%低下したが，その間政府部門の負債は61.1%から97.8%へと36.7%上昇した．日米ともに，政府債務の増加幅は，民間非金融部門の債務の減少幅の2倍以上になっている．

これに対し，ユーロ圏の民間非金融部門の債務は2008年6月（リーマン・ブラザースの破綻前）の153.6%から2018年6月末の163.8%へと10.2%上昇する一方で，政府部門の債務も同期間に66.9%から97.1%へと30.2%上昇し，民間，政府双方が債務水準を高めている．民間部門の債務削減は進んでおらず，これが持続可能な水準であるか注視を要する．中国については，民間非金融部門の債務は2008年6月末の112.3%から2018月6月末の205.5%へと93.2%上昇し，その間政府部門の債務は27.8%から47.6%へと19.8%上昇している．今後民間非金融部門の過剰債務（過剰資産）の削減が行われる場合には，政府部門の債務は相当に高まることを予想する必要がある[3]．

以上が本書の最大の示唆，過剰な資産ないし過剰な負債のリスクであるが，我が国のケースはこうしたリスクが最悪の形で顕在化した事例と言える．それは2つのルートを通じて現れた．一つは金融危機の発生による経済への広範かつ深いネガティブなインパクトである．本書で見ていくが，日本ではバブル崩壊後7年を経過した1990年代後半に金融危機が発生し，危機は企業行動を大きくかつ深く変質させた．その中でも最大の変化は企業の雇用政策の激変である．90年代初頭まで雇用の提供を社会的使命としていた日本企業は危機に直面し，これを大きく転換させる．具体的には名目賃金の引下げにとどまらず，正規雇用を急激に減少させ非正規雇用による代替を進

---

[3] 政府部門の債務の増加規模は，調整のスピードと規模，金融危機を伴うか等様々な要因により左右され，推測の域を出ない．ただし，危機後，比較的迅速な調整が行われた米国でも政府債務の増加は民間部門の債務の減少の2倍になったことを考えると，中国においても特に金融危機がもたらされた場合には政府部門の債務の増加は相当に大きなものとなりうると考えられる．単純に米国の例になぞらえれば，民間部門の債務を160%（現在の日本の水準（2018年6月末，157.5%）程度）まで減少させるとした場合（45.5パーセント・ポイントの減少），政府部門の債務はGDP比100%を大きく超えうるということになる．ただし，なお管理可能な水準ということになると思われる．

めた．また企業は過剰な資産・負債の除去を急速に進め，物的資産（建物，機械等）は絶対的に減少を始めた．こうした中でデフレも発生した．現在，日本経済は，基本的に平時に戻ったとは言え，いまだこうしたバブル崩壊，金融危機のショックがもたらした影響から完全に脱したとは言えず，その克服は重要な課題であり続けている．危機は経済主体の基本的な行動原理までをも変えてしまう可能性がある．

　もう一つのルートは過剰の除去や金融危機の克服に時間を要することにより，企業や家計の予想が変化し，それが経済自体をいわば別の均衡に移行させてしまうリスクである．中でも，低迷の長期化が企業の成長予想に与える影響は極めて重要である．高い成長予想は投資行動を引き起こし，経済成長を高める形で自己実現的に機能する．逆に低い成長予想は投資を抑制し，やはり低い成長をもたらす面がある．従って，成長予想を維持することは成長を維持する上で重要であるが，実績として低い成長が継続する場合，成長予想は下方修正されていく．本書で触れていくが，バブル崩壊後過剰資産の解消が速やかに進まず，むしろ1990年代半ばまでは逆に過剰資産は増加し，その除去にバブル崩壊後2000年代半ばまでの約15年を要した．このため，著しい投資抑制が長期にわたり続き，その結果低い成長が継続したことにより，成長予想は引き下がり定着してしまうことになった．成長予想がいったん低下してしまうとそれを引き上げることは容易ではない．成長予想の引上げがいかに難しいかは，アベノミクスと言われる2013年以降の大規模な金融緩和を含む包括的な経済政策と，それへの企業の反応（賃金の抑制と慎重な国内投資の継続）が示していることである．

3. 本書の構成

　本書の構成は次の通りである．まず第1章はバブルの形成を扱う．第2章はバブル崩壊とその後の経済の推移を概観し，バブル崩壊後からアベノミクスの前までの20数年間を4期に分けるという考えを提示する．その上で，第Ⅰ期，即ちバブル崩壊後で金融危機の前までの初期調整期を分析する．第

3章は1990年代後半の金融危機及びそのインパクト（第II期），その後の長期経済回復（第III期），更に世界金融危機に始まる攪乱的な時期（第IV期）を扱う．第4章はデフレと金融政策の問題を分析する．第5章は経済の長期低迷とデフレの真因を探るため企業行動の分析を行う．第6章はアベノミクスと日本経済の課題を扱う．各章の要点は次の通りである．

第1章「バブルの形成とその背景」

　第1章では，1980年代における大規模なバブル形成の要因を探る．日本経済は，1980年代に巨大な資産インフレ（バブル）を経験した．地価と株価は高騰が始まった1980年代前半から80年代末から90年代初めのピークまでの7年程度の間にそれぞれ約5倍になり，成長率も1970年代初めに高度成長が終焉を迎えて以降の10年ほどの平均3％台の成長から，80年代後半には平均5％を超える高い成長を記録した．しかし，バブルは1990年代初頭には崩壊を始め，その後の長期経済低迷の序章となった．

　第1章では，資産価格インフレ，特に地価上昇のプロセスを辿ることにより，1980年代前半におそらく実体経済要因により東京都心に始まった商業地価の上昇が，他の地域，あるいは住宅地価へと波及する過程でバブルに転化していったことを示す．その上で，バブル形成の要因として，この時期の経済政策運営の問題と金融自由化の下での金融機関行動の2つを挙げる．前者に関しては，この時期の経済政策が2つの制約の下に置かれており，それが政策を変質させ，バブル形成を後押ししたことが示される．経済政策運営への2つの制約のうち第1の，そして最も強い制約は米国との激しい貿易摩擦である．1980年代初めに誕生したレーガン政権の大規模減税を含む市場志向の経済政策（レーガノミクス）は，巨額の財政赤字と貿易赤字という双子の赤字を生み，その一方でドル高騰を背景に日本の経常収支黒字が拡大し，その結果激しい日米貿易摩擦が生じ，米国に安全保障を依存する日本にとってその解決が重大な課題となった．

　政策運営への第2の制約は，1970年代の二度にわたる石油危機による景気低迷と，70年代前半からの社会保障の充実政策の下で急速に進行した財政の悪化である．消費税（大平正芳首相の下で打ち出された一般消費税）の導入

を断念した政権は，1980年代の大半を増税なき財政再建，即ち財政支出拡大の抑制政策を維持していく．このように対外摩擦への対処を財政再建という枠組みの下でいかに果たしていくかが，80年代の基本的な政策課題であった．その中で1980年代前半にスタートした中曽根康弘政権は，規制緩和，特に土地利用規制の緩和による都市再開発を内需拡大の重要な手段として推進していくが，これは地価の大幅上昇のきっかけを作っていくことになる．その後も対外不均衡が拡大を続け，米国において保護主義的動きが増大したことから，政権はドルの為替レートの協調的な引下げ（円高誘導）を受け入れる姿勢をとり，日米でプラザ合意へと進む．ところが，いったん始まった円高への流れは関係国の予想を大きく裏切って進行し，円レートは約2年間で2倍となる事態となり，政権はそれ以上の円高の阻止を大きな課題として抱えることになる．しかし一方で，こうした円高にもかかわらず，対外不均衡はすぐには解消しなかったことから，米国は内需拡大の要請を弱めることはなく，こうした中，それ以上の円高阻止及び対外摩擦解消のために金融緩和が長期にわたり継続されることとなる．1980年代末に金融政策は引締め姿勢に転換するが，その時までに前回の引締めからは9年以上が経過していた．更にこの時期には政権は我が国の経済構造を大きな対外不均衡を生まないものに改めるという経済構造改革の姿勢を強め（前川レポート），経済政策の目的は国内経済課題よりも対外不均衡の是正という対外政策課題へと大きくシフトしていった．こうした規制の緩和，緩和された金融政策の継続，国内目標よりも対外目標を優先課題とする政策姿勢は，国内リゾート施設の建設促進法等の立法化を含め，バブルの形成・拡大に大きく寄与したと考えられる．こうした経済政策運営に係る問題が，バブル形成の第1の要因である．

　バブル形成の2つ目の要因は，1970年代後半に始まった金融自由化の下での金融機関行動である．高度成長の終焉による資金需要の低下，金融自由化による資金調達手段の多様化等を背景に，従来金融機関の重要な顧客であった大企業は次第に金融機関借入への依存度を下げ，こうした顧客ベースの浸食，金融自由化の下での利鞘の縮小を背景に，金融機関は新たな市場，中でも不動産関連貸付けを拡大し，バブル形成を促進することになる．自由化が

リスク管理に係る規制監督の十分な強化を伴っていなかったことが指摘される．これらの要因の他，企業の金融活動の積極化（財テク）と土地神話（mythical trust in land holding）も背景として指摘される．

こうしたバブル形成により，民間企業部門，特に非製造業部門はそれまでの趨勢をはるかに超えた巨額の資産（特に建物等の物的施設）を保有することとなり，これが大きな重しとして日本経済にのしかかっていくことになる．

第2章「バブルの崩壊と長期低迷の開始」

第2章は，バブルの崩壊と崩壊後の20年にわたる経済低迷の概観を行った上で，長期低迷期を4期に区分し，その第Ⅰ期，即ちバブル崩壊から金融危機勃発の前までの初期調整期を扱う．

まずバブル崩壊は，1980年代末以降の金融政策の急激な引締めと銀行による不動産関連融資に対する総量規制の発動等をきっかけとして1990年代初頭に始まるが，政策発動の背景には地価高騰がもたらす資産格差拡大という社会的不平等への配慮があり，大規模な資産価格インフレやその崩壊が経済や金融システムにもたらす経済的リスクの制御という観点は希薄であったことが指摘される．これは公正の観点を背景とした攻撃的な政策によりバブルを積極的につぶすという，大きな問題をはらんでいた．

次いで，バブル崩壊以降の約20年間の経済状況を概観し，成長率がバブル期の5分の1以下に低下し，失業率が急上昇するなど，長期の経済低迷を経験したことを確認する．1人当たりGDPの伸び率で見ても，他の主要先進国に比べ低迷は明らかである．その上で，こうした低迷を説明する議論として，供給サイド要因説，需要サイド要因説，金融セクター要因説の3つの議論があることを紹介する．供給サイド要因説は，生産性上昇の遅れ，人口動態など供給側の問題が長期低迷の背景にあるとするものであるが，これに対しては経済成長，特に名目GDPの趨勢的な成長が1990年代初めに全く突然に停止したことに照らし，徐々に進行する構造要因では説明し難いこと，また長期低迷期を通じて，日本経済は基本的に供給力が需要を上回るデフレギャップを抱えており，経済の低迷を供給力の低迷によっては説明しにくいことが指摘される．需要サイド要因説については，90年代後半の財政

引締めにより経済の回復を阻害したとして財政政策が，また，バブル崩壊後の金融緩和の不徹底が長期低迷とデフレをもたらしたとして金融政策が批判される．財政政策については，バブル崩壊後に毎年のように財政刺激が講じられ成長に寄与していたことから，財政引締めのタイミングの問題はあるとしても，90年代に始まった長期低迷の基本的原因は別の要因に求められるべきであると主張される．金融政策については，第4章で詳しく検討されるが，マネーストックの伸びが90年代初めにそれまでの10%を超える伸びからマイナスへと崩壊したことに示されるように，バブル崩壊後の対応というよりは，攻撃的な金融引締めと不動産融資に対する総量規制の発動という，バブル崩壊につながったこれらの政策のあり方に大きな問題があったことが示唆される．金融セクター要因説は，不良債権問題による金融セクターの健全性の問題が貸渋りを生み，経済低迷をもたらしたとするが，金融機関の融資態度はバブル崩壊直後と90年代後半の金融危機時を除き，90年代には基本的に緩和的であったことから，少なくともバブル崩壊後，金融危機の前までの長期低迷の初期の時期（これが最も重要な時期であったと考えられる）については，金融セクターの融資引締めが経済低迷をもたらしたとは考えられないことを指摘する．

　上記の概観の後，長期低迷は，前記のように名目GDP成長が突然停止したことに示されるように，非連続的な突発性のある（構造的要因でない）出来事により開始されたと考えられること，他方そうした低迷が20年以上も継続したことから考えると，突発的要因により生じた変化が低迷の間に構造化されたと見られること，言い換えれば，長期低迷のメカニズムは低迷の間に変化した可能性があることが主張される．その主張に基づき，低迷のメカニズム（病巣）の変化を，経済の特徴（症状）から推測するとの考えに立ち，経済変動の特徴の変化を踏まえ，バブルの崩壊からアベノミクス開始前まで，即ち1991年から2012年までの二十数年間を特徴の異なる4つの時期に分け，それぞれについてその低迷のメカニズムを究明するというアプローチを本書がとることが説明される．その4つの時期とは，先に簡単に触れたが，景気の動き，成長率，設備投資・失業率の動向等を踏まえ，バブル崩壊から金融危機前までの「初期調整期」（第1期：1991～97年），金融危機勃発か

ら2000年代初頭までの「金融危機とそのインパクトの時期」（第II期：1998〜2002年），2000年代初頭からの経済の長期回復から世界金融危機勃発前までの「長期回復期」（第III期：2003〜07年），世界金融危機の勃発からアベノミクスが開始される前までの「世界金融危機とその後の時期」（第IV期：2008〜12年）とされる．

　第2章は次いで，第I期（初期調整期）について分析する．第I期の経済成長率は，バブル期の3分の1以下になったが，その最大の要因は設備投資の低迷である．設備投資低迷はバブル時代の過剰投資のストック調整（過去の過剰投資により積み上がった過剰な資本ストックの下方調整）と考えられるが，それが長期化した原因として，過剰資産のサイズの大きさもあるが，それに加え，バブル崩壊後に企業の売上げが突然成長を止め，むしろ低下傾向となったことが挙げられる．売上げの低迷，成長率の漸減により企業の期待成長率は次第に低下し，それに伴い必要とされる設備水準（資本ストック水準）は低下した．このため必要とされる水準を上回る過剰設備の規模は，投資抑制にもかかわらずむしろ年々増加し，これが設備投資を長期にわたり抑制したとみられる．また，第1次クリントン政権下での日米貿易摩擦の激化が史上最高の円高を生み，外需を抑制したこともマイナスに作用した．更に，バブル崩壊による資産価格の低下は企業，金融機関のバランスシートを悪化させ，その行動を慎重化させ投資を抑制したとみられる．成長率の低下が土地の期待収益率を低下させ地価下落を継続させたこと（地価はバブル崩壊後14年間下落し続けた）も，バランスシートに追加的な重荷を与え続けたとみられる．

　注目すべきは，企業の資産規模（債務規模も同じ）がバブル崩壊後も1990年代半ばまで増え続けたことである．これは非製造業について特に当てはまるが，形成された過剰な資産が，不動産開発など着工から完成まで相当の期間がかかるものが多かったことの反映ではないかと考えられる．そうしたタイムラグと，企業が収益性の低い資産の速やかな解消を行わなかったことにより，企業の収益性の低下は長期にわたり継続し，財務基盤の悪化の長期化，債務の返済能力の低下をもたらし，それが不良債権問題の深刻化という形で金融セクターに危機をもたらすこととなる．財政出動や金融緩和は需要追加という形で時間稼ぎをすることはできたが（その結果，政府は膨大な債務

をかかえることとなったが），バブル時代に形成された持続的な需要が見込めない資産の処理（過剰供給力の処理）の促進には寄与せず，危機を回避することはできなかった．

第3章「金融危機の衝撃と企業行動の変貌」

第3章は，主に金融危機と危機が日本経済に与えたインパクト（第II期：1998〜2002年）を扱い，併せてその後の時期（第III期：2003〜07年，第IV期：2008〜12年）をアベノミクスの前までカバーする．

バブル崩壊後7年が経過した1997年秋，金融危機が勃発した．バブル崩壊後，企業収益は著しく低下し，不良債権が年を追って増大，担保不動産価格の下落もあり，90年代前半には中小金融機関の破綻が生じ始めた．それまでは，健全な金融機関が破綻金融機関を吸収し，その業務（預金や融資）を受け継ぐ形で処理が行われていたが，次第にこうした処理が難しくなったため，政府は受け皿金融機関を設立し，破綻金融機関の業務をそこに移すとともに，預金保険機構（DIC）が資金支援する形で処理することにした．その後，住宅金融専門会社（住専）が不動産関連融資の焦付きで破綻に追い込まれたが，貸付金融機関の健全性を確保する観点から，その処理に当たり税金の投入が行われ，これに対して極めて強い国民の反発が生じ，以後，金融セクターの問題への公的資金の投入はタブーとなる．しかし1997年11月，中堅証券会社の破綻によりインターバンク市場で戦後初の債務不履行が生じると，一部の金融機関はインターバンク市場での資金調達が難しくなり，主要銀行の一つである北海道拓殖銀行，4大証券の一つである山一証券が相次いで破綻，地方で銀行への取付けが発生するなど危機的な状況となった．これを受け，銀行への資本注入を可能とする法律が制定され，98年3月には資本注入が行われ，市場は小康を得たが，98年夏には日本長期信用銀行の経営不安の問題が表面化，新たに自己資本比率に基づく早期是正措置とリンクされた強化された資本注入制度の導入，国有化を含む包括的な破綻処理の枠組みの整備が行われた．前者の法制に基づき1999年3月，前回（98年3月）の注入総額の4倍もの額の注入が15行に行われ，また後者の法制に基づき1998年遅くに日本長期信用銀行，日本債券信用銀行が国有化された．

こうして整備された包括的なセーフティ・ネットの仕組みに基づき，政府は不良債権処理を強力に推進し，政府が2002年に設定した不良債権比率の半減目標が2005年には達成され，長期にわたり日本経済の重しとなっていた不良債権問題（あるいは企業部門の過剰資産問題）は最終的に解決された．

不良債権問題の解決までバブル崩壊後15年を要したが，何故もっと早く解決されなかったのであろうか．不良債権問題の背景にある，企業部門の過剰資産の迅速な処理と，銀行による不良債権処理が迅速に進まなかった背景には，経済の先行きに対する楽観的な見通しに加え，過剰資産ないし不良債権の急速な処理がもたらす負の影響の巨大さ，倒産や失業の増加，経済の悪化等を回避しようという経営判断と，それを可能とするガバナンスの仕組みがあったとみられることが指摘される[4]．他方，経済や金融システム全体の健全性をみる立場にある政府が不良債権問題の解決に長期間を要した理由としては，当初は経済あるいは地価の先行きへの楽観的な見通しがあったと見られるが，より根源的には1997〜98年に整備されたような包括的な危機解決のフレームワークが存在しなかったこと（包括的フレームワーク（例えば国有化や資本注入）なしに処理を推進する場合に事態が制御不能となりうること）が制約となったと考えられる．

バブル崩壊と金融危機対応の成功例とされるスカンジナビア諸国の例を見ると，バブル崩壊後に余り間をおかずに発生した危機に対し公的資金を用いて金融システムを救うという政治的意思の存在が，危機の早期収束と経済の迅速な回復に寄与した．我が国の場合も，仮に90年代初めに危機を迎えていた場合には，その後の日本経済の展開は大きく異なるものとなった可能性がある（日本経済は危機の後，それ以前の成長経路に近いものに復帰し得たかもしれない）．全く後知恵であるが，バブル崩壊後の早い時期に危機発生を回避するために投じた努力（危機の回避は関係者の職責である）が，結果的には危機発生を遅らせ，日本経済の変質を結果としてもたらせてしまったと言え

---

[4] 第3章補論では，過剰資産を急速に処理した場合の雇用へのインパクトの極めてラフな推計を行っている．これによると，1990年代前半には過剰資産は，過剰資産を含む総資産規模の3割近くを占め，これを一挙に処理した場合，失業者は1200万人以上増加し，失業率は20%を超えるとされる（第3章補論「過剰資産の急速な処理が雇用に与える影響」参照）．

る．

　危機発生により，日本経済には大きなかつ根本的な変化が生じた．経済の悪化に加え，第1に，失業率が急上昇し，第I期（1991～97年）の2.8%から第II～IV期（98～2012年）の4.7%になった．第2に，98年初め以降，名目賃金が下落を開始し，2012年までに累積で13%近く下落する．第3に，正規雇用は97年にピークを打ち，危機後急減し，2005年までに500万人近い正規雇用（ピーク時の約13%）が失われた．同時に非正規のシェアは上昇を続けた．第4に，企業部門は投資超過から貯蓄超過へ転換した（企業部門の貯蓄超過は政府部門及び海外部門の貯蓄不足を埋めた）．第5に，98年半ばから消費者物価（除く生鮮食品）が基本的に低下を始め，緩やかなデフレが始まった．こうして日本経済は金融危機の衝撃を受け，企業行動が大きく変化する中で，初期調整期を低迷の第1ステージとすると，危機後にもう一段水準を下げ低迷の第2ステージに入ることになる．

　第3章は，第III期及び第IV期についても簡単に触れる．日本経済は2000年代初めより戦後最長の景気回復期に入る．1990年代の二度の回復期が短い回復であったことに対し，今回の回復は6年以上の長期にわたり，しかも設備投資もプラスに寄与する相対的に力強い回復となったが，これは2つの要因を背景とする．一つはバブルの形成・崩壊により企業部門が抱えることになったいわゆる「3つの過剰」，即ち，過剰設備，過剰債務，過剰雇用の解消が進み，2000年代半ば頃までにはバブル形成前の水準にまで戻り（これは金融セクターサイドから見れば不良債権問題の解決である），バブルの負の遺産がようやく解消されたことである．もう一つは，後に一時「大いなる安定」と呼ばれた世界経済の低インフレ下の高成長という，良好な外的環境である．しかし，長期景気回復下でも金融危機後に生じた日本経済の根本的な変化（比較的高い失業率，名目賃金の低下，正規雇用から非正規雇用へのシフト，企業部門の貯蓄超過部門への転換，デフレ）は，基本的に継続し，投資の抑制，労働コストの抑制（2つの抑制）という企業の行動は，持続することとなった．この時期にはこれらに加え，実質賃金の低下を背景とした消費の成長寄与の低下と貿易依存度の上昇という，日本経済の今に至る特徴がより鮮明になってくる．

第IV期は，日本経済が世界金融危機の勃発，欧州債務危機，東日本大震災という外生ショックに襲われる時期である．日本経済は世界金融危機後，先進国としては世界で最大級のマイナス成長（2008年第4四半期年率−12.4%，2009年第1四半期年率−15.4%）を記録し，また大震災後は輸入燃料の増加等から貿易収支が赤字に転落，それにもかかわらず円レートは史上最高値を更新し，日本経済が対外脆弱性を高めていることが示された．

このように，日本経済は，2000年代半ばまで15年をかけてバブル形成と崩壊の後遺症及び金融危機の衝撃を克服したが，それにもかかわらず，第III，IV期（2003～12年）の平均成長率は0.9%にとどまり，堅固な経済成長は戻らなかった．日本経済はバブルの後遺症を克服する過程で，需要と供給の両面でその後の経済を規定する2つの問題を抱えたように思われる．一つは長期的・構造的な内需不足と外需依存，その結果としての対外脆弱性である．もう一つは，長期にわたる投資抑制の結果として潜在的な成長性自体が低下した可能性である．鍵となることは，何がこうした問題を引き起こしたのかということである．これは次の第4章及び第5章で分析される．

第4章「デフレと金融政策」

第1章から第3章までは，30年にわたり日本経済に何が起こったかについて時系列的に見た上で，その困難のメカニズムの理解に努めてきた．しかし，我々の分析は解の提示されない問題を残した．バブルの負の遺産が除去された後も，何故堅固な成長は戻らなかったのだろうか．第5章及び第6章では日本経済の現在の問題を含め，低迷の全プロセスを把握するため，低迷とデフレの問題を分析する．そのためにまず，本章ではデフレと金融政策の問題に焦点を当て，次章では筆者の考えでは問題の根源にある企業行動に焦点を当てる．

第4章では，1990年代後半に始まったデフレの進行について事実関係をおさえ，次いでその原因に関する主要な議論を紹介する．引き続き，金融政策運営をデフレの防止及び脱却の観点から評価する．

CPI（生鮮食品を除く）は，1998年半ばから2013年前半まで，一時的な上昇期を除き，ほぼ15年間にわたり緩やかな下落を続けた．年平均の下落率

は −0.3% で累積下落は −3.6% である．GDP デフレータの下落は CPI よりもより早期に 90 年代前半から始まり，下落率も大きい．デフレの原因については，安価な輸入製品の浸透，IT 等の技術進歩，規制緩和による合理化等供給サイドの要因を指摘する供給要因説，金融政策の緩和不足などにより生じた需要不足による経済の弱さを原因とみる需要要因説，不良債権問題等による金融セクターの機能不全を原因とみる金融セクター要因説の 3 つがある．

供給要因説については，日本の輸入浸透度が 2000 年代後半までの 20 年弱で倍増した中，輸入品・輸入競合品の価格がその他の財よりも価格低下が大きいこと，規制緩和が行われた部門の財サービス価格の下落がその他の財サービスの価格下落よりも大きいことから，供給側の要因が一定の財サービスの価格下落に寄与していることは確かである．しかし，こうした供給サイドから生じる価格下落は，全体としては経済に利益をもたらし経済拡大をもたらすことが予想される．このため供給サイド説は，経済低迷とデフレが同時に進行した日本経済のメカニズムを説明するのに十分な説明力を有しないと主張される．需要要因説については，日本経済がデフレギャップ（供給力＞需要）に悩んできたことから需要が不足しているとの解釈が提起され，金融政策が不十分であったとの指摘の多くはこうした文脈で提起されている．しかし，デフレギャップは需要不足（実際の需要が持続可能な需要水準を下回っていること）ではなく供給過剰（供給力が持続可能な需要水準を超えていること）を示すものとして解釈することも可能であることから，金融政策の評価に当たっては，需要不足と供給過剰のいずれの解釈が適当か検討を要することを指摘する．金融セクター要因説については，既に触れたように，1990 年代における金融機関の融資姿勢は，バブル崩壊直後と金融危機時を除き緩和的であったことから，少なくとも金融危機の前までの第 I 期（初期調整期）に関する限り，金融セクター要因説は低迷とデフレを説明することができないことが指摘される（金融危機時の問題については，第 5 章における企業行動の分析時に改めて検討される）．

第 4 章は続いて金融政策について検討する．アベノミクスの下での黒田総裁による異次元緩和（これは第 6 章で扱う）の前までの金融政策運営について

は，1999年のゼロ金利政策の採用まで（基本的にデフレとゼロ金利制約の下に置かれる前までの時期）と，その後の量的緩和政策期（デフレとゼロ金利制約下の時期）に分けて評価が行われる．ゼロ金利政策採用までについては，そこで言及するFRBの論文が指摘するように，第1に，日銀は91年から95年にかけて9回にわたる大幅な金融緩和を行い，95年には政策金利（公定歩合）は0.5%とほぼゼロに低下したが，この間インフレ率が予想以上に低下したため，90年代前半に実質金利の高止まりを生んだこと，第2に，日銀は物価安定をゼロインフレーションと理解し，その間一時的にデフレに陥る期間（それはそこからの脱出を困難とする）が生じることを容認していたと見られること，第3に，ゼロ金利を異常な金利とし金利引上げが望ましいというメッセージを発信し長期金利の低下を妨げたことについては，改善の余地があったとの評価を加える．日本経済がデフレとゼロ金利制約の下に置かれた2000年代に入ってからの金融政策については，日銀は日銀当座預金残高を操作目標とする量的緩和政策を導入し，短中期金利の低下には寄与した．しかし，マネーストックの増加率に変化はなく，銀行貸付けも2000年代半ばまで減少を続け，緩やかなデフレが継続するなど，その効果には限界があったことが示される．

　上記を踏まえ，金融政策については，運営の仕方によっては，より強い経済刺激効果を与えることが可能であったかもしれないが，日本経済が抱えた根本的な問題が，一般的に前提とされるような需要不足ではなく過剰な供給力（過剰な資産）にあったとすると，最も重要なことは需要刺激ではなく過剰な供給力の処理であって，これ（過剰資産の削減）に対して金融政策を含むマクロ経済政策にできることは限られていたとみられ，現実に大きな成果はあげられなかったと主張される．

第5章「デフレと企業行動のメカニズム」

　次いで，デフレ及び経済低迷について根本的なメカニズムを探るため，第5章で，企業の財務諸表の分析が行われる．分析は財務省が提供する日本に存在する約278万社の全ての営利企業を対象とする，法人企業統計調査に基づく．

まず損益の分析からは，1980年代には年率6%超で増加していた企業の売上総額が，90年代に入ると突然成長を止め，その後減少に転じたこと，それに対し，支払い賃金総額は90年代に入ってからも少しの間増加を続けた後横ばいとなったこと，このため，賃金／売上比率は上昇を続け，その結果営業利益は90年代に入り急落し，その後90年代を通じて低迷したことが示される．これに対し，経常利益は営業外収支の改善により90年代に上昇トレンドを回復したが，80年代と異なり，経常利益の改善は90年代半ば以降賃金の増加につながらなくなったことが示される．

バランスシートの分析からは，企業の資産・負債の規模は，ともに1980年代半ばからそれまでのトレンドを超えて拡大を開始し，90年代前半もテンポは落ちたが拡大を続けたこと，90年代半ばからは資産・負債が縮小を開始し，2000年代半ば頃までにバブル以前のトレンド・ライン近傍に戻ったことが示される．これは企業部門が80年代半ば以降に抱えた過剰な資産及び負債の下方調整に，バブル崩壊後約15年を費やしたことを示している．資産の内訳を見ると，建物，機械等の物的資産（土地を除く）は90年代後半の金融危機頃から減少を開始した．その後資産規模は2000年代前半に拡大を再開するが，物的資産（土地を除く）は2012年まで縮小を続けた．これに対し，資産の中では投資目的で保有される証券が著しく増加し，資産の中身が変化したことがうかがわれる[5][6][7]．負債サイドを見ると，こうした国内物的資産削減と並行して90年代半ば以降，負債が大幅な減少を始め，2000年代初め以降は横ばいとなっている．

---

5) 投資目的保有有価証券のほとんどは株式であるが，その内外内訳は明らかでない．日本企業の対世界FDI残高（暦年末．ドル建て）を年末為替レートで円換算して比較すると，対外FDI残高は投資目的保有有価証券の30〜50%程度で推移している．逆に言えば投資目的保有有価証券の半分程度は国内企業間の株式保有である可能性がある．これは連結ベースでは相殺されるので，企業部門全体の純資産の強化に寄与するものではない．

6) 2000年代半ば以降，対外FDIは著しく増加しており，特にリーマン・ショック以後，対外FDIのペースは加速している．

7) 有形固定資産（土地を除く）に対世界FDI残高（暦年末．円換算額）を合算すると，1990年代後半の金融危機以降ほぼ横ばい（2012年まで微減）であり，上昇傾向となるのはごく最近である．企業は金融危機以降，国内物的資産の削減を進める一方で，国外生産ベースを拡大し，生産ベースの緩やかな国外シフトを進めていると見られる．

更に大きな変化が認められるのは，純資産である．1980年代末以降，純資産の増加ペースは鈍っていたが，金融危機以降は一転して主に利益の蓄積により純資産は急激な上昇を始める．こうした動きは資本／資産比率により鮮明に表れており，資本／資産比率は金融危機の勃発とともに急激に上昇し，近年は史上最高水準に達している．

　財務諸表に見られるこうした変化をどう解釈すべきであろうか．第5章では財務諸表上のこうした動き，及び前章までの分析に基づき，次のような解釈を提示する．

　まず，問題の発端は，1980年代半ば以降の企業部門（特に非製造業部門）の資産規模の急激な拡大と，90年代初頭のバブル崩壊後の売上増の突然の停止，その後の減少にある．これにより企業部門は，十分な売上げの見込めない低収益資産（過剰な物的資産）を抱えることになったとみられる．これがバブル崩壊後の日本経済の困難の根源にある．

　こうした事態の下で，企業は当初，次のような行動をとっている．まず，第1に，投資は抑制されたが，過剰資産の速やかな解消は行われなかった（資産規模のピークは1990年代半ばである）．第2に，既存の雇用は基本的に維持された（正規雇用は90年代後半まで緩やかな増加を続けた）．第3に，賃金上昇の抑制が図られたが，支払い賃金総額はしばらく増加を続けた．第4に，その結果として営業利益は低迷したが，これに対し，企業は，営業外収支（利払いなど）の改善により経常利益の確保を図った．ただし，80年代までのパターンと異なり，この経常利益の改善は賃金増には反映されなくなり，企業のパフォーマンスと賃金増が切り離された．

　企業はバブル崩壊当初，こうした雇用確保を重視するいわば従来型の対応に努め，過剰資産の処理にも時間をかけて取り組んだ．第5章では，金融危機の前までのこうした企業行動に着目し，この時期を「受動的対応期」と呼んでいる．こうした中，過剰（低収益）資産保有のコストは次第に不良債権という形で金融セクターに移転し，1990年代後半には金融危機が発生した．危機に直面し，企業の過剰資産への対応は劇的に変化し，前述のように，この変化とともに低迷は第2ステージに入った．即ち，金融危機の勃発とともに金融機関の融資態度は，バブル崩壊直後には比較的引締まり度の低

かった中小企業向けを含め，急激に引き締まる．景況の悪化に加え，こうした資金調達環境の悪化を受け，企業は強力に自己資本の強化を開始し，企業の純資産ポジション及び資本／資産比率は，急速な改善を示すようになる．純資産の強化は，主に利益の蓄積により行われたが，売上げの長期低迷の下，利益確保のために利用可能な企業の選択肢は労働コストの引下げ，債務返済による利払い費削減，資産売却であり，企業は危機を契機に名目賃金の引下げ，正規雇用削減・非正規化により，本格的な労働コスト削減に乗り出す．企業は更に大規模な債務返済，過剰資産の整理を開始する．投資抑制の姿勢も強まり，結果として建物，機械などの物的資産は減少を始める．金融危機後の低迷の第2ステージに入ってからの企業の対応は，それまで雇用確保と投資を優先してきた日本企業の行動パターンが大きく変化したことを示している．企業は純資産ポジションの強化を最優先し，労働コスト削減を重視，投資は抑制し，物的資産の縮小を許容する姿勢に変化した．第5章では，企業が金融危機を契機として，労働コスト，過剰資産・負債の削減を強力に進める姿勢へと転換したことに着目し，金融危機以降2000年代前半までを「危機対応期」と呼んでいる．

　2000年代半ばまでには金融危機のショックも克服され，過剰な資産・負債，更には過剰な雇用の除去も完了した（過剰の除去にバブル崩壊後15年を要した）．しかしながら，労働コストと投資を抑制する企業の防衛的な姿勢はその後も基本的に継続した．これに着目し，第5章では2000年代半ば以降現在に至るまでの時期を「防衛姿勢継続期」と呼んでいる．こうした企業の防衛的姿勢は，消費（賃金抑制による）及び投資に下押し圧力を加え続け，構造化された国内需要不足をもたらし，価格へも引下げ圧力を生んだとみられる．また賃金抑制は，生産コスト抑制を通じて直接的に物価水準の下押しに働いたと考えられる．このように考えると，デフレの発生に道を開いたのは，金融危機を契機とした企業行動の変化である可能性が高い[8]．これは言い換えれば，デフレは経済低迷の原因ではなく，過剰資産等の保有が持続困

---

[8] ただし，名目賃金低下・デフレ発生には，こうした企業行動の変化に加え，円高の下でのコストカットによる国際競争といった対外要因が寄与している可能性がある（この点については，本文第5章参照）．

難となった企業部門が，金融危機後にその行動を変化させた結果であるということになる．ただし，この解釈の下でも，デフレが雇用や借入を抑制し，低成長のサイクルからの脱出をより困難にすることで，経済に追加的な負担をもたらした可能性を否定するものではない．しかしながらそうであっても，日本経済の中核的な問題は，デフレではなく，金融危機を経て強化・構造化された企業の防衛的な行動（構造化された企業の defensiveness）にあり，これを克服することが重要であると主張される．

しかし第5章は，今日においてもいまだ観察される企業の防衛的な姿勢が，全て非合理的なものであるのかどうかは注意深い検討が必要であることを主張する．我々は，何故企業の防衛的姿勢が2000年代半ばまでに過剰が除去された後にも長期にわたり続いたのか理解する必要がある．

まず，国内投資の抑制については，その背後には国内経済の成長予想の低下（これ自体が defensive なマインドセット（習性化された考え方）によるとも言えるが）と海外事業の相対的高収益性があるとし，国内投資抑制は企業にとっては合理的な選択の結果という側面があることを指摘する[9]．成長予想の低下は，バブル崩壊後，年を追って進行し，金融危機以降，底を打ち，ほぼ横ばいとなった．逆に言えば，金融危機を経て，低成長予想は企業に定着したと言える．こうした低成長予想の定着は，defensive なマインドセットによるものなのか，人口減少・高齢化など実質的・合理的根拠を持つものなのかについては，両面の解釈がありうる．

賃金抑制については，1990年代以降の実質賃金と労働生産性の推移を比べると，90年代を通じて実質賃金の伸びが労働生産性の伸びを超えていたこと，その結果，労働分配率が1990年代に著しく上昇したことが示される．これを踏まえると，金融危機を契機として開始された労働コスト削減の動きは，90年代の収益低下の下での企業の対応（雇用の維持と賃金の抑制不足という対応）が，労働コストの持続困難な大きな上昇をもたらしたことに対する必要不可欠な是正の動きであって，2000年代に入ってようやくそれが本格化したに過ぎない合理的なものであると見ることもできる．ただしこれ

---

[9] 投資抑制の継続の下，1960年代から一貫して低下を続けてきたROAは90年代後半に底打ちし，2000年代には反転の兆しを見せている．

は，現在も続く賃金抑制が合理的なものか否かについてまで説明するものではない．第5章では，輸出価格抑制による国際競争力の維持という，長期にわたる企業の価格付け行動の下で，労働市場の分断に基づく正規雇用の非正規雇用による代替を通じた労働コストの削減が，競争性維持の有力な手段として用いられている可能性があることを指摘する．

長期にわたった賃金抑制や投資抑制が，現時点において過剰なのか，合理的なのか，判断することは困難であるが，こうした抑制姿勢が国内経済にもたらす負の結果が顕在化し始めていることは明らかである．消費の成長寄与は低下している．長期にわたった国内投資抑制により日本経済の輸出競争力，成長性は低下した可能性がある（世界輸出に占める日本のシェアはこの20年間で半減した）．成長率は引き続き低い．

繰り返せば，企業による賃金と投資の抑制は，恒常的な需要不足と脆弱な成長をもたらし，長期の投資抑制は，日本の輸出競争力を侵食し，日本経済の成長性を引き下げた可能性がある．これが現在の日本経済が直面する問題である．

第6章「アベノミクスと日本経済の課題」

最終章である第6章は，2012年末に誕生した安倍晋三政権が推進しているアベノミクスという包括的な政策の内容とその効果を検証し，日本経済が抱える課題を示す．

アベノミクスは，デフレとその結果である円高を克服するための大胆な金融政策（第1の矢），需要を創出し停滞する経済を刺激する柔軟な財政政策（第2の矢），企業・家計の自信を回復し投資を促進する成長政策（第3の矢）の三本の矢からなる．

その基本的な考えは，日本経済は低成長とデフレの悪循環に陥っており，金融政策でデフレを克服し，低迷する民間経済活動を財政出動で刺激し，成長志向の政策をとることによって中長期的な民間セクターの自立的な成長につなげようというものである．前章で触れた見方に即して言えば，構造化された企業の防衛的な行動の修正を政策的に図ることに大きな力点が置かれている．

第1の矢である大胆な金融政策として，2013年3月に白川方明総裁の後任として総裁に就任した黒田東彦総裁が同年4月に打ち出した量的・質的金融緩和策（QQE）が実施に移される．QQEは，2年程度の期間で2％のインフレを実現するとの物価安定目標の設定，長期国債等の購入を通じたベースマネーの毎年約60〜70兆円（2014年10月に約80兆円に拡大された後，2016年9月には約80兆円は目標ではなくメドとされた）の増加等からなる．その後2016年2月には金融機関の日銀預け金の一部に－0.1％のマイナス金利を適用するとの措置が追加された．更に，2016年9月，日銀はベースマネーを目標とする政策から，長短金利の管理を目指す政策に移行した（イールド・カーブ・コントロール）．

第2の矢である財政政策としては，2013年1月，2013年12月，2014年12月，2016年8月の4回にわたり経済対策パッケージが組まれた．2014年4月には消費税率が5％から8％へと，17年ぶりに引き上げられた．

第3の矢である成長政策については，2013年6月に日本再興戦略が採択され，今後10年の間について，平均して2％の実質，3％の名目成長目標が掲げられた．翌2014年6月採択の改訂再興戦略では，実効法人税率の30％未満への引下げや農業部門，医療，エネルギーといったハードコア部門に係る規制緩和などが含められた（再興戦略は2015年6月，2016年6月にも改訂）．

アベノミクス，特にQQE発動の初期のインパクトは劇的であった．株価（日経225）は2013年末までの1年余りで88％の上昇を示し，円ドルレートは，2013年5月までの半年で80円割れの円高から100円超にまで，2割以上の円安が進んだ．しかしその後の推移は当初のような一方的かつ劇的なものではなく，上昇と停滞が織り交ざったものとなった．

第6章は，アベノミクスの6年間を次のように評価している．まず第1に，アベノミクスは特にその初期に大幅な為替レートの減価，株価の上昇を生み出したが，これは大胆な金融緩和が外国投資家の日本経済あるいは株価や為替レートの予想に大きな変化をもたらしたためである可能性が高いと見られる．第2に，為替レートの減価，株価の上昇は，現在のところ実質GDPの成長トレンドに大きな影響を与えたとは見られない．しかし，アベノミクス開始後，金利は短期から長期まで低下し，銀行貸出しもリーマン・

ショックからの回復期以降の増勢を維持しており，経済の回復は保たれている．第3に，アベノミクス期の経済成長の構造を需要項目別に見ると，アベノミクスに先行する期間と比べ，純輸出の成長寄与度が著しく拡大したこと，政府支出の成長寄与度も大きく増えたこと，他方で消費の成長寄与度は半減したこと，企業の投資の成長寄与度は大きくは変わらないことが見てとれる．第4に，物価は2013年5月以降，2年余りにわたりプラスを維持したが，これには（国内需給の改善よりも）為替レートの減価など外的要因が大きく作用していると見られる．しかしその後2016年末以降，原油価格の回復による面も大きいが，物価は底堅いプラスの動きを示している．第5に，企業収益は近年，年度ベースでは史上最高を更新し続けてきた．国内投資は増えてはいるが，キャッシュ・フロー比では依然抑制的であり，企業の保有現預金は史上最高を更新している．第6に，労働市場は90年代半ば以来の低い失業率であるが，需給のタイト化は正規に比べ非正規労働者市場で強く，賃金上昇率も非正規労働者が高い．賃金上昇率などに一部前向きの兆しも見られるが，企業は労働コスト抑制姿勢を基本的には変えていないと見られる．

　このように政治的安定の下，一貫した政策が遂行されるという良好な政策環境の中で，経済の回復が続いている．特に，2013年半ば近くまで約15年にわたった継続的物価下落から抜け出し，デフレ状況とは言えなくなったこと，企業の売上げが2017年度までの5年間で12.3%の伸びを示し，売上拡大という前向きの動きが生まれていることは大きな成果である．しかしその一方で，企業が投資及び労働コストの抑制を図る慎重な姿勢から完全に脱したとは言えず，成長トレンドに大きな変化はない．また消費の成長寄与度が逓減し，政府支出依存度が続くという需要構造にも問題がある．

　こうした企業の慎重な姿勢の継続をもたらしている最大の要因は，企業の低成長予想であると思われる[10]．低成長予想が四半世紀にわたる低成長の現実から生じた防衛的な考え方（マインドセット）の問題なのか，人口減少など

---

[10] 企業の持つ日本経済の予想実質経済成長率（内閣府「企業行動に関するアンケート調査」）は，2013年のアベノミクス開始後わずかに上昇する局面もあったが，ここ数年は1%強程度の水準が続いている．

合理的な根拠を持つものなのかの判断は困難であるが，保有現預金の積み上がり（リスクテイク回避姿勢を示唆）から見ても，前者の要因の寄与も否定できないのではないかと考えられる．

　また，賃金の伸びの低迷，非正規化の進行などを背景に家計の将来不安も強い．三十数年の変調と困難を経て，日本経済は企業の低成長予想と家計の将来不安に支配される経済となった．これを脱却するには，企業には売上げが増加するという予想が，家計には所得が安定的に増加するという予想が必要である．そのためには，迂遠に見えるかもしれないが，正規・非正規といった労働市場の分断の是正を含め，日本社会全体における人的資源の育成・活用の仕方を根本的に見直すとともに，人口減少・低成長の持続に備え「自助自立」を基本原理として社会システムを再構築する必要があると考えられる．

第1章 バブルの形成とその背景

　我が国は，1980年代に巨大なバブルを形成し，それはその後の二十数年にわたる長期経済低迷の序章となった．本章では，まず1980年代に資産価格（土地と株式）に何が起こったのかを見た上で（第1節），その原因を考え，更にバブルを抑制するために何をすべきであったか（何ができたか）を検討する（第2節）．バブルの原因の分析に当たっては，1980年代の経済政策運営，及び1970年代後半以降の金融自由化の下での銀行行動の2つの要因について考察する．

1. 1980年代のバブル形成

1.1　資産価格上昇とその後の下落

　図1-1は，1954年10月から2012年4月までの日本の六大都市における市街地価格指数（商業地，2000年3月末＝100）の推移を示している．市街地価格（商業地）は1983年4月の107.8から1990年4月のピーク時の525.4まで，7年間で4.9倍に上昇した[1]．

---

1) 市街地価格指数（商業地，六大都市，6か月毎に公表）の6か月前の指数に対する上昇率は，1983年には早くも急速な上昇を開始し，1983年4月の3.1%（これは直前の2～3年間の平均的な上昇率である）から1983年10月の5.7%へと2倍近くとなり，その後も上昇率は高まり続け1987年4月には27.2%とピークを付ける．いつバブルがスタートしたかを決めるのは困難であるが，時に主張されるような1980年代後半という遅いタイミング（これは上昇率が低下を始めた時期である）ではないと思わ

32　第1章　バブルの形成とその背景

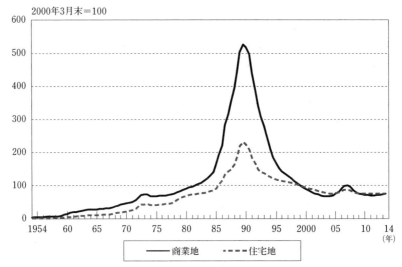

図1-1　市街地価格指数：六大都市（1954年10月〜2012年4月）
出所）日本不動産研究所.

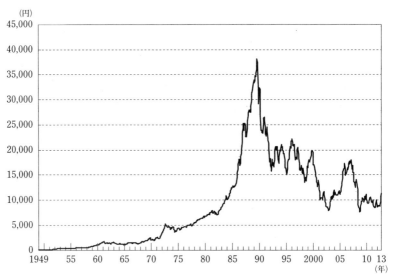

図1-2　株価：日経225（月中平均）（1949年6月〜2013年2月）
出所）日経NEEDS.

同指数は 1990 年 10 月に下落を開始し，2004 年 4 月に 67.2 とボトムを打つまで（2004 年 10 月にはわずかな上昇を示した）14 年にわたり下落を続けた．このボトムは 1990 年のピーク比で −87.0％ であり，1972〜73 年の水準である．

住宅地については，六大都市の市街地価格指数（住宅地，2000 年 3 月末=100）は，1983 年 4 月の 77.5 からピークである 1990 年 4 月の 231.5 へと約 3 倍となった後，14 年半後の 2004 年 10 月には 76.9（その時点のボトム）に低下し，ピーク比で −66.8％ となった．

図 1-2 は，株価（日経 225（月中平均））が 1982 年 8 月の 7,042 円から 1989 年 12 月の 38,130 円へと 7 年余りの間に 5.4 倍となったことを示している[2]．株価は 1990 年 1 月に下落を開始し，3 年も経たない 1992 年 8 月の 15,790 円（ピーク比 −58.6％）で一時ボトムを打ち，1997 年遅くに再び下落基調となるまでの間，16,000〜21,000 円前後の水準で騰落を繰り返した．

1.2　資産価格上昇のバブルへの転換

前項で 1980 年代に資産価格が急激に上昇し，90 年代初頭から急激に下落したことを見た．現在，我々はこれがバブルであったことを知っている．しかし，こうした資産価格上昇が，そのプロセスの開始当初より，実体要因に基づかないバブルであったかは定かではない．このため，ここではいくつかの既存の研究や報告を参考に，資産価格の上昇がどのように始まり，いつどのようにしてバブルへと転換していったか見ていくこととする．

（a）資産価格バブルの定義

資産価格バブルは，資産の価格がファンダメンタルズに基づく水準を超えた水準に上昇する現象であると定義できる．ファンダメンタルズに基づく価

　れる（例えば，翁・白川・白塚（2000）では，バブルの定義が異なる面もあるが，1987〜90 年の 4 年間を「バブル期」と呼んでいる）．
2)　日経 225（月中平均）は 1982 年 9 月から 1989 年 12 月まで時折短期的な下落を挟みつつもほぼ一貫して前月比で上昇を示したが，1990 年 1 月に崩壊を始めた．

格（＝理論価格）は，当該資産への将来リターンの割引現在価値と定義され，資産がリスクを伴わずリターンが固定している場合には次のように表わされる[3]．

$$P=R/i$$

ここでは，$P=$資産の価格，$R=$資産へのリターン（事務所や住宅の賃貸料，金利等），$i=$リスクのない長期資産へのリターン（典型的には長期国債流通利回り）である．

もし当該資産がリスクを伴い，かつ資産へのリターンが毎期一定の率 g で成長する場合には，理論価格は下記のようになる．

$$P=R/(i+\alpha-g)$$

ここでは，$\alpha=$リスク・プレミアム（リスク資産の保有に対し，リスクなし資産へのリターンへの上乗せとして求められる追加的なリターン），$g=$リターン（R）の成長率である．

(b) 土地の理論価格と実際の価格

図1-3は，経済企画庁により推計された東京都心における商業地の理論価格と実際の価格の推移を示している．1993年を基準とすると，実際の価格の上昇は，1980年代半ば頃から理論価格の上昇を上回り，その後1980年代を通じて上回り続けている[4]．

図1-4は，実際の価格と（前記の理論価格ではなく）回帰分析から得られる推計価格を示している．これによると，東京においては1987年から実際の価格は回帰分析により得られた推計価格をはるかに超えている[5]．

---

[3] 理論価格（ファンダメンタルズに基づく価格）の導出については，本章の補論を参照．

[4] 理論価格の推計に当たっては，各時点のリターンと金利の水準が将来にわたって不変であると仮定されている（経済企画庁「1991年度年次経済報告」参照）．

[5] ここでは地価は，1970～86年の期間について，東京のGDP及び長期金利に回帰されている．

1. 1980年代のバブル形成　35

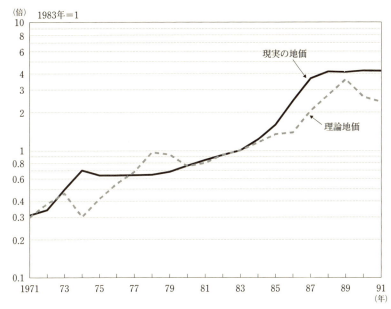

図1-3　東京都心における商業地の現実の地価と理論地価（1971〜91年）
出所）経済企画庁「1991年度年次経済報告」．

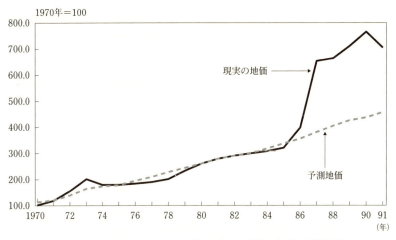

図1-4　東京圏における土地（全用途）の実際の価格と推計価格
出所）大蔵省財政金融研究所（1993）．

（c）地価上昇のスピルオーバー

これら2つの推計はいずれも東京で1980年代半ば頃より地価バブルが発生していたことを示唆するものである．こうしたバブルはどのようなプロセスを辿って形成されたのであろうか．図1-5は1980年代初期から1990年代初めまでの間の，東京における地価上昇率の推移を地域別・用途別に示している．これによると，地価の著しい上昇は，これまでの多くの分析がバブルの発生時点として示唆する1980年代半ばよりも数年早い，1983年頃というタイミングで都心の商業地に始まったことが示されている．また，図1-5は，地価上昇が東京都心から東京の郊外へ，また商業地から住宅地へと波及していったことも示している．

更に，図1-6は，地価上昇が，東京から他の2つの大都市圏へ，そして地方へと波及していったことを示している．

このように図1-5及び図1-6には，大幅な地価上昇は1983年という早い

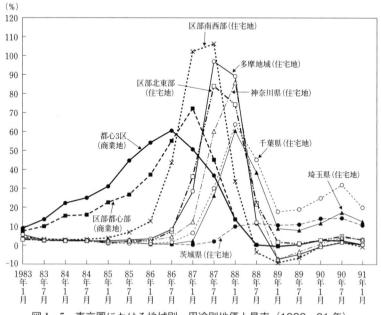

図1-5　東京圏における地域別・用途別地価上昇率（1983～91年）

出所）経済企画庁「1991年度年次経済報告」．

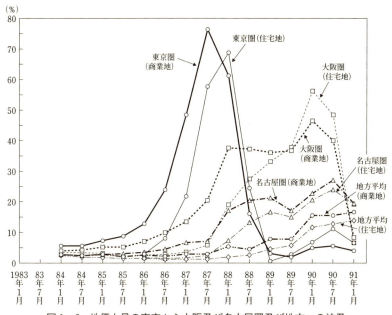

図 1-6　地価上昇の東京から大阪及び名古屋圏及び地方への波及

出所）経済企画庁「1991 年度年次経済報告」.

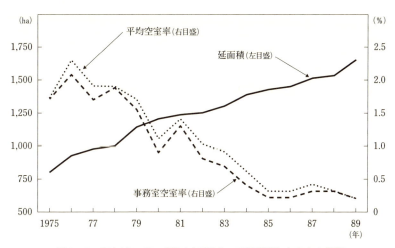

図 1-7　東京ビルヂング協会加盟ビルの延面積と空室率の推移

出所）日本銀行「調査月報」1990 年 4 月.

段階で東京都心の商業地で始まり，それが商業地から住宅地に，また都心から東京の郊外に，そして1980年代後半には日本の他の地域へ広がったことが示されている．それではそもそも何故都心の商業地の価格が急激な上昇を開始したのであろうか．

東京の金融市場への海外からの注目の増大や，外国金融機関のオフィスの設立増加予想など，都心の商業地の当初の価格上昇の引き金となった可能性のある要因はいくつか考えられる．図1-7は，東京の事務所スペースの空室率が急速に低下し，1980年代半ばにはほぼゼロとなったことを示している．これは1980年代初めの商業地の価格上昇には，事務所スペースに対する需給のタイト化という実体要因があったことを示唆する．つまり，大幅な地価上昇は当初実体要因により始まった可能性がある．しかし，その後地価上昇が他の用途や地域に波及していく過程でバブルの要素が加わり，結果として広範な地域及び分野で巨大なバブルを形成したと見られる．

(d) 株式の理論価格と実際の価格

次に株価上昇を若干見てみよう．理論価格と実際の価格の比較は，やはり1980年代後半にバブルの要素があったことを示唆する．金利調整済みPER，即ち，金利に株価／収益比率（PER）を掛け合わせたものは，実際の株価の理論価格に対する比率に対応することを示すことができる[6]．図1-8は，金利調整済みPER（＝実際の株価／理論価格）は，1980年代遅くには4倍を超え，1970年代末と1980年代半ばのピーク時の2.4～2.5倍を上回ったことを示している．これは，リターンの予想成長率の上昇ないしリスク・プレミアムの低下（これらはいずれも理論価格を引き上げる），あるいはその両方が生じたためと考えられる．これらは，日本経済の先行きに対する企業と家計の強い期待を象徴するものであるが，かかる期待はその後現実的なものではなかったことが判明する．

---

6) 本章補論3参照．

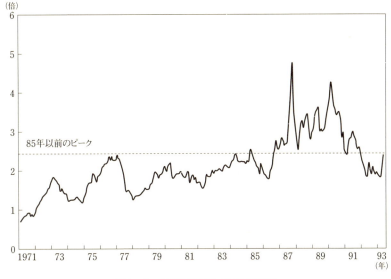

図 1-8　金利調整済み PER の推移

注）PER＝株価／収益比率．即ち，株価を1株当たり利益で割った値．
出所）経済企画庁「1993 年年次経済報告」．

(e) まとめ

以上より，1980 年代におけるバブルの形成については，次のようなことが言えよう．第1に，当初の都心の商業地の価格上昇は実需に基づいていた可能性がある．しかし，第2に，その後の 1980 年代半ば頃からの東京の商業地の価格の一層の上昇，東京の住宅地や日本の他の地域への波及の過程で，資産価格上昇はバブルに転じていったと思われる．第3に，1980 年代後半の株価上昇は，予想収益成長率（GDP の成長率が代理指標となった可能性がある）の上昇と経済に対する強い信認の下でのリスク・プレミアムの低下（これが企業と家計による積極的なリスク・テイクにつながったと思われる）によりもたらされたと見られるが，高い予想成長率，低いリスク・プレミアムの双方ともに現実的なものではなかったと思われる．

2. 何故資産価格バブルが形成されたのか，回避することは可能だったのか

前節では，資産価格バブルがどのようなプロセスを経て形成されたかについて見た．本節では，何故そうしたバブルが形成されたかを見ていこう．しばしばバブルの原因として言及される要因は，(1) 1980年代の経済政策運営，特に長期にわたる大規模な金融緩和，及び，(2) 1970年代後半以降進められた金融自由化の下での銀行行動の2つである．以下，これらの要因を一つずつ見ていくが，併せてバブル形成を防ぐために何ができたのか（何をすべきだったのか）を検討する．

2.1 経済政策運営

2.1.1 事実経過

1970年代から80年代にかけては，特に国際経済面でいくつもの重要な出来事が生起したが，そのうち主要なものを挙げると次の通りである．

```
1971 年  8 月    ニクソン・ショック
1971 年 12 月    スミソニアン合意
1973 年 10 月～  第 1 次石油危機
1978 年 12 月～  第 2 次石油危機
1981 年  1 月～  第 1 次レーガン政権
1984 年  5 月    円ドル委員会報告書
1985 年  9 月    プラザ合意
1986 年  4 月    前川レポート
1987 年  2 月    ルーブル合意
1987 年 10 月    ブラック・マンデー
1990 年  6 月    構造協議最終報告
```

これらを見れば，この20年間がいかに対外的な波乱要因にあふれていたか理解できよう．1970年代初めに，まず安定的な為替レート制度が崩壊する（ニクソン・ショック）．固定相場制度は放棄され，変動相場制の下で円レートはその後数十年にわたり基本的に増価を続け，日本経済をしばしば「円高不況」に陥らせる．1970年代には，更に二度の石油危機が発生し，原油価格（アラビアン・ライト）は1960年代から1970年代初めまでの概ね1バレル2ドルから1979年の1バレル40ドルへと20倍に上昇する[7]．これにより，世界経済は高いインフレを伴う深刻な不況（スタグフレーション）に陥る．これらの2つの出来事（固定相場制の崩壊・円高及び世界的なスタグフレーション）は，我が国では1970年代初めの高度成長の終焉と併せ，財政政策に重い負担を課し，財政収支の急激な悪化をもたらした．1980年代になると，第1次レーガン政権下での米国の対外収支の悪化と日本の経常収支黒字の拡大を背景とした日米摩擦の激化が進む．

これらの2つの要因，即ち，財政ポジションの悪化と米国との摩擦の激化は，この時期の経済政策運営に対する基本的な制約要因となった．これらの制約の下で展開された政策が，バブル形成に影響を及ぼした第1の要因である．財政ポジションの悪化は，後述するように，金融自由化（これはバブル形成に関わる第2の要因の背景となった）の促進要因としても働いた．我々は，まず政策への2つの制約要因，即ち米国との貿易摩擦と財政の悪化の下で，日本が経済政策運営においてどのように対応し，そうした対応が何をもたらしたかを見ていく．

2.1.2 2つの制約の下での1980年代における 日本の経済政策運営

1980年代の経済政策運営とそのバブル形成との関連を見ていこう．

(a) 米国との激しい摩擦

米国との貿易摩擦は日本の政策形成に対し極めて困難な挑戦をもたらすも

---

[7] 小峰（2011a）pp. 11, 16.

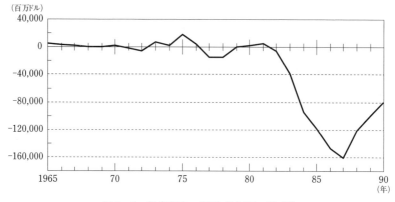

図 1-9　経常収支：米国（1965〜90 年）
出所）Bureau of Economic Analysis（BEA），米国政府.

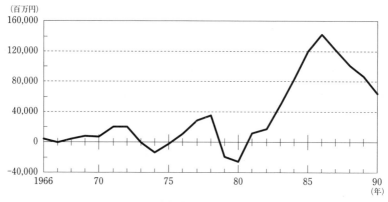

図 1-10　経常収支：日本（1966〜90 年）
出所）内閣府「長期統計平成 24 年度版」.

のであった．図 1-9 及び図 1-10 は，1980 年代に入ってから米国と日本の対外バランスの推移を示している．米国の経常収支は 1980 年代前半に急激に悪化したが，その一方で日本の経常黒字は 1980 年代に入り大幅に拡大した．

その背景の一つとして我が国の経済の動向を見ると，1974〜84 年の安定成長期，即ち，高度成長期とバブル期に挟まれた時期には，民間投資の成長寄与度は高度成長期の平均 1.6% から同 0.3% へと大きく低下した．他方，純輸出の平均成長寄与度は −0.3% から 0.6% へと上昇し，成長の重要なエ

表1-1 民間投資と純輸出の実質 GDP 成長寄与度

(%)

	1956~73年 (高度成長期)	1974~84年 (安定成長期)	1985~90年 (バブル期)
実質 GDP 成長率	9.3	3.3	4.6
民間投資(寄与度)	1.6	0.3	1.7
純輸出(寄与度)	−0.3	0.6	−0.4

注) 成長率,寄与度は期間平均.
出所) 内閣府 GDP 統計.

ンジンとなった (表1-1).こうした変化の背景は後で見ていくが,日本経済の輸出 (特に米国への輸出) への依存度の高まりは米国との貿易摩擦悪化の大きな要因となる.

第2次世界大戦後,我が国と米国との間では,下記の主要例に見られるように,ほとんど絶え間なく貿易摩擦が生じたが,摩擦の深刻さは日本経済の規模が拡大するにつれて急激に高まっていった.

1950年代~　繊維
1960年代~　鉄鋼,カラーテレビ
1970年代~　牛肉とオレンジ,NTT の調達,自動車
1980年代~　半導体,携帯電話等

また,年代が進むにつれ,交渉の焦点は,輸出抑制 (繊維,鉄鋼,カラーテレビ,自動車) から,市場アクセス (NTT の調達,半導体),更にはマクロあるいは構造要因 (1989~90年構造協議) へと質的に変化していったが,摩擦の激しさという点では,1970年代後半から 1980年代にかけての自動車摩擦がそのピークと言える[8].米国における輸入自動車のシェアは,1950年代末の 10% 超から 1978年の 18%,更に 1980年の 26% へと大幅に上昇した.ビッグスリーは労働者を解雇し,1980年にはクライスラーは破綻寸前となり,労働者はハンマーで日本車を叩き潰すデモを行った[9].1981年,レーガン大

---

8) 以下の日米自動車摩擦についての本項の記述は,その多くを小峰 (2011a) pp.52-60 に負っている.
9) 1982年には,デトロイトで,日本人と間違えられた中国人の若者が,自動車産業で

統領は，自動車産業への救済策を公表するとともに，日本に対し自主的な輸出規制を求めた．1981年には，日本による輸出自主規制が実施に移され，米国への輸出は年間168万台とされた．

1985年3月，輸出自主規制の失効に先立ち，レーガン大統領は，自動車産業の業績回復を踏まえ，輸出自主規制の延長を求めないことを表明したが，日本は自発的に自主規制を延長した．しかし，米国では大統領の決定に対し，日本に対する不満が急速に広まる．1985年の1年間で，米国議会には米国製品を保護しようとする法案が400本も提出されたとされ[10]，首都ワシントンの空気は「戦争前夜」(大来三郎元外務大臣) と評される状況となった．1985年3月遅くには，米国上院は不公正な貿易国である日本に対し制裁を行うことを大統領に要請する決議を，92対0で可決した．こうした中で，米国との緊張をいかにして軽減するかが，極めて高い優先性を有する政策課題となっていった．我が国における政策対応は後述するが，その前に政策運営に対する2つ目の制約要件について触れる．

(b) 財政ポジションの悪化

この時期の経済政策運営に対する2つ目の制約は国内から生じた[11]．1970年代初めまで基本的に黒字であった財政収支は，経済成長の減速等により急激に悪化し，1970年代半ば以降大きな赤字を計上することとなった (図1-11).

赤字の原因は，歳入と歳出の両面に見出される．歳入面については，成長率の下方シフトにより歳入増加の率は大幅に低下した．その一方で，特に1973年 (「福祉元年」と呼ばれる) の社会保障制度の改革を反映し，歳出は拡大した．更に，円高の進行と石油危機，国際的な内需拡大要請 (「機関車」論[12]) などを背景に歳出は増加し，歳入の国債依存度は1970年代に急激に上

解雇された労働者に殺されるという悲劇的事件が生じた．
10) ボルカー・行天 (1992) p.363.
11) 以下の財政再建に関する記述については，小峰 (2011a) pp.90-101を参照．
12) 1978年のロンドン・サミットに向け，相対的にパフォーマンスの良い日本，西ドイツ，及び米国は，世界経済の回復につながるよう，機関車国 (Locomotive country) として行動すべきであるとする議論が注目を集めた．

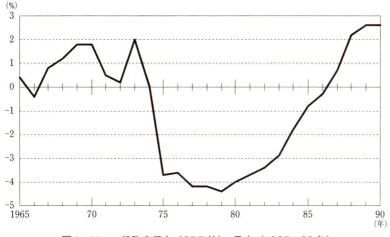

図 1-11 一般政府収支（GDP 比）：日本（1965〜90 年）

出所）内閣府．

昇，1979 年度には当初予算で 39.6% に達した．財政健全化は 1980 年代の優先政策課題となった．

そうした中，1978 年にスタートした大平正芳政権は，1980 年度を「財政再建元年」とし，同年度に一般消費税を導入すると宣言した．しかし，政権与党のメンバーからの強い反対を受け，大平首相は消費税導入案を取り下げたが，それでも 1979 年の衆院選で与党は絶対過半数を失った．政権与党内での激しい闘争（「40 日抗争」）の末，大平氏は首相として再任されるが，党内の争いは続き，最後は衆議院において野党が提出した不信任決議が多くの与党議員の欠席により可決される事態となる．大平首相は衆議院を解散したが，選挙戦中に急逝した．与党は選挙に勝利したが，大平政権の後を継いだ鈴木善幸政権は，増税なき財政再建を掲げ，この政策は，1980 年代後半に至るまで，対外摩擦への対応等の政策課題に対する財政政策の余地を制約することとなった．

2.1.3 政府はどのように対応したのか

こうした状況に対し政府はどのように対応したかを見ていくこととするが，最も重要な点は対外不均衡に対する米国からの批判の高まりの下で，経

済政策の最優先課題が,1980年代を通じて,次第に国内経済問題から対外経済紛争の解決にシフトしていったことである.

政府による財政再建へのコミットの下,政策対応の具体的な形は,大要,下記の(a)から(c)への順で変化した.以下,これらについて見ていく.

(a) 輸出規制と民間活力による都市再開発を含む規制緩和による内需拡大
(b) 協調的為替レート調整(プラザ合意)
(c) 日本経済を内需主導型の経済に転換するとの政策志向の形成と金融緩和,及び後には財政拡大による内需の拡大(構造改革と拡張的マクロ経済政策)

(a) 輸出規制と規制緩和

輸出規制は紛争を解決しなかった

表1-2に示されるように,第2次世界大戦後,我が国は輸出規制をしばしば受け入れており,1980年代の自動車摩擦についても先述のようにまずこの手法に訴えたが,こうした対応によっては紛争を解決することはできなかった.

表1-2 輸出規制の主な事例

時期	産業	主な結果
1950年代半ば〜70年代初め	繊維	輸出自主規制(1955)と日米木綿貿易協定(1957),日米繊維協定(1972)
1960年代半ば〜70年代	鉄鋼	日欧米輸出自主規制協定(1969)
1960年代〜70年代	カラーテレビ	日米市場秩序維持協定(1977)
1970年代〜80年代	自動車	輸出自主規制(1981)
1970年代遅く〜80年代	半導体	日米半導体協定(1986)

出所) 金川(1986, 1989),松崎(1988)より作成.

規制緩和と都市再開発が政策の焦点に

こうした状況の下，1980年代前半以降，規制緩和と都市再開発が財政再建と両立可能な実効性のある内需拡大策と考えられるようになる．

1982年に政権に就いた中曽根康弘首相は，規制緩和と民間活力の活用（「民活」）に焦点を当て，特に都市再開発（「アーバン・ルネッサンス」）を強調した．1983年2月，中曽根首相は，建設省に対し，民間が都心に高層ビルを建設できるように，土地利用規制を緩和するよう指示した[13]．ほぼ同時期（1983年1月）に，政府は，都市再開発及び住宅供給のために政府所有の土地を活用することを決定し，その後相当な規模の都心の土地をかなり高い価格で売却した（これはその後地価上昇を助長したと批判され，1987年には停止された）[14]．

民活政策の下，土地関連事業が注目を集める

こうした政策的な動きが続く中，1983～84年頃には，東京都心において，小規模不動産業者による，高価格での転売目的での激しい土地争奪戦が行われていると報じられ始める[15]．1985年5月，国土庁は「首都改造計画」を公表し，その中で，2000年における都区部の事務所スペースへの需要は，1985年の3,700 haから5,000 ha（高層ビル250棟分）増加し，8,700 haとなるとの推計を示した．この推計は後に地価高騰に火をつけたと批判される[16]．

（b）為替レートの調整

こうした政策がとられる一方で，米国の経常赤字は拡大を続け，次第に日

---

13) 小峰（2011a）p. 112.
14) 小峰（2011a）pp. 115-117.
15) 小峰（2011a）pp. 123-124 は，この時期に東京都心で積極的に土地を購入している地元不動産業者20社に対してインタビューを行った，元建設省職員の記述を引用している．それによると，購入した土地の使用目的について言及したのは，20社中1社のみであり，業者はより高い価格で転売する目的で土地を購入していたことが示唆されている．
16) しかし，2000年時点で，東京23区の事務所スペースの広さは，8,000 haとなり，この推計と大きく異ならない規模となった（小峰 2011a, p. 284）．

本の政策努力は為替レート調整の受入れへとシフトしていくこととなる．

その背景となったのは，1980年代前半の米ドルの大幅な増価である．第1次レーガン政権の初期には，急速に増価するドルに対し，米国は市場原理主義的（介入なしの）アプローチをとったが，1983年，キャタピラー社の会長による委託調査のレポート（共同執筆者の一人の名前をとって「ソロモン・レポート」と呼ばれた）が米国で流布され，これが為替レートへの関心を高める一つのきっかけとなったと思われる．このレポートは，円ドルレートを是正するために，日本における金融自由化及び円の国際化が必要であるとするものであったが，1984年5月に発表された円ドル委員会（日本の大蔵省と米国財務省との間でその前年に設立された委員会）の報告書には，同レポートが主張したように，金融自由化及び円の国際化に関する多くの日本側のコミットが含まれることとなった．しかし，こうした措置は円ドルレートにはすぐに影響を持つことはなく，二国間の貿易不均衡の顕著な是正には寄与しなかった．

米国と日本はプラザ合意に向かう

1984年末〜85年頃より，米国内で保護主義的な圧力が高まる中，米国政府は，強いドルは米国経済への信認の反映であり物価の安定等のベネフィットをもたらすものであるという公式の姿勢は変えないままで，ドルの下方修正（あるいは非ドル通貨の上方修正）を模索し始めたと見られる．

1985年1月，G5は初めて公開の声明を出し，為替レートを安定させるために，為替市場に介入する可能性を認めた．1985年2月には，ドルの一層の増価を防ぐため，日本と米国による協調介入が行われた．1985年6月，竹下登蔵相とベーカー財務長官の会談において，竹下蔵相は外国為替市場への協調介入を提案したのに対し，ベーカー長官は内需拡大を要求した．1985年6月，中曽根首相はベーカー財務長官と通貨問題について会談を持ち，そのときに，円の増価を受け入れる決断をしたとされる[17]．

---

17) 小峰（2011a）p. 148.

図 1-12　円ドルレート（月中平均）（1980～89 年）

出所）日本銀行.

プラザ合意の成立と円の劇的な増価

1985 年 9 月 22 日，ニューヨークのプラザホテルで開催された G5 は合意（プラザ合意）を公表し，そこにおいて「主要な非ドル通貨のドルに対するある程度の一層の秩序だった増価が望ましい」との考えが各参加国の政策コミットとともに打ち出された．為替調整の程度については，G5 では，準備会合に提出された「ノン・ペーパー」[18] に記載されたように，近い将来に 10～12％のドルの減価を目指すものであったと報じられている[19]．しかし，プラザ合意を受けてひとたび協調介入がスタートすると，為替レートの調整はそうしたターゲットをはるかに超えて進行し，円レートは，1985 年 9 月 20 日の 1 ドル 240 円から，85 年末には 200 円，86 年 3 月には 180 円を下回った．その後も円は更に増価を続け，86 年 12 月には 159 円を記録し，87 年 12 月には約 124 円と，2 年余りの間に米ドルに対しほぼ 2 倍の増価となった（図 1-12）．

---

18) この「ノン・ペーパー」は「なかったものとしてあった」（船橋 1988, p. 29）とされ，今も公開されていない．
19) 船橋（1988），近藤（1999）参照．

（c）日本経済の構造転換とマクロ経済政策の緩和

日本経済の内需主導経済への構造転換の提案と円の一層の増価抑制の模索

このように大幅かつ急激な為替レート調整が進行する中，日本国内には，日本経済を内需主導経済に転換させることを目指す考えが提示されてくる．同時に，為替レート調整の行き過ぎからこれ以上の円の増価を回避しようとする動きが生まれ，宮澤喜一蔵相（当時）の努力の下，為替安定に向けたG7ルーブル合意（1987年2月）が行われる．

まず，前者の内需主導型経済への転換に関しては，1985年10月，中曽根首相は，前川春雄前日本銀行総裁を長とする私的な研究会を招集し，対外経済関係における構造的な問題について検討し，国際経済と調和する日本の経済社会の中長期的なあり方について検討するよう要請した．この動きは，明らかに，米国における保護主義的な圧力の高まりへの懸念を背景としたものである．

1986年4月，この研究会は報告書（「前川レポート」）を提出し，そこで次のように主張した．

- 経常収支不均衡は危機的な状況にあり，それを国際的に調和のとれるレベルに縮小させることを国民的政策目標とすべきである
- 大幅な経常収支黒字は，輸出指向等我が国の経済構造に根差す
- 国際協調型の経済を実現するためには，内需主導型の経済成長を図り，輸出入・産業構造の抜本的な転換を推進することが不可欠である

研究会のこうした提言は，その後，公式な政府の審議会の報告書に盛り込まれていく．

日本経済の改革提言と並行して，円レートの一層の増価を抑止する試みが模索される

後者の為替安定に関しては，プラザ合意に関わった竹下蔵相の後任で，プラザ合意に批判的であった宮澤蔵相が，G7の間で為替レートの安定化に向けた合意を形成する努力を払い，1987年2月22日，ルーブル合意が公表され，そこに次の内容が盛り込まれた．

「大蔵大臣と中央銀行総裁は，プラザ合意以降の大幅な為替レートの変動は，……その為替レートを概ね背後の経済ファンダメンタルズに一致するレンジへと導いた．……よって，現在の状況の下で，彼らは，為替レートを当面の水準付近で安定させるよう緊密に協力することに合意した」

ルーブル合意の中で，日本は「内需を拡大しそれを通じて対外黒字の削減に寄与するような金融政策と財政政策をとること」を約した．

こうした政策努力のマクロ経済政策への影響

これらの2つの要因，即ち，経済を内需主導のものにシフトさせるという考え，及び一層の円レートの増価を抑止しようとする試みは，1980年代遅くの政策形成のフレームワークを設定するものとなった．これは大幅な金融緩和の継続という形で，金融政策の分野で特に顕著な影響を及ぼすこととなる．次に金融政策の推移を見てみよう．

1980年代前半は，金利は引き下げられたものの，比較的高い水準に据え置かれた

金融政策は，1979年初めから第2次石油危機によるインフレ圧力を管理するため引き締められた（公定歩合は合わせて5回，計5.5%引き上げられ，1980年3月には9.0%に達した）．経済が1980年春頃から減速を開始したため，金融政策は1980年8月から徐々に緩和され，公定歩合は1981年12月には5.5%に低下した．経済は，輸出の増加により，1983年春から回復を始めたが，金融政策にはほぼ変化はなく（ただし，1983年10月に5.0%に引き下げられた），高水準の海外金利（米国金利は1980年代前半には10～14%前後の例外的な高水準にあった）と円レートの減価懸念から比較的高めの水準に維持された．

金融政策は，1980年代後半，大幅に緩和される

プラザ合意後の円レートの急上昇による経済の減速の下，1985年10月には，民間活力の最大限の活用を通じて内需拡大を図る経済対策が採択された．1986年1月以降，公定歩合は更に5回引き下げられ，1987年2月には

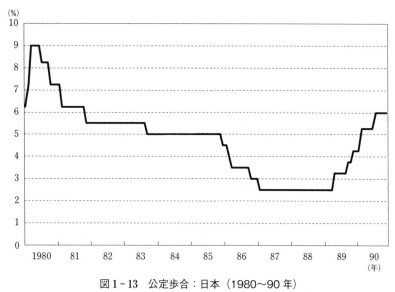

図1-13 公定歩合:日本（1980〜90年）

出所）日本銀行.

史上最低の2.5%に達した．公定歩合は1989年5月に9年ぶりに引き上げられるまで，2年3か月の間その水準に据え置かれた（図1-13）．バブルの最盛期に最も緩和された金融環境が維持されていた．

緩和的金融政策の長期化の背景

何故，公定歩合は史上最低の水準にまで引き下げられ，バブル最盛期とも言うべき1987〜89年の2年余の間そこに据え置かれたのであろうか．表1-3は，それぞれの金融緩和策が，日本銀行によりどのように説明されたかを示している．

日本銀行による説明の顕著な特徴

1980年代後半における金融緩和についての日銀による説明には顕著な特徴がある．それは，国内経済状況に対する懸念は記載されているが，金融政策の決定理由の説明として，国内経済状況に対して主要な位置づけがなされていないこと，その一方，次の3つの要素（いずれも対外要因）に決定的な重

2. 何故資産価格バブルが形成されたのか，回避することは可能だったのか　53

表 1-3　1980 年代遅くにおける金融政策の変更に対する日本銀行の説明

変更の時期	内　容	日本銀行による説明
1986 年 1 月 30 日	5.0%→4.5%	・今回の措置は，金利の低下を通じて内需の拡大を促し，対外不均衡の是正に資することが期待される．引き続き為替相場の動向に十分注意を払っていく（政策委員会議長談）．
1986 年 3 月 10 日	4.5%→4.0%	・今回の公定歩合の引下げは為替レートの安定を特に念頭に置いて決めた（澄田日本銀行総裁，1986 年 3 月 9 日『日本経済新聞』）． ※この利下げは，同日に公表された米・西独との国際的な協調利下げの一環として行われた．
1986 年 4 月 21 日	4.0%→3.5%	・日本銀行としては今回の措置が円相場のより安定した動きに寄与するとともに，内需の拡大，対外不均衡の是正に一段と資することを期待する（日本銀行プレスリリース，1986 年 4 月 19 日）． ※米国 FRB は 4 月 18 日に公定歩合の引下げを公表している．
1986 年 11 月 1 日	3.5%→3.0%	・日本銀行は，もう一段の金利引下げが内需振興に有効と判断．日本銀行は，為替相場の安定を強く望んでいる（日本銀行プレスリリース，1986 年 10 月 31 日）． ※澄田日本銀行総裁は，後に，ベーカー財務長官との会談のために米国に滞在していた宮澤蔵相から電話があり，米から利下げについて打診があったことを伝えられたと回想している．なお，宮澤蔵相とベーカー財務長官との共同声明は日銀の利下げ決定とほぼ同時に公表された．
1987 年 2 月 23 日	3.0%→2.5%	・これ以上円高となれば我が国経済へのデフレ効果が強まり，内需の拡大と経済構造調整により対外不均衡の是正を図るという我が国の基本的政策課題の達成をも阻害しかねない（日本銀行プレスリリース，1987 年 2 月 20 日）． ・澄田日本銀行総裁は，今回の利下げは為替相場の安定を最重視して判断したと述べた（1987 年 2 月 21 日『日本経済新聞』）． ※日本銀行のリリースの翌日，G7 は為替相場を当面の水準で安定化させるとの合意（ルーブル合意）を公表した．

出所）小峰（2011a）pp. 156-181 により作成．

要性が与えられていることである[20]．

①内需拡大による対外不均衡の是正
②円レートの一層の増価の抑制
③国際的マクロ政策協調

1980年代後半には財政政策も発動

　財政政策面においても，1980年代後半になると，景気刺激策が打ち出されるに至り，財政健全化努力はついに停止されることとなった．1985年10月の前述のパッケージに加え，1986年4月及び9月には，円レートの急激な増価にもかかわらず，おそらくJカーブ効果と円高による経済の減速（後に経済は1986年11月に底を打ったことが確認される）によりなお拡大を続ける経常収支黒字の下，経済政策パッケージがまとめられた．しかし，それにもかかわらず，1987年4月，レーガン大統領は，米国内で高まる日本批判の中で日本からの特定の輸入に制裁関税を賦課することを表明し，1987年5月には，日本政府は，事業規模6兆円に上る巨額の経済政策パッケージを発表した．

他の政策手段

　先に述べた内需主導型経済への政策志向の下で，この時期にとられた他の政策措置には，特に地方に特定の施設やリゾートを建設することを促進する法律の制定がある．まず，1986年には，民間部門によるリサーチ・センター，情報施設，国際会議場などの施設や建物の開発を促進する法律（いわゆる「民活法」）が制定された．この法に基づき187の事業が承認されたが，その約80％が民間部門と地方政府の出資により設立された主体によって実行された．こうした主体の多くが後に経営難に陥り，破綻に直面した．

　更に1987年には，リゾート施設の開発を促進するための法律（いわゆる「リゾート法」）が制定された．全47都道府県の中の41が42の事業を申請し

20）　こうした見方について，翁・白川・白塚（2000）を参照．

たが，そのほとんどがスキー，ゴルフやマリーンスポーツの施設の建設を計画していた．多くの事業はその建設開始が経済が停滞を始めた1991年からとなり，少なからざる事業が断念され，また破綻した[21]．

企業保有資産の拡大

こうした政策展開の下で，企業部門に大きな変化が生じることとなった．図1-14及び図1-15は，それぞれ日本に存在する全営利企業（金融保険を除く）により保有される土地と，建物，機械，設備等の物的資産（土地を除く）の額（名目値）及びその製造業と非製造業への区分を示している．両図は，企業保有の土地及び物的資産（土地を除く）が1980年代半ばから急拡大したことを示す．拡大は製造業に比べ非製造業がはるかに大きい．

図1-16は，非製造業部門の中で1990年時点において物的資産（土地を除く）の主な保有部門であった4つの部門（建設，運輸・郵便，卸小売り，不動産）が保有する物的資産（土地を除く）を示す[22]．これらの図から，1980年代半ばから非製造業により不動産関連事業が積極的に実施に移されたことが示唆される．また，留意を要するのは，物的資産の拡大が1990年代前半まで続いたことである．これはおそらくこうした開発事業に付き物である計画と建設の間の時間差によるものであろう．

このように，1980年代半ば以降，我が国企業，特に非製造業部門は不動産関連を含む巨大な物的資産のストックを形成した．そのストック水準は90年代半ば以降，長期にわたり下方調整されており，持続困難で過剰なものであったと言える[23]．バブル期が企業部門にもたらしたものは，巨大な過剰資産であった．

---

21) 小峰（2011a）pp. 118, 213.
22) この4部門の保有する物的資産（土地を除く）が非製造業全体の保有物的資産（土地を除く）に占める割合は，1990年時点で57%である（建設6.1%，運輸・郵便18.8%，卸小売り18.1%，不動産14.1%）．これら4部門以外の主な物的資産（土地を除く）の保有部門は，電気（17.3%），娯楽（5.2%），広告（10.8%）である．
23) 企業のバランスシートの推移の，より詳しい分析は第5章で行う．

第1章 バブルの形成とその背景

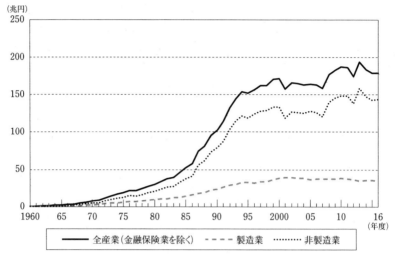

図1-14 全産業（金融保険を除く）による土地保有額及びその製造業及び非製造業別の内訳

出所）財務省，法人企業統計調査．

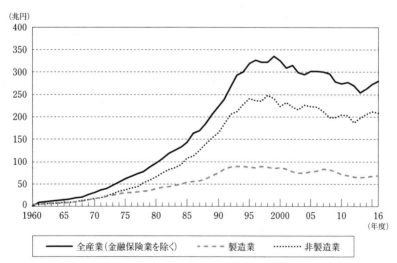

図1-15 全産業（金融保険を除く）による物的資産（土地を除く）保有額及びその製造業及び非製造業別の内訳

出所）財務省，法人企業統計調査．

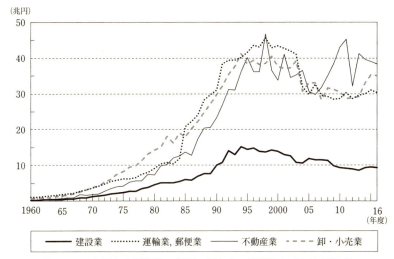

図1-16 主要な非製造業4部門の保有する物的資産（土地を除く）

出所）財務省，法人企業統計調査．

（d）1980年代の経済政策運営とその結果

ここまで見てきた1980年代のマクロ経済政策運営に対する2つの制約への政府の対応は，次のようにまとめられよう．

1980年代における経済政策運営は，米国との激しい貿易摩擦と財政の著しい悪化という2つの制約の下に置かれていたが，前者が支配的な役割を果たした．規制緩和と「民活」，特に都市再開発促進によりこれら2つの制約を乗り越えようとした初期の対応は，その後の地価上昇のきっかけとなった可能性がある．1980年代半ばにおける米国との摩擦の極端な緊迫化の下，日本は為替レート調整を選択するが，米国は日本の国内需要拡大を選好した．更に，当時の政権は，対外不均衡を是正するため中長期的に日本を内需主導型経済に構造転換することを目標として掲げるに至り，次第に経済政策の焦点は国内経済問題から対外紛争の解決へとシフトしていくこととなった．この間，重大な国内問題，即ち巨大なバブルの形成が進行していた．

我が国は，こうした対外摩擦への対応と並行して一層の円の増価を阻止する努力を払ったが，これと内需主導経済への政策志向は，国内経済の安定に向けたマクロ経済政策の運営を制約し，度重なる金融緩和，そして財政拡大

につながり，結果的に1980年代遅くの資産価格インフレの一層の悪化をもたらすことになったと言える．その中で，企業部門は巨大な過剰資産を形成していった．

2.1.4　1980年代の経済政策運営の何が悪かったのか

これまでの検討を踏まえると，1980年代の経済政策運営は，巨大なバブルの形成を助長した可能性がある．それでは何が悪かったのか，また何をすべきであったのだろうか．

1980年代の経済政策運営の評価を行うには，(a) 何が米国の対外赤字を作りだしたのか，(b) 何が日本の対外黒字を作りだしたのかという2つの質問に対し答えを見出し，その上で，日本は何をすべきであった（何ができた）のか考える必要があろう．

(a) 何が1980年代の米国の対外赤字の劇的な拡大をもたらしたのか

米国の経常収支赤字の劇的な拡大の原因を探るためには，この時期の米国の政策を見る必要がある．1981年，「強いアメリカ」「個人のイニシャティブと努力」「小さな政府」といったスローガンの下，前年の大統領選挙に勝利したレーガンが大統領職に就いた．レーガン大統領は，①投資を促進するとともに，高い貯蓄率を持つ中高所得家計による貯蓄を促進するための大規模減税，②家計による貯蓄増加が政府により使われることを回避するための歳出削減，③規制緩和，④安定した金融政策からなる「経済再興計画」を提示したが，こうした政策は間もなくレーガノミクスと呼ばれるようになった．

レーガノミクスの結果は当初期待されていたものとは大きく異なるものであった．投資は拡大したが，家計の貯蓄率は基本的に下落トレンドを辿った．これはインフレの低下と失業率の低下，更に活発な株式市場が全て消費刺激に働いたためである．歳入は経済成長が予想を下回ったことから見通しを下回り，歳出削減は，防衛費の増加（「力による平和」）と社会保障支出の拡大で計画通りに進まず，財政赤字は拡大した．

貯蓄率の低下，財政赤字の拡大の下での投資の拡大は，貯蓄に対する投資

2. 何故資産価格バブルが形成されたのか，回避することは可能だったのか　59

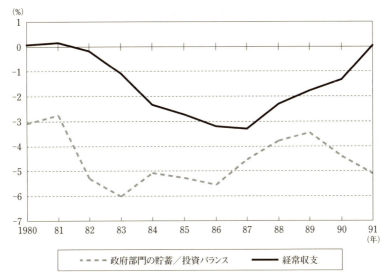

図 1-17　政府部門の貯蓄／投資及び経常収支（ともに GDP 比）：米国
出所）米 BEA，IMF "World Economic Outlook Database October 2015".

の超過（国内の投資超過をファイナンスする外国貯蓄の使用（即ち，対外赤字））の拡大をもたらすこととなった[24]．他方，1970 年代末から 1980 年代初めまでのタイトな金融政策は，資本の流入をもたらし，ドルの増価を引き起こし，経常収支の急激な悪化をもたらした．いわゆる「双子の赤字」の発生である．

図 1-17 は，米国の政府部門の貯蓄／投資バランスと経常収支の推移である．これら 2 つはほぼ 1980 年代を通じ基本的に連動しており，拡大する経常収支赤字が基本的には米国のホームメイドの問題であったことを示唆している．

---

[24] このプロセスを理解する上で，経常収支の決定についての IS バランス・アプローチが有益である．GDP の恒等式は，$Y=Cp+Ip+Cg+Ig+X-M$ と表される．ここで，Y=GDP，Cp=民間消費，Ip=民間投資，Cg=政府消費，Ig=政府投資，X=輸出，M=輸入である．税に T を用い，上記恒等式を整理すると，$[(Y-T-Cp)-Ip]+[(T-Cg)-Ig]=X-M$ となる．即ち，（民間貯蓄－民間投資）（＝民間部門の投資／貯蓄バランス）＋（政府貯蓄－政府投資）（＝政府部門の投資／貯蓄バランス）＝対外収支である．米国の民間・政府部門合体した貯蓄／投資バランスは，レーガノミクスの下で巨額の貯蓄超過（赤字）となった．

(b) 何が1980年代の日本の対外黒字の拡大をもたらしたのか

次に，何が1980年代初め以降の日本の対外黒字をもたらしたのかを見ていこう．3つの要因があると思われる．

1) ドルの増価

先に図1-12で見たように，安定した金融政策と拡張的な財政政策の組合わせの下，1980年代初めに米ドルは大幅に増価し，1980年代前半を通じてかなりドル高・円安水準で推移した．

更に，日本のインフレ率は，米国を一貫して下回り，特に1980年代前半以降は極めて落ち着いた動きとなった（図1-18）．このため，円レートは，インフレ格差を勘案した実質実効ベースでも，拡大する対外黒字にもかかわらず，1980年代前半を通じてかなり低い水準にとどまり，経常収支拡大に寄与したと見られる（図1-19）．

2) 景気循環上の相違

日本の経常収支黒字のもう一つの要因は，景気循環上の相違である．図1-20が示すように，1983年と84年に米国の実質GDP成長率は日本を上回り，日本の輸出拡大に作用したと見られる．

3) 石油価格の下落

日本の経常収支黒字の3つ目の原因は，石油価格の下落である．石油価格は1980年代初めに低下を始め，日本の輸入代金を大幅に減少させた（図1-21）．

経済企画庁の1984年度版経済白書は，表1-4に示すように，1982年度から1983年度にかけての151億ドルの日本の経常収支黒字の増加は，そのほとんどが，これら3つの要因，即ち，日本と米国の間の景気循環局面の相違，為替レート及び石油価格の下落で説明できると推計している．

もし，米国の経常収支赤字の悪化が基本的にホームメイドであり，日本の経常収支黒字の拡大が主としてこれらの外生的な要因（米国経済の拡大，米ドルの増価及び石油価格の低下）によるものであったとすると，正すべきものが

2. 何故資産価格バブルが形成されたのか，回避することは可能だったのか　61

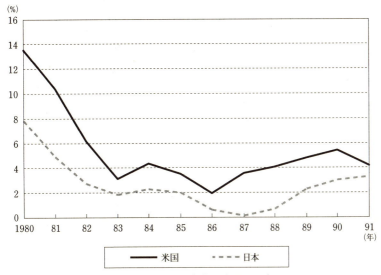

図 1-18　CPI 前年比：米国と日本

出所) IMF "World Economic Outlook Database October 2015".

図 1-19　円の実質実効レート（1970〜90 年）

出所) 日本銀行.

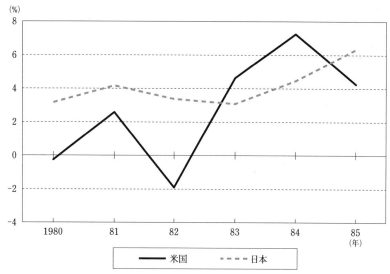

図 1-20　実質 GDP 成長率：米国と日本（1980～85 年）
出所）IMF "World Economic Outlook Database October 2015".

あるとすれば，それは米国の政策であり，我が国の政策ではない，ということになる．従って，米国からの貿易黒字是正要求に対しては，経済的に見れば応じるべきではなかったことになる．

それを前提としつつも，仮に，米国の要請に応ずることが（経済以外の観点から）望ましいと考えられた場合に，日本が対外不均衡を削減するために何ができたのか考えてみたい．

まず，民間設備投資（以下「民間投資」と呼ぶ場合がある）に拡大の余地がなかったか見てみよう．日本の民間設備投資の成長率が 1970 年代前半までの高度成長期に比べ，安定成長期に入ると顕著に低下したことは確かである（表 1-5）．

何故民間設備投資は減速したのであろうか．この問いに対する答えは第 1 次石油危機頃からの GDP 成長率の低下に求められるのではないかと思われる．GDP 成長率の低下が予想される場合，企業が資本／産出量比率を一定とするように投資を行うとすれば，GDP 比で民間設備投資の水準は低下

2. 何故資産価格バブルが形成されたのか，回避することは可能だったのか　63

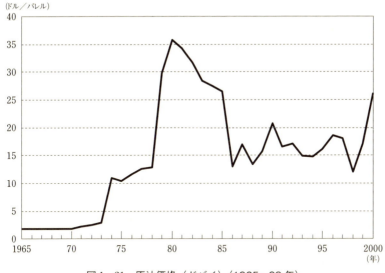

図1-21　原油価格（ドバイ）（1965〜99年）
出所）IMF, IFS.

表1-4　日本の経常収支黒字の要因分解（推計）

(億ドル)

	1982年度	1983年度	変化幅
経常収支黒字（実績）	91	242	151
特殊（エネルギー価格）要因	37	64	27
景気循環要因	−72	45	117
日本の国内需要要因	40	55	15
米国の国内需要要因	−173	−135	38
為替レート	61	125	64
（残差）	126	133	7

出所）経済企画庁「年次経済報告1984年度」．

表1-5　民間設備投資（前年比，期間平均）

(%)

	1956〜73年	1974〜84年	1985〜90年
実質GDP成長率	9.3	3.3	4.6
民間設備投資	17.3	3.0	10.4

出所）内閣府GDP統計．

し，投資の成長を押し下げる[25]．GDP に占める民間設備投資のシェアの低下は予想 GDP 成長率の低下を反映するものと思われるが，予想 GDP 成長率は図 1-22 に示すように高度成長の終焉後の実際の成長実績の低下を反映して低下した可能性がある．そうであるとすると，GDP 成長率が低下している中で，民間設備投資の成長率を高めることを期待することは現実的ではないと言えよう．

それでは，我が国は，成長率を引き上げるために政府支出を一層拡大することはできたであろうか．図 1-23 が示すように，政府支出は 1970 年代後半から 1980 年代前半にかけて民間設備投資の低下をオフセットする形で既に相当に拡大している．しかし，この政府支出の拡大だけでは対外不均衡の拡大を解消することはできず，逆に財政収支の悪化という新たな問題を引き起こす結果となった．

では，消費を拡大することは可能であっただろうか．現実には，実質 GDP に占める民間消費のシェアは 1970 年代半ばには 60% を超える水準に

---

[25] 企業は，予想成長率 (ge) の下で，資本−産出量比率 (K/Y) を一定 (a) とするように投資を行うとし，単純化のために設備除却率はゼロと仮定すると，

$K/Y = \Delta K/\Delta Y = I/\Delta Y = a$　　(1)
$\Delta Y/Y = ge$　　(2)

(1) 式及び (2) 式より，

$I/\Delta Y = I/(Y \times ge) = a$

変形すると，

$I/Y = a \times ge$　　(3)

つまり，民間設備投資が GDP に占めるシェアは，予想 GDP 成長率と正の相関を持つ．つまりもし予想成長率が低下すると，民間設備投資の GDP に占めるシェアも低下する．
　除却率ゼロという非現実的な仮定を改め，除却率 (D) を資本設備ストックの一定割合 ($D=bK$) であるとすると，

$\Delta K = I - bK$，

(3) 式は

$I/Y = a(ge + b)$

となり，基本的には同じことが言える．

2. 何故資産価格バブルが形成されたのか，回避することは可能だったのか　65

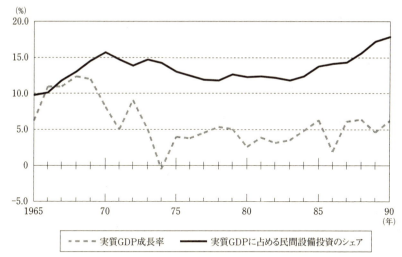

図 1-22　実質 GDP 成長率と民間設備投資が GDP に占めるシェア

出所）内閣府 GDP 統計.

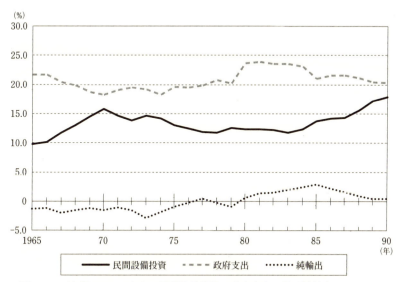

図 1-23　実質 GDP に占める民間設備投資，政府支出，及び純輸出のシェア：日本（1965〜90 年）

出所）内閣府.

あったが，その後70年代後半平均59.7%，80年代前半平均58.5%，80年代後半平均57.8%とほぼ一貫して低下した．もし前川レポートで提言されたように内需主導の経済へのシフトを実現しようとするのであれば，消費水準の引上げが必要となる．しかし，需要項目として安定的で（経済全体の動きとともに動くという意味で）受動的とも言える側面を持つ消費が，GDP成長率が低下する中で，経済成長のエンジンとなり得たかは定かではない[26]．

このようにしてみると，高度成長期が終焉を迎え，成長率が低下する中で，民間設備投資の高い伸びを期待することは困難となっており，政府支出は既に相当な拡大が行われ，民間設備投資の成長寄与の低下を一定程度オフセットしているが，財政収支の急速な悪化に照らすと，一層の拡大はやはり困難であったと見られる．残る内需項目は消費であるが，経済が全体として成長率を下げ，かつ二度にわたる石油危機やその後の不況を経てGDPに占めるシェアを低下させている状況で成長の原動力となれたのか，少なくとも短期的には疑問の余地があると言えよう．そうであるとすると，基本的に外生的に生まれた対外バランスの不均衡（経常収支黒字）を，日本側の内需拡大により大きく改善することは，そもそも困難であった可能性がある[27]．経済的に困難な目標を政治的に追求する過程で，政策に大きな問題が生じたと言えるのではないかと思われる[28]．

---

26) 日本において消費を引き上げる必要性に関する議論については，カッツ（1999）参照．持続可能な形で消費の成長寄与度を高めることが可能かどうかは，30年を経た現在でも大きな課題であり続けている（この点については第6章参照）．

27) 為替レートの調整や日本市場の開放が輸出入の変化を通じて対外不均衡の是正に寄与しうるという考えも成り立つ．ただ，市場開放の効果は基本的には企業と家計の行動に依存するもので，不確実性が伴う．為替レートの調整は実際に実施に移され（プラザ合意）日米ともに対外不均衡は縮小方向となった．しかし，図1-17にあるように，米国経常収支赤字の縮小は政府部門の貯蓄／投資バランスの投資超過の縮小とともに生じており，米国の対外不均衡はやはり内生的なものであったのではないかと思われる．

28) これは，安全保障を他国に依存する中で，対外配慮が，国内経済社会の安定に優先した結果であるとも言える．

2.2 金融自由化の下での銀行行動

2.2.1 銀行による不動産関連融資の急増

次いで，バブル形成に寄与した可能性のある第2の要因，即ち，金融自由化の下での銀行行動を見ていこう．

表1-6に示されるように，1980年代半ばより銀行による不動産関連融資

表1-6 銀行の不動産関連融資残高の動向

(兆円, %)

年	各年度末の融資残高						85〜89年度の平均伸び率
	1984	1985	1986	1987	1988	1989	
総融資残高	229.3 (100.0)	249.6 (100.0)	273.3 (100.0)	297.6 (100.0)	322.3 (100.0)	356.8 (100.0)	9.2
不動産業	17.4 (7.6)	22.2 (8.9)	30.2 (11.1)	33.5 (11.3)	37.3 (11.7)	43.3 (12.1)	19.9
ノンバンク	23.2 (10.2)	29.6 (11.9)	36.9 (13.5)	45.1 (15.2)	50.9 (15.8)	59.6 (16.7)	20.7

出所）大蔵省財政金融研究所（1993）．

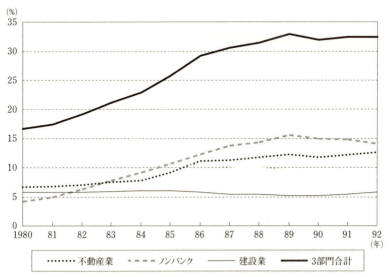

図1-24 不動産関連3業種への融資が総融資残高に占めるシェア

出所）小峰（2011a）p.77より作成．

は急増した. 図1-24は, 不動産関連の事業活動に大きな関わりを有すると考えられる3つの部門（不動産業, ノンバンク, 建設業）向け融資の総融資に占めるシェアが, 1980年代前半から大きく増加したことを示す.

　何故銀行はこの時期に不動産関連融資をこれ程までに拡大したのであろうか. こうした行動の背景には, 2つの要因がある. 1つは, 銀行の伝統的な顧客ベース（特に大規模製造業）の縮小である. これは高度成長の終焉による企業の投資ニーズの低下, 自己資金の蓄積, 及び特に大企業による資本市場からの資金調達を容易にする金融自由化の進展等による. 2つ目は, 資金調達と運用の両面で競争を激化させた金融自由化による銀行の利鞘の縮小である. こうした要因により, 銀行は不動産関連融資, より長期の融資, 中小企業あるいは個人向け融資といった新しい収益性の高い市場への進出を図ることになる. これらの要因をもう少し詳しく見ていこう.

2.2.2　不動産関連融資急増の背景

（a）金融機関からの借入れへの企業の依存度の低下

　石油危機後の高度成長から安定成長への移行に伴う「ダウンサイジング」の下で, 1970年代半ばから製造業の金融機関からの借入れ依存は低下した（表1-7）. 金融機関は, 重要な顧客ベースの縮小に直面していた.

（b）金融自由化の下での利鞘の縮小

　第2次世界大戦後の日本の金融システムの特徴は, 第1に預金金利の規制, 第2に証券業務と銀行業務, また長期融資と短期融資が異なる金融機関グループ（証券会社と銀行, 商業銀行と長期信用銀行）によって別々に担われる専門金融機関制度である.

表1-7　製造業の金融機関借入依存度の動向

(%)

年度末	1975	1976	1977	1978	1979	1989
借入依存度	38.4	37.8	37.4	36.1	32.5	25.2
長期借入依存度	21.4	21.4	20.6	19.2	15.8	11.7

注）借入依存度＝(長期借入金＋短期借入金)／総調達額
出所）大蔵省財政金融研究所（1993）.

預金金利規制は，銀行経営，特に中小規模の銀行の経営に安定をもたらした．何故ならば，中小規模の銀行は，預金を（低金利で）集められさえすれば，それを高度成長下で資金の不足する大会社に融資を行う大規模商業銀行に提供することにより，利鞘を得ることができたからである．当局が支店の新規開業を規制する店舗規制はこのメカニズムを支えた（このシステムは時に「護送船団方式」と呼ばれた）．しかし，1970年代後半頃から自由化が進み，このシステムは変化を開始する．金融自由化の原動力となったのは，第1に財政収支の悪化と，第2に国際的な資本取引規制の自由化であった．

財政の悪化

財政の悪化は金利の自由化を不可避とした．1970年代半ば頃からの財政収支の悪化の下，政府は巨額の国債の発行を開始した．従前は国債は全て金融機関により保有され転売は規制（日銀に売却）されており，流通市場はなかった．しかし，銀行は巨額の低利の国債の保有を続けることはできず，1977年に転売規制が緩和され，流通市場が生まれた．これは自由金利商品が生まれたことを意味した．国債のほとんどが10年物であったことから，銀行は1983年（即ち，大量発行から8年経過後）に自由化された金利を持つ残存期間2年の国債が市場に登場すること，それにより金利規制のある2年物定期預金から資金流出が起きかねないことを懸念し始めた．こうした銀行の懸念を背景として自由金利商品が認められたが，こうした変化は銀行の利鞘を縮小させることとなった．1979年，金利自由のCD（Certificate of Deposit: 譲渡性預金）が認められ，1985年には大口預金の金利が自由化された．銀行の資金調達に占める自由金利預金のシェアは，1984年度末の7.5%から1989年度末の53.4%に急上昇し[29]，その利鞘を縮小させた．銀行は中小企業，個人，そして不動産関連融資等新たな市場で高い収益の上がる事業を追い求めることとなった[30]．

---

29) 大蔵省財政金融研究所（1993）．
30) 小峰（2011a）pp. 70-75.

国際的な資本フローの自由化

　銀行行動の変化のもう一つの推進力は，国際資本フローへの規制の緩和である．1980年の外国為替管理法の改正は，クロスボーダーの資本取引を原則として自由化した．先物取引をするには，貿易契約などの実体があることを求めていた「実需原則」は，円ドル委員会の交渉の中で1984年に廃止され，為替リスクのヘッジははるかに容易となった．企業は規制された国内市場を避け，海外での証券発行で資金を調達し，これは銀行の貸付金利に対し更に下押し圧力を加えた．

（c）土地神話

　こうした状況の下，銀行は収益性が高く，一見リスクの低い不動産関連融資に傾くこととなった．証券業務への参入は，銀行業務と証券業務との分離により大きく制限されていた（証券取引法65条（米のグラス＝スティーガル法型の規制）は銀行が本体で証券業務を営むことは基本的に禁止していた）．このため，銀行は，中小企業融資，短期融資より収益性の高い長期融資，不動産関連融資に利益機会を求めたが，中小企業や不動産業への融資では，これらの新たな顧客に関する情報収集力は限られていたため，銀行は不動産担保に頼らざるを得なかった．不動産関連融資は伝統的には銀行の好むものではなかったが，土地神話[31]及びいくつかの銀行がこの時期に示した強い利益志向と他行

---

31) 土地神話とは，土地ほど有利な資産はないという考えで，この見方は1980年代までよく通用した．例えば，1955年時点で300万円を預金した場合1985年には2283万円に増加したが，六大都市のいずれかで同じ金額を土地に投資していれば1985年には，預金の17.6倍，4億200万円に増加していたであろうとの試算がある（大蔵省財政金融研究所 1993）．地価は戦後，1974年に石油危機後の例外的な下落があったことを除き，継続的に上昇した．戦後1960年代初めと1972～73年頃の2回地価高騰があったが，どちらも後にバブルと判定されるものではなかった．1980年代においても，資産価格上昇はその時点では一般的にバブルとはとらえられていなかった．野口（1992）は，1985年から1992年までの各年について，日本経済新聞その他のメディアに掲載された記事でバブルという言葉を含むものを数えたところ，1985年から88年までは各年1～8本であったが，バブルのピークである1989年は11本，1990年は194本，その後劇的に増加し1991年に2,546本，1992年に3,475本となったとしている．こうした数字は，資産価格の上昇は，その価格が下がりだした後に初めてバブルであったと認識され始めたことを示唆している．

への波及が，銀行の伝統的な保守的ビジネスモデルの変貌を促進したと見られる[32]．

(d) 財テク

付言を要するのは，企業自体も金融活動に関わっていったことである．この時期，メディアによる積極的なとりあげもあり，財テクと呼ばれる金融活動への積極的な関与が企業に広まった．企業は必要な額以上の資金を調達し金融資産に投資した．1985年から89年までの5年間で，企業部門の資金不足は総計で62兆円であったが，企業部門はその約4倍の233兆円の資金を調達した．典型的には，企業はCP発行や株式関連証券の海外発行により低いコストで資金を調達し，それを銀行が提供するより高い金利の大口預金あるいは金融機関が運営する口座を通じて株に投資をした[33]．

2.3 まとめ

本節では，バブル形成の2つの要因，即ち，1980年代の経済政策運営と金融自由化の下での銀行行動がバブル形成に影響したことを見た．米国との貿易摩擦及び財政悪化は1980年代の経済政策運営に制約を課し，こうした制約の下，政府は都市再開発を含む規制緩和で経済の刺激を図ったが，それは1980年代初めに（当初は実体要因に基づく資産価格上昇であったと思われるが）バブルの種を撒くことになった．米国との摩擦が継続する中で，日本政府は円の増価を受け入れ（プラザ合意），日本経済をより内需主導のものに転換させることを試みる（前川レポート）．しかし，予想を上回る円の増価もあり，日本銀行は国内経済の拡大を促進し，円レートを安定させるべく，1980

---

[32] 1980年代には銀行による攻撃的な利益追求が進行した．日本の最大手銀行の一つの頭取が1980年代の初めに放った「向う傷は問わない」という言葉がよく時代の空気を示している．向う傷とは敵と戦う時に体の前面に受けた傷で，敵から逃げようとして体の後ろに受ける後ろ傷と対比される．武士は後ろ傷を恥とした．この言葉は，当時の銀行経営者がその職員による攻撃的な利益追求を受け入れ，あるいはむしろ促したことを示している（楠（2005）参照）．こうした利益追求に異を唱えることは，組織内の競争からの脱落を意味したと推測される．

[33] 大蔵省財政金融研究所（1993）．

年代後半に度重なる金融緩和を行う．更に，為替レート安定への国際的なコンセンサスを形成する過程で，政府は国内経済を拡大するために財政政策を行使することをコミットし，これら全てがより大きなバブル形成の条件を整えていった．また，日本経済を内需主導経済に転換させるという政策理念は，残念なことに，持続困難な不動産関係開発事業を日本中に促進する立法を生み出していく．

バブル形成に責任のあるもう一つの要因は，金融自由化の下での銀行行動である．伝統的な顧客ベースの縮小と自由化による利鞘の縮小により，銀行は新しい市場に進出を試み，不動産関連融資を急激に拡大し，これが地価上昇に追加的な圧力を加えた．企業による金融活動への積極的な関与も株式市場の活況に寄与した[34]．

銀行による不動産事業への深い関与及び企業による攻撃的な金融活動といった全ての行動は，高いリスクを伴っており，後知恵となるが，金融機関によるリスク管理の強化及びそれを求める規制監督の強化が必要であったが，当時は十分な対応がとられたとは言えない．何故こうした（後知恵では）リスキーな行動がチェックされなかったのだろうか．誰が責任を負っているのであろうか．銀行あるいは企業の経営者であろうか．銀行や企業の株主であろうか．政府であろうか．マスメディアであろうか．しかし，我々は，これらすべての経済主体が日本経済に対する強い信認を持ち，しかも土地神話にとらわれていて，地価の崩壊のリスクを認識することができなかったとした場合，いったい何ができたのか問う必要がある[35]．

同時に，我々は，これら全てのことが，我々が国家の安全保障を依存していた（今も依存している）米国との激しい摩擦と米国からの強い圧力の下で生じたことに留意すべきである．最も残念であることは，そうした状況の下で，政策の焦点が次第に国内問題から対外問題へシフトし，巨大なバブル形成という，生起しつつある問題の把握と必要な対応（国内経済の安定を対外配

---

[34] 個人株主の数は，1985年度の1600万人超から1989年度の2400万人超までこの間年間約10%で増加した（大蔵省財政金融研究所 1993）．政府保有の日本電電公社の民営化及び1987年の株式の一般公衆への売却は全国的な注目を集めた．

[35] 楠（2006）参照．

慮に優先させる，あるいは少なくとも両立する範囲内での対外配慮にとどめる経済政策運営）が行われなかったことである．

補論　資産の理論価格

1. 資産価格バブルの定義

資産価格バブルは，資産の価格がファンダメンタルズに基づかない水準に上昇する現象であると定義できる．

2. ファンダメンタルズ価格とその導出[36]

2.1　ファンダメンタルズ価格

ファンダメンタルズに基づく価格（理論価格）は，下記のように表される[37]．

資産がリスクを伴わずリターンが固定している場合には，次のように表される．

$$P=R/i$$

ここでは，$P=$資産の価格，$R=$資産へのリターン（事務所ないし住宅の賃貸料，金利等），$i=$長期リスクなし資産への金利（典型的には長期国債流通利回り）．もし資産がリスクを伴い，かつ資産へのリターンが毎期一定の率 g で成長する場合には，理論価格は下記のようになる．

$$P=R/(I+a-g)$$

ここでは，$a=$リスク・プレミアム（リスク資産の保有に対し，リスクなし資産へのリターンへの上乗せとして求められる追加的なリターン），$g=$リターン (R) の成長率．

---

[36]　本項は経済企画庁「年次経済報告 1991 年度」第 2 章による．
[37]　これは資産への将来のリターンの割引現在価値である．その導出は 2.2 参照．

2.2 導　出

(a) リスクがない場合

裁定行動[38]により，全ての資産へのリターンは等しくなり，次の式が成立する．

$$R/P = i \quad (1)$$

変形して

$$P = R/i \quad (2)$$

(b) リスク資産

もし資産がリスクを持つ場合，そのリターンは，リスクのない資産へのリターンよりも高くなる必要がある（この追加部分はリスク・プレミアム(α)と呼ばれる）．すると，(2) 式に代わり，次が成り立つ．

$$P = R/(i+\alpha) \quad (3)$$

以上は，資産価格が一定であると仮定したが，資産価格が変化するとすれば，次のようになる．第1期に P_1 で資産を買い，第2期にこれを P_2 で売却した時の利益率は下式の左辺の通りであり，これが右辺のリスクなし資産へのリターン (i) と等しくなる．

$$(R+(P_2-P_1))/P_1 = i$$

変形すると，

$$P_1 = (R+P_2)/(1+i) \quad (4)$$

同じように，第2期における資産価格 (P_2) は次のように表すことができる．

---

38) 裁定行動とは，価格差による利益を得るため，売りと買いを同時に行う行為．

$$P_2 = (R + P_3)/(1+i) \quad (5)$$

(5) を (4) に挿入すると，次式を得る．

$$P_1 = (R + (R + P_3)/(1+i))/(1+i)$$

変形すると

$$P_1 = R/(1+i) + R/(1+i)^2 + P_3/(1+i)^3$$

これを繰り返すことにより，次の式を得る．

$$P_1 = R/(1+i) + R/(1+i)^2 + R/(1+i)^3 + \cdots$$

これは，資産の第1期における価格 (P_1) が，将来のリターンの割引現在価値と等しいことを示す．

(c) リターンの成長

もしリターンが毎期一定の率 (g) で成長するとすれば

$$P_1 = R/(1+i) + R(1+g)/(1+i)^2 + R(1+g)^2/(1+i)^3 + \cdots$$

これは等比級数系列の合計であるので，$g<i$ と仮定すると，次の式となる．

$$P_1 = R/(i-g) \quad (6)$$

もし資産がリスクを持つ場合には，i の代わりに $i+\alpha$ を代入した次の式となる．

$$P_1 = R/(i+\alpha-g) \quad (7)$$

3. 株価——金利調整済み PER と現実の株価の理論株価に対する比率

株の理論価格は次式で表される．

$P=R/(i+\alpha-g)$

もしリスクがなくリターンが一定であれば，理論価格は，次の通りとなる．

R/i

リターンを1株当たり利益 (q) で置き換えると，金利調整済み PER は次のように実際の株価の理論価格に対する比率に対応する[39]．

$iPER=i\times(P/q)=P/(q/i)=P/(R/i)$
　　　$=$実際の株価／理論価格

理論価格は，リスク・プレミアムの低下及び（又は）リターンの予想成長率の上昇により上がる．

---

39) PER（株価収益比率）＝株価／収益（株価を1株当たり利益で割った値）．

第2章 バブルの崩壊と長期低迷の開始

　本章では，バブル崩壊と長期経済低迷の初期を扱う．まず1990年代初めにバブルがどのようにして崩壊したか見た上で，バブル崩壊後の数十年にわたり日本経済に何が起こったかを概観する．その上で長期低迷のメカニズムを識別するために，アベノミクス開始の前までの低迷の二十数年（1991～2012年）を4つに時期区分する考えを提示し，第Ⅰ期から第Ⅳ期までに分けた上で，本章では1990年代の初めから1990年代遅くに勃発した金融危機の前までの約7年間の第Ⅰ期をとり上げる．この時期は，長期低迷の開始期として特徴付けられ，従って低迷の根源的メカニズムへの鍵を与えることができるはずであるという意味で非常に重要である．

1. バブルの崩壊

1.1　バブルへの政府の対応

　第1章で見たように，1980年代後半に急速かつ広範に進行した資産価格インフレは，80年代末になってもバブルとは認識されておらず，資産価格インフレは，その崩壊のリスクと経済へのマイナスのインパクトの懸念という視点からではなく，主に社会的な公平の観点から問題視されるようになる．

1) 地価上昇に対する社会的批判の増大

前章で見たように，資産価格は1980年代前半から急速な上昇を開始したが，80年代後半になると，こうした資産価格の上昇，特に地価上昇に対する社会的な批判が強まってくる．それは持てる者と持たざる者の格差を決定的にするものととらえられ，東京のような大都市の住宅価格は平均的所得層の年収の10倍の水準に上昇し，もはや平均的な勤労者が家を持つことは一生不可能であるとさえ言われるようになった．

更に，この頃には，取得を目指す土地の居住者に対し自らあるいは代理人（時に暴力団）を用いて嫌がらせや暴力的行為を行い立ち退かせようとする「地上げ」と呼ばれる行為など，土地関連の不祥事件が頻繁に報じられるようになり，地価上昇を放置する政府に強い批判が寄せられた．

2) 政府の対応

この間，政府は手をこまねいていたわけではなく，例えば1985年7月，大蔵省は銀行に対し通達を発出し，投機的な土地融資を控えるよう要請し，その後も同様の通達を1986年4月，12月，1987年10月，及び1989年10月に発出し，金融面から地価高騰への対応を図った．しかし，これらの通達の目的は，本来リスク管理の観点から必要であった不動産関連融資そのものの抑制ではなく，投機的な土地取引に対する融資の排除を図ろうとするものであったことは留意を要する[1]．

3) 土地利用規制及び税制面での措置

資産価格インフレが更に進むと，1987年10月，内閣は，「緊急土地対策要綱」を決定し，一定の土地取引を当局への事前登録義務の下に置く監視区域制度の機動的な運用，銀行への指導，旧国鉄用地の売却の停止，関連税制の見直し等を行うこととした．また，1989年10月には，土地に関し，公共の福祉の優先，投機的取引の抑制等の基本理念を定める「土地基本法」を制定した．

---

[1] 楠 (2006).

4) 1989年の金融政策の姿勢の変化

前章で見たように，1980年代後半の金融政策は，対外要因への配慮（対外不均衡の是正と一層の円の増価の抑止）により制約されていた．しかし，1987年半ば頃より，経済の回復を反映して卸売物価が上昇の兆しを見せ始めたことから，日本銀行は物価動向の監視により大きな力点を置き始める．1987年8月，日本銀行は短期金利の高め誘導を行い，金融引締めへのシフトを視野に入れた．しかし，1987年10月，世界経済は株価の世界的急落に襲われ（ブラック・マンデー），金融政策は再び緩和方向にシフトした．1988年1月に行われた竹下登首相・レーガン大統領の会談後の共同発表では，「日本銀行は，経済の持続的成長を達成し，為替相場の安定を図るため，……現在の政策スタンスを継続するとともに，低下しつつある短期金利が実現されるよう努力を続けることに同意している」とされた[2]．ブンデスバンクは1988年7月に公定歩合の引上げを開始し，FRBも公定歩合を1988年8月に引き上げたが，日本銀行の政策変更は1989年まで待たなければならなかった．

5) 日本銀行による急激な金利引上げ

1989年5月，日本銀行は公定歩合を9年ぶりに引き上げ，2.5%から0.75%高い3.25%とした．これは1989年5月頃から始まった円安の下での，物価上昇に対する予防的措置と説明されている[3]．1989年10月，日本銀行は更に公定歩合を0.5%引き上げ3.75%とした．1989年12月には三重野康氏が日本銀行総裁に就任したが，就任後の記者会見で「インフレマインドを引き起こす引き金になるという意味で，土地の値上がりは放置できない．……金融が付かなければ上がらないわけだから，無関係とはいえない．……土地の値段を下げるために金融引締めをやったことはないけれども，結局は総合的に判断するということの中にそれは入ってくる」と述べ，金融政策の運営に当たっては，総合判断の中に地価の動向が含まれていることを明らかとした[4]．1989年12月，日本銀行は公定歩合を0.5%引き上げ4.25%

---

2) 翁・白川・白塚（2000）．
3) 小峰（2011a）p. 303.
4) 小峰（2011a）pp. 306-307.

とし，1990年3月には1.0%引き上げ5.24%，更に1990年8月には0.75%引き上げ6.0%とした．このようにして，日本銀行は1年余の間に公定歩合を5回計3.5%引き上げ，2.5%から6.0%へと急上昇させた．

6) 大蔵省による不動産関連融資に対する総量規制及び他の方策の実施

1990年3月，大蔵省は銀行に対し，不動産業向け融資[5]の伸び率を総融資の伸び率以下に抑制すべきとする通達（いわゆる「総量規制」）を発出した（この通達は1991年12月まで実施された）[6]．1991年4月，地価税（大規模土地保有に対する税）が導入される．1991年5月，ノンバンクによる土地関連融資への規制が強化される．このようにして，地価高騰の問題に直接的・間接的に対処するため広範な措置が実施に移された．

1.2 バブル崩壊の開始

公定歩合が1989年5月に引き上げられると，株式市場の取引額は低下を始める．日経平均は1989年末にピークを打ち，1990年初めから下落を始め，1990年2月に崩壊した．これが長期の下落の始まりであった．東京の地価は1987年にピークを打ち，その後安定していたが，1990年に下落を開始した．

2. 長期低迷

資産価格は1990年代冒頭に下落を開始したが，その時点では，それが二十数年に及ぶ長期経済低迷の始まりとなるとは誰も予想しなかったと思われ

---

5) 土地関連融資のうち建設業，ノンバンク業向けは除かれた．
6) 1994〜96年の間，大蔵省銀行局長であった西村吉正氏は，後に，金融自由化を進めている時に，総量規制のような直接的な形で銀行の融資行動に介入していくことに対し，銀行局は非常に後ろ向きであったが，政権与党の部会やメディアの地価高騰に対する批判の下でやらざるを得なかったと説明している（松島・竹中 2011, pp. 308-314）．

る。この節では，まずバブル崩壊前後の経済パフォーマンスを比較することで日本経済に何が起こったのかを簡単に見た上で，長期低迷の原因についての主要な議論を紹介する。次いで，低迷の特徴をより詳しく，特にバブル崩壊後でアベノミクスが始まる前まで，即ち1991年から2012年までの二十数年間（これをここでは長期低迷期と呼ぶ）の間にそうした特徴がどのように変化したかに注意しつつ検討する。これを踏まえ，低迷の根源的なメカニズムを把握するためには，二十数年を4つの時期に区分してみる必要があるとの考えを提示する。

2.1 バブル崩壊後，日本経済に何が起こったのか

（a）GDP成長率——過去との比較

まず経済成長率について見ると，実質GDPの成長は，バブル期の高成長の後，20年以上低迷した。図2-1は，1956年から2017年までの実質GDP成長率を示すと同時に，この半世紀余りを次の5つの時期に分け，それぞれの時期の平均成長率を示している[7]。

```
（時期区分）    （期間）        （平均成長率）
高 度 成 長 期：1956～1973年    9.3%
安 定 成 長 期：1974～1984年    3.6%
バ  ブ  ル  期：1985～1990年    5.2%
長 期 低 迷 期：1991～2012年    1.0%
アベノミクス期：2013～2017年    1.2%
```

これによれば，長期低迷期の平均成長率は1.0%で，高度成長期の約10分の1，バブル期の5分の1以下である。

---

7) アベノミクス期については第6章で検討する。

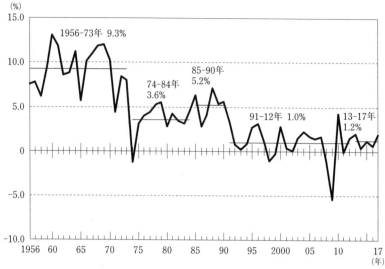

図 2-1 実質 GDP 成長率:日本 (1956〜2017 年)

注) 1956〜80 年は 1990 年基準,81〜94 年は 2000 年基準,95〜2017 年は 2011 年基準.
出所) 内閣府.

表 2-1 成長率の比較:日本と他の先進国 (1980〜2012 年)

(%)

	1980〜89 年	1990〜99 年	2000〜2012 年
日 本	4.4	1.5	0.8
米,英,独,仏平均	2.5	2.4	1.6

出所) IMF "World Economic Outlook April 2018 Database".

(b) GDP 成長率——他国との比較

　表 2-1 は,80 年代以降アベノミクス期の前までにおける,他の先進国との成長実績の比較を示す.日本のパフォーマンスは,1980 年代には他の先進国を大きく上回っていたが,バブル崩壊後は一貫して低いものとなっている[8].

---

8) 1 人当たり GDP の成長率で見ても,日本経済のパフォーマンスは相対的に低いものになっている.1991 年から 2012 年までの日本の 1 人当たり実質 GDP の成長率の単純平均は,自国通貨建て(固定価格ベース)で 0.8% であるが,他の先進 4 か国(米英独仏)の平均は 1.4% である.

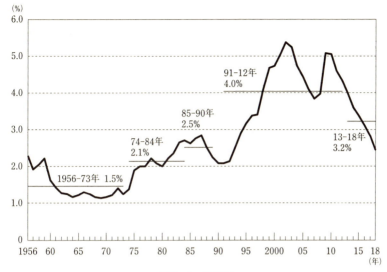

図 2-2 失業率

注）数値は各月の結果の年間単純平均．2018 年は 1～11 月の平均．
出所）総務省統計局．

（c）失業率

　我が国の失業率は，戦後 40 年近く 1～3％ の範囲の相当に低い水準にとどまっていた．しかし，バブル崩壊後，失業率は急上昇し，5％ を超えることも生じ，長期低迷期平均で 4％ の高水準となった（図 2-2）．

2.2　何故日本経済はこれほどの長期にわたり低迷したのか
　　　　――主要な議論

　前項に見たように，我が国のマクロ経済パフォーマンスはバブル崩壊後大きく悪化し，それがほぼ 20 年続くこととなった．これは何故であろうか．これは本章以降の各章がとりあげる最大の問いであるが，本節では，その序論として長期低迷の原因に係る主要な議論を簡単に紹介する．
　長期低迷の原因に関する主要な議論は，次の 3 つに整理できる．
　1 つ目は，供給サイド要因説である．これは，全要素生産性（TFP）の低

成長，競争性の低下，高齢化と人口減少等供給サイドの要因が長期低迷の原因であるとする考えである．

2つ目は，需要サイド要因説である．これは，需要不足が原因とし，十分な需要喚起を行わなかった財政政策の失敗，不適切な金融政策等政策的な誤りに焦点を当てる考えである．

3つ目は，金融セクター要因説である．これは，不良債権問題等により金融仲介機能を適切に果たせなくなった金融セクターに原因があるとの考えである．以下，それぞれについて概説する．

2.2.1 供給サイド要因説

供給サイドに原因があるとする論者は，多数ではないが常に一定数は存在した．具体的な主張をそうした論者の著書や講演から引用すると，次の通りである．

> 「総需要を強調するケインズ経済学……は，景気循環のような短期の経済変動を説明するには有効かもしれないが，90年代の日本のような長期の停滞を説明するには無理がある」（林 2003, p.3）．
> 「問題は……低い生産性成長率である．成長理論は……日本の成長が失われた10年をよく説明する」（Hayashi and Prescott 2002, p.206. 引用は筆者の訳による．）．
> 「経済停滞の原因は……企業そのものにある」「1990年代に，世界経済に大きな構造変化（その主要な内容は，中国の工業化とIT革命の進展である）が生じた．90年代からの日本経済の不調は，この変化に日本が適切に対応できなかったことによるものだ」（野口 2005, pp.7, 70）（カッコ内は野口 (2005) p.10に基づく筆者による補足）．
> 「生産年齢人口が減少を続けますので，国内雇用の大部分を占める内需型産業は恒常的に供給過剰状態となり，業績は改善しません」（藻谷 2010, p.140）．

こうした供給サイド要因説について，データを見つつ簡単に検討する．実

2. 長期低迷　87

図2-3　実質 GDP の額の推移：日本（1955〜2017 年）
出所）内閣府 GDP 統計.

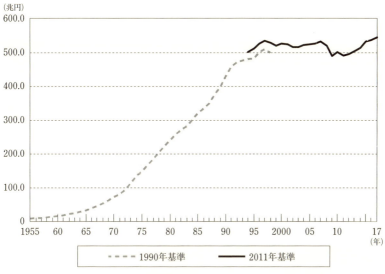

図2-4　名目 GDP の額の推移：日本（1995〜2017 年）
出所）内閣府 GDP 統計.

質GDP成長率のトレンドは，図2-3にあるように，バブル崩壊後に大きくかつ長期的に変化し，そこには構造的要因が働いているとも考えられる．

しかし，名目GDPの推移は大きく異なる印象を与える．名目GDPはバブル崩壊とともに唐突とも言える急激な変化を経験している（図2-4）．

これを成長率で見ると，名目GDPの成長率は1988〜91年の平均7.3%から，1992〜97年の1.6%に急激に落ち込んだ[9]．絶対額では，名目GDPは1997年に534兆円でピークを打ち，2012年には495兆円と，1997年の水準を7.3%下回っている．

こうした名目GDPの動きから2つの疑問が生じる．第1に，このような急激な変化は，通常，時間をかけて形成され簡単には変化せず，それ故に経済を短期間では変化させ難くする構造要因で起こりうるのであろうか．言い換えれば，こうした名目GDPのいわば唐突とも言える変化を引き起こす上では，何か循環的な要因あるいは突発性のある要因が決定的な役割を果たしたのではないであろうか．そして，第2に，何故そうした突然の変化が20

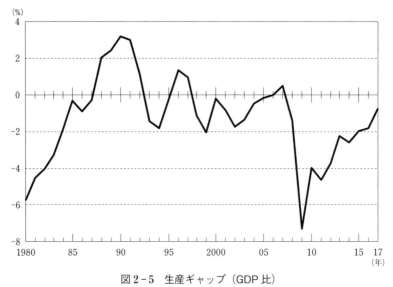

図2-5　生産ギャップ（GDP比）

出所）IMF "World Economic Outlook Database October 2017".

---

9) 経済は1991年2月にピークを打ったが，1991年の実質成長率はその後の3年間の1%を下回る成長と比べると，相対的に高い成長を記録した．

数年にもわたる長期間続いたのであろうか．突発性のある要因により引き起こされたものが，その後のプロセスを通じて構造化されたのであろうか．もしそうであるとすれば，それはいつ，どのようにして生じたのであろうか．

我々は，供給サイド要因説が，第1の疑問に対し満足すべき答えを与えられるか考える必要がある．生産性の伸びや競争性の低下，人口動態はいずれも徐々に進行するものであり，先に見た名目 GDP の動きのような急激な変化を引き起こすとは考えにくい．

供給サイド要因説が，説明を要するもう一つの点は，日本経済は長期低迷の間，一般的にはデフレギャップ（供給力＞需要）に悩まされたこと，従って，生産性の伸びの低さなど供給サイドの非効率や供給力不足が問題となったとは考え難いことである．供給力は足りていたのである（図2-5）．

2.2.2 需要サイド要因説

次に需要要因説を見よう．前項で触れたように，日本経済は長期低迷の間，基本的に供給力に対し需要が不足する事態に陥っていたこと，また需要水準は循環的な要因で急速な変化を起こしうることから，需要要因説には支持が多い．需要不足が何故生じたかについては，財政・金融政策などの政策の誤りあるいは不適切な運営に焦点を当てる議論が多いようである．

（a）財政政策の誤り

政策を問題とする議論には財政政策に焦点を当てるものがあり，まずこれについてごく簡単に検討する．例えば，1997年4月に行われた消費税率の3%から5%への引上げ，1994～96年に実施された特別減税の取止めや，1996年半ば以降の公共事業の削減などの財政引締めが回復を中断させ，長期低迷をもたらしたとの議論がある．しかし，こうした財政政策失敗説については，後に説明するように，バブル崩壊後，経済を支えるために財政刺激パッケージが繰り返しとりまとめられ，結果として膨大な政府債務が形成されたことに留意する必要がある．財政需要の注入で経済を永遠に支え続けることは不可能であることを考えると，1996～97年の財政引締めのタイミングの適切性については議論はあるとしても，財政スタンスが長期低迷の根本

図 2-6 マネーストック（M2+CD）の対前年伸び率：日本（1985〜98 年）
出所）日本銀行.

的原因であると考えることには無理があると思われる．

(b) 不適切な金融政策

　政策を問題とする議論が最も強く批判したのは金融政策で，長期低迷は不適切な金融政策運営に責任があるとする多くの議論がある．この議論については，第 4 章でより詳しく検討するので，ここでは，図 2-6 を見ることにとどめたい．同図はマネーストック（M2+CD）の前年比伸び率を示すが，同伸び率は 1980 年代後半に 10% を超える高い伸びを示した後，1991 年初め頃から急低下し，1992 年 9 月には 1968 年の統計開始以来初めてマイナスとなった．1980 年代末から 90 年代初めにかけての公定歩合の急速かつ大幅な引上げと総量規制の導入というバブルへの日本銀行と政府の対応は，「トゥーマッチ・トゥーレイト」（「トゥーリトル・トゥーレイト」ではない）と表現されるべきものに思われる．地価高騰と，「持てる者」と「持たざる者」の間の不公平に対する強い社会的批判の下での政策措置による経済のオーバーキリングは，二十数年にわたる長期低迷の初期に極めて重大な役割を果たしたように思われる．

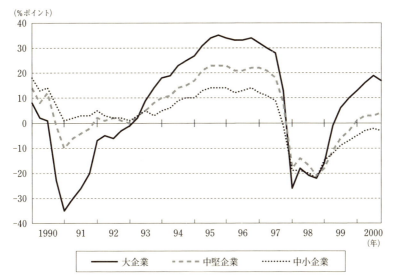

図 2-7　金融機関の融資態度：日本（1990～2000 年）
出所）日本銀行.

2.2.3　金融セクター要因説

3つ目の金融セクターの機能不全を原因と見る考えは，典型的には不良債権による金融セクターの健全性の悪化が，貸渋り等を生み，経済悪化をもたらしたとの議論である．この議論についても簡単に検討すると，図2-7が示すように，金融機関の融資態度は，バブル崩壊直後と金融危機の最中の比較的限られた時期を除けば，1990年代のほとんどを通じて一般的には緩和的である．このため，少なくとも1990年代の初めから1990年代遅くの金融危機の前までの長期低迷の初期（後にこの節で議論するように，この時期は長期低迷のプロセスで最も重要と思われる）においては，金融セクターの貸出態度の厳格化が低迷を引き起こしたとの議論は当たらないと考えられる．

2.3　全プロセスをいくつかの時期に区分する必要性

前項で低迷の原因に関する主要な議論について紹介する中で，我々は

1990年代初めに名目GDPの実績に突然の変化が生じたことを見た．我々はそのような突然の変化は，徐々にしか変化せず，従って徐々にしか経済に影響を与えない構造要因によって引き起こされることはないと論じた．こうした突然の変化には，循環的な要因あるいは別の突発的な要因が原因となった可能性がある．同時に，この突然の変化は多年にわたりそこにとどまり，名目GDPの趨勢を完全に変えたことに留意を要する．言い換えれば，突然の変化は永続化された．何らかの非連続的な要因によって引き起こされたものが，年の経過とともに構造化されたように思われる．この事実は，低迷のメカニズムが時間とともに変化したことを示唆する．もしそうであれば，二十数年を一まとめとして単一の低迷メカニズムを求めることによっては，低迷の真のメカニズムを見ることはできないと思われる．むしろ，長期低迷のプロセスの中で，どの時期においてどのような要因が低迷を引き起こす上で重要な役割を果たしたかを探り，そうした重要な要因が時間の経過とともに変化したのかを検討することにより，低迷の真因に迫ることができるように思われる．

こうした考えに立つ場合，時期を区分して分析する必要があるが，本書では20年余りにわたる長期低迷期の経済パフォーマンスの特徴の変化を検討し，これを踏まえて暫定的な時期区分を行い，まずはそうした時期区分毎に低迷のメカニズムの識別を図り，その上で低迷の全プロセスの理解を図るという，2段階のアプローチをとることが有効ではないかと考える[10]．本項では，こうした考えに立ち仮の時期区分を行うために，低迷期の経済パフォーマンスをいくつかの角度から検討する．

(a) 低迷期の特徴

まず，他の時期と比べた低迷期の特徴が何か見てみよう．実質GDPの成長率を主要需要項目毎の寄与度に分解すると，低迷期の民間設備投資の成長寄与度はゼロであることが示される（表2-2）．民間設備投資が成長に何も貢

---

[10] 本章及び第3章では主に本章で設定する4期区分に基づく第1段階の分析を行い，これを踏まえて主に第5章で低迷メカニズムの真因を探る第2段階の分析を行う．その結果4期区分は，企業行動に着目した低迷の3つのステージへの分類に進展する．

表2-2 主要需要項目別成長寄与度
(%)

	高度成長期 1956～73年	安定長期 1974～84年	バブル期 1985～90年	長期低迷期 1991～2012年
実質GDP成長率	9.3	3.6	5.2	1.0
民間消費	5.5	1.9	2.5	0.6
住宅投資	0.8	−0.1	0.4	−0.1
民間設備投資	1.6	0.3	2.0	0.0
政府支出	1.5	0.7	0.6	0.3
純輸出	−0.3	0.7	−0.3	0.2

出所）内閣府.

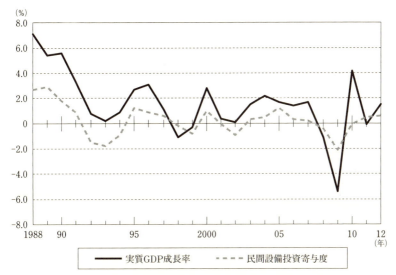

図2-8　実質GDP成長率と民間設備投資の成長寄与度：日本（1991～2012年）
注）1988～94年は2000年基準，1995～2012年は2011年基準による．
出所）内閣府.

献しなかったことは，低迷期の最大の特徴である．

(b) 民間設備投資の成長寄与度は，長期低迷期を通じて変化

ただし，二十数年の間に，民間設備投資のパフォーマンスは不変であったわけではない．バブル崩壊後，民間設備投資とGDPは図2-8が示すように，4回の底を経験している．民間設備投資は，バブル崩壊後の1992～93

年,金融危機時の1998〜99年,ITバブル崩壊後の2001〜02年,世界金融危機時の2008〜09年にマイナスの成長寄与を記録している.これは低迷期におけるGDPのパフォーマンスに強い影響を与えており,二十数年を時期区分するに当たっては,こうした民間設備投資の動向に留意する必要があることを示唆する.

(c) 景気動向指数の推移

我々は景気循環指標も見る必要がある.低迷の二十数年間,日本経済は表2-3のように5つの景気循環を経験した.

累積景気動向指数(景気循環の指標)は,バブル崩壊後,日本経済には,金融危機とITバブル崩壊により中断された二度の短い景気回復期と,世界金融危機で中断された一度の長い景気回復期があったことを示す(図2-9).

回復期における実質GDPの平均成長率(前年比)[11]は,1994年第1四半期から1997年第2四半期までの回復期は2.1%で,その1つ前のバブル期における1987年第1四半期から1991年第1四半期までの回復期の5.5%と比べ,顕著に弱いものであった.1990年代後半の金融危機後の回復期はやはり弱く(1999年第2四半期から2000年第4四半期平均で1.5%),しかも短いもの(2年未満)であった.このようにバブル崩壊後の最初の10年間における2回の景気回復は弱く,また2回目は期間も特に短いものであった.これに対し2000年代初めからの回復は,6年以上(戦後最長)にわたる非常に長

表2-3 長期低迷期における景気循環

循　環	谷	山	谷
第11循環	1986年11月	1991年2月	1993年10月
第12循環	1993年10月	1997年5月	1999年1月
第13循環	1999年1月	2000年11月	2002年1月
第14循環	2002年1月	2008年2月	2009年3月
第15循環	2009年3月	2012年3月	2012年11月

注)景気循環は第2次世界大戦後から数え始められている.
出所)内閣府.

---

11) 景気回復期における平均成長率の計算に当たっては,回復期が始まる前の「谷」の月が属する四半期の次の四半期から,次の「山」の属する四半期までの成長率を平均している.

2. 長期低迷　95

図 2-9　累積景気動向指数

出所）内閣府.

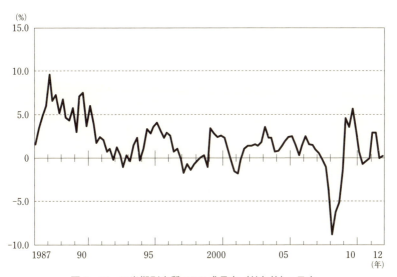

図 2-10　四半期別実質 GDP 成長率（前年比）：日本
（1987 年第 1 四半期〜2012 年第 4 四半期）

出所）内閣府.

いものであった．ただし，2002年第2四半期から2008年第1四半期までの平均成長率は，その前の時期と同じ1.5％にとどまった（図2-10）．

(d) 失業率

図2-11は，失業率の推移を示す．前に掲げた失業率の図（図2-2）との違いは，長期低迷期（1991～2012年）を金融危機前（1991～97年）と，金融危機以後（1998～12年）の2つの時期に分けたことである．失業率は，その年の遅くに金融危機が発生した1997年までは，平均2.8％と高くはなかったが，危機後4％台後半の水準へと急激に上昇した．

(e) 低迷期の経済動向の非均一性と4つの時期への区分

上記の (a)～(d) は，二十数年にわたる低迷期は均一ではなく，その経済的特徴は時期により異なることを示す．ここまで見たことを要約してみよう．まず，長期低迷期の民間設備投資の動向は，平均すると他の時期とは大きく異なり，長期低迷期の間，その成長寄与度はゼロとなった．民間設備投

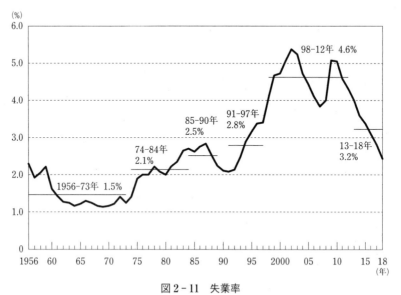

図 2-11 失業率

注）数値は各月の結果の年間単純平均．2018年は1～11月の平均．
出所）総務省統計局．

資は4つの出来事，即ちバブルの崩壊，金融危機，ITバブル崩壊，及び世界金融危機の後に停滞し，4回の底を経験している．

景気動向指数からは，長期低迷の最初の10年間に2回の弱く，うち一つは短い回復期があり，二度目の10年には長い回復期があったことが示される．

失業率は，金融危機の前までは高いものではなかったが，その後急激に上昇した．

経済動向の特徴に見られるこうした相違，あるいは（低迷という病気の）症状の相違は，低迷のメカニズムの検討に際し，二十数年の低迷期を次のように時期区分して分析することが有効ではないかということを示唆する．

第1の区分は，金融危機の前と後である．1997年以前の失業率はそれほど高くなく，1998年から水準が著しく上昇した．日本経済は金融危機により深刻な影響を受け，顕著な変化を遂げた可能性がある．

第2の区分は，2000年代初めの長期景気回復の開始の前と後である．2000年代初めよりも前には二度の弱い回復があり，2000年代初めからは一度の長い回復期があった．

第3の区分は，世界金融危機勃発の前と後である．長期景気回復は2008年に中断され，経済は一連の外生的なショックの下，波乱の時代に投げ込まれた．

これらの区分に従って二十数年の低迷期を分けると，次のような4つの時期に区分される．

- 第I期（1991〜97年）：バブル崩壊後，金融危機の前まで．この時期を「初期調整期」と呼ぶ．
- 第II期（1998〜2002年）：金融危機から長期景気回復開始の前まで．この時期を「金融危機とそのインパクト期」と呼ぶ．
- 第III期（2003〜07年）：長期景気回復期の多くをカバーする時期で，「長期回復」と呼ぶ．
- 第IV期（2008〜12年）：世界金融危機以降で2013年に開始されたアベノミクスの前までの波乱の時期をカバーし，「世界金融危機とその後の時期」と呼ぶ．

表2-4 主要需要項目毎の成長寄与度（バブル期と長期低迷期の4つの時期）

	バブル期 1985～90年	初期調整期 1991～97年	金融危機とその インパクト期 1998～2002年	長期回復期 2003～07年	世界金融危機と その後の時期 2008～12年
実質GDP成長率	5.2	1.7	0.4	1.7	−0.2
民間消費	2.5	1.0	0.6	0.6	0.3
住宅投資	0.4	−0.1	−0.2	−0.1	−0.1
民間設備投資	2.0	−0.1	−0.2	0.5	−0.3
政府支出	0.6	0.8	0.2	−0.3	0.3
純輸出	−0.3	0.2	0.1	0.8	−0.2

出所）内閣府．

　表2-4は，低迷期をこれらの時期区分に従って分けた4つの時期における，主要需要項目の成長寄与度を示す．バブル期は比較のために掲載している．

　これらの4つの時期において，経済の主要な特徴は次のように大きく異なる．

第Ⅰ期（1991～97年）：初期調整期

　成長率は先行するバブル期の3分の1以下に低下した（5.2%から1.7%）．寄与度で見ると，最大の落ち込みは民間設備投資である（バブル期の2.0%ポイントからマイナス0.1%ポイントへと，2.1%ポイントの低下）．

第Ⅱ期（1998～2002年）：金融危機とそのインパクト期

　成長率は更に低下し，ゼロ％台前半（0.4%）となる．民間設備投資の低迷も悪化する（−0.2%ポイント）．

第Ⅲ期（2003～07年）：長期回復期

　成長率は1%台後半に回復し，民間設備投資もプラスの成長寄与度（0.5%ポイント）を回復する．

第Ⅳ期（2008～12年）：世界金融危機とその後の時期

　成長率は再びマイナス（−0.2%）に落ち込み，民間設備投資も，再びマイ

ナス寄与（−0.3%ポイント）となる．

　もう一度，異なる特徴を持つ時期に区分して検討する必要性を述べておく．日本の経済低迷に係る多くの分析は，バブル崩壊後の二十数年にわたる期間をまとめて「失われた20年」と呼び，単一の「長期低迷」を説明しようとする．しかし，二十数年の間に，日本経済の問題は変化していると考えられる．本書では長期低迷期をその特徴に基づき時期区分することにより，日本経済の長期低迷のメカニズムの真因に迫ることを試みる．

3. バブル崩壊後の初期調整期（第I期：1991〜97年）

　本節では1991年から1997年まで，即ちバブル崩壊から，後に見るように経済に広範な影響を与えた1997年遅くの金融危機の前までの時期を扱う．我々は事実確認，即ちこの時期に日本経済に何が起こったのかを見ることから始め，次いで第I期の低迷に最も大きな役割を持った民間設備投資の低下に焦点を当てて，低迷の原因を検討していく．また，長期低迷を回避するために何をすべきであったか（何ができたのか）を探るために，政府がどのように対応したかについても見ていく．

3.1　第I期に何が起こったか

　我が国経済は1980年代後半にバブル景気に沸いたが，図2-12の累積景気動向指数で見ると，1986年11月以降開始した景気の拡大は，株価が下落を始めた1990年初めから1年以上経過した1991年2月にピークを打ち，後退期に入った．

　この後退期の第1の特徴は，その落ち込みの急激さである．これを四半期毎の成長率（前年比）で見ると，実質GDP成長率は，1988年第1四半期から1991年第1四半期までの景気後退直前の3年間の平均6.0%から，その後の景気後退の1991年第2四半期から1993年第4四半期までの平均

100　第2章　バブルの崩壊と長期低迷の開始

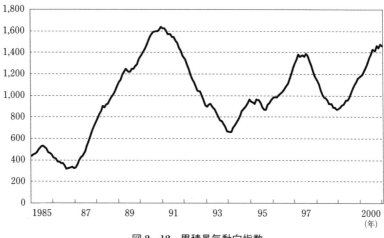

図2-12　累積景気動向指数

出所）内閣府.

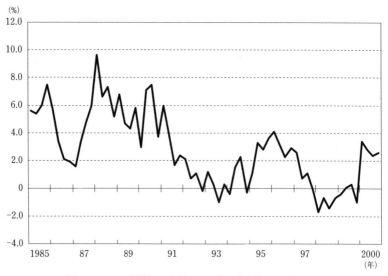

図2-13　四半期毎の実質GDP成長率（前年比）：日本
　　　　（1985年第1四半期〜2000年第4四半期）

出所）内閣府.

3. バブル崩壊後の初期調整期（第Ⅰ期：1991〜97年）　101

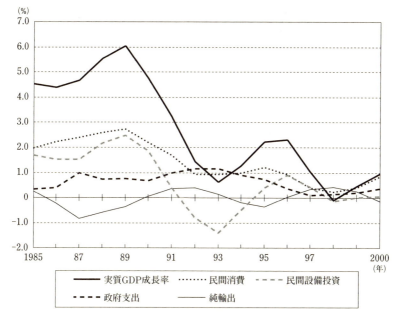

図2-14　主要需要項目の成長寄与度（3か年移動平均）：日本（1985〜2000年）
出所）内閣府．

1.0%へと急激に低下した．その後90年代半ばに迎えた回復期である1994年第1四半期から97年第2四半期までの成長率も，2.1%と低いものであった（図2-13）．バブル崩壊後のこの後退期については，その長さが非常に長いこと（32か月．これは戦後2番目に長い後退期である）も，この時の景気後退の特徴である[12]．

この景気後退の主因は，民間設備投資である．GDP成長率を主要需要項目別の寄与度に分解すると，最大のマイナス要因は民間設備投資であることが示され，90年代前半の多くでマイナス寄与となっている．これに対し，主に政府支出と民間消費が，1991〜97年の初期調整期の成長を支えている（図2-14）[13]．

---

[12] 最も長い後退期は，第2次石油ショック後，1980年2月（山）から1983年2月（谷）までの36か月である．
[13] 各需要項目の成長寄与度は振れる傾向があることから，図2-14では，その基本的な

3.2 何故民間設備投資は，これほど大幅にかつこれほど長く低迷したのか

我々は第 I 期における最大の成長下押し要因は，民間設備投資の減少であることを見た．何故民間設備投資は，これほど大きくかつ長く減少したのであろうか．下記に3つの要因を挙げる．1つ目は，バブル期の過剰な資本ストックの蓄積と，企業によるその調整の長期化であり，2つ目は，成長予想の継続的な下落である．3つ目は，資産デフレによる企業のバランスシートに対するダメッジである．前二者が基本的な役割を果たし，3つ目が追加的負担をもたらしたと考えられる．

3.2.1 ストック調整

(a) ストック調整の実施

まずバブル期における民間設備投資の推移を見ると，図 2-15 から民間設備投資がバブル期に大きく増加したことが見てとれる．実質 GDP に占める民間設備投資のシェアは，1988〜92 年平均で 17.1% と，安定成長期（1974〜84 年）の 12.5% と比べ極めて高い[14]．従って，バブル崩壊後に経済の減速に応じて，バブル期における過剰投資が是正（ストック調整）されることは必然と言える．ただし，実質 GDP に占める民間設備投資のシェアは 1990 年代初頭に急落した後，2000 年代前半まで横ばいを続け，成長を牽引する要因とはならず，ストック調整とすると極めて長期にわたったと言える．

(b) 何故ストック調整はすぐに終了しなかったのか

経済の減速に伴いストック調整が行われることは不可避であるとしても，何故民間設備投資の低迷はこのように長期にわたり，またその後の回復も緩慢であったのだろうか．経済は 1993 年遅くには回復を始め，民間設備投資

傾向を見るため，各需要項目の成長寄与度の3か年移動平均をとっている．
14) 投資の実行には時間的ラグが生じがちであることから，投資のピークは景気循環のピークよりも遅れうる．

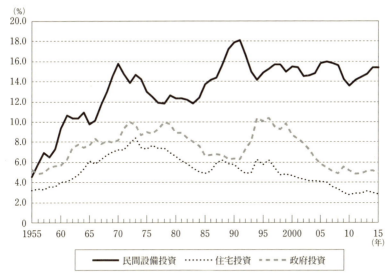

図 2−15　GDP に占める民間設備投資，住宅投資，政府投資のシェア
注）1955〜79 年は 1990 年基準，1980〜93 年は 2000 年基準，1994〜2015 年は 2011 年基準．
出所）内閣府．

はプラスの成長寄与を回復したが，既に見たように，この時期の経済回復は弱いものであり，投資活動も以前の力強さを回復しなかった．これは何故であろうか．

　この弱さの背景は，まず図 2-16 に見出すことができる．この図は前章と同様，日本にある全ての営利企業（金融保険業を除く）をカバーする統計（財務省「法人企業統計調査」）によるもので，その資産総額，負債総額，純資産総額の推移を示している．この図はバブル期が日本に残したものが，過剰負債に伴われた過剰資産であったことを明確に示している．1980 年代後半の資産と負債の増加ペースは，それに先行する時期に比べはるかに速いものであった．これらの過剰資産の存在は，投資を抑制する要因として働いたと考えられる．

　更に図 2-17 は，全ての営利企業（金融保険業を除く）の売上総額の推移と，その製造業と非製造業別の内訳を示す．売上総額は 1990 年代初めのバブル崩壊後突然成長を止め，むしろ 90 年代は絶対的に減少した．これは特

104　第2章　バブルの崩壊と長期低迷の開始

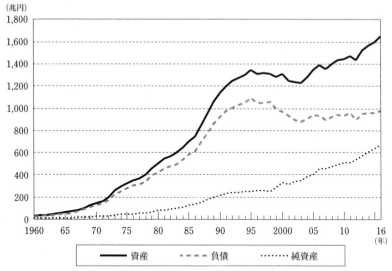

図 2-16　企業の資産，負債，及び純資産：全産業（金融保険業を除く）
出所）財務省「法人企業統計調査」．

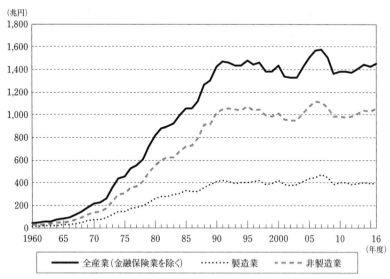

図 2-17　企業の売上総額：全産業（金融保険業を除く），製造業及び非製造業
出所）財務省「法人企業統計調査」．

に非製造業に当てはまる.売上増加の突然の停止により,建物,機械,設備等の物的資産規模は,売上規模に照らし過剰となったと考えられる[15].十分な売上が見込めない資産の存在は,投資を一層抑制する方向に働いたと考えられる.

3.2.2 成長予想の継続的な下方修正

(a) 予想成長率は,現実の成長率の低下とともに低下

このメカニズムを異なる角度から見たのが,図2-18である.企業(製造業及び非製造業の上場企業)の向こう3年間の予想成長率は,バブル期(1985~90年)の3.4%から,初期調整期(1991~97年)の2.2%に,更に金融危機とそのインパクト期(1998~2002年)には1.0%に低下した(その後,長期回復期(2003~07年)には1.8%に上昇).

図2-18はGDP成長率も示しているが,2000年代初めまでの予想成長率

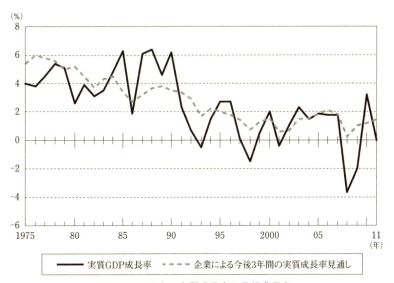

図2-18 現実の実質成長率と予想成長率

注) 予想成長率は,今後3年間について企業が予想する成長率.
出所) 内閣府「企業行動に関するアンケート調査」.

---

15) この点は,企業の財務諸表に基づき,第5章で詳しく分析する.

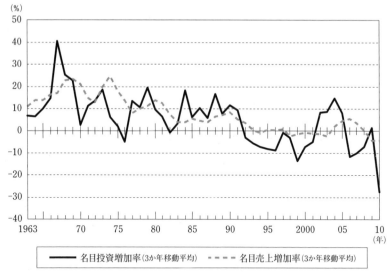

図 2-19　名目売上増加率と名目設備投資上昇率（法人企業統計ベース）
出所）財務省「法人企業統計調査」．

の下方修正は，成長実績の継続的な低下とともにそれを反映して進行したと見られる．こうした予想成長率の低下は，企業が必要とする民間設備投資の水準を引き下げたと考えられる[16]．

　企業にとっては，経済全体の予想成長率ではなく予想売上増加率が重要であり，図 2-19 は，直近の売上の増加実績が民間設備投資に重要な影響を与えることを示している．特にバブル崩壊後の売上増加率の低下は，民間設備投資にマイナスの影響を及ぼしている[17]．

（b）何故成長率あるいは売上成長率は低下を続けたのか

　このように見てくると，一方で過剰な資産の形成，他方で企業の売上増加率の低下，更には売上の減少が企業の投資行動，ひいては経済全体に大きな影響を与えたことが見てとれる．過剰な資産についてはバブルの負の遺産の清算であり，基本的に回避することは困難であろうが，果たして売上増加率

---

[16]　第 1 章脚注 25 参照．
[17]　売上も投資も名目金額であることに留意．

は何故継続的に低下したのであろうか.

投資抑制の長期化

一つの理由は,ストック調整が長期化したことによる投資低迷の長期化そのものにあると考えられる.即ち,過剰供給力の残存の下で投資抑制が長期にわたり,これは経済低迷の長期化の重要な要因となった.過剰供給力が最終的に解消されたのは2000年代半ばであり,それまで15年という長年月を要し,その間の投資の低迷が,経済の拡大あるいは売上げの増加を抑制する方向に働いた.

円の急速な増価

成長率下押しのもう一つの要因は1990年代半ばの急速な円の増価である.円レートは,第1次クリントン政権がスタートした1993年の1ドル125円から,1995年4月19日には79.75円に増価した.わずか2年余りの間にドルに対し約57%増価したことになる[18].急速な円高は,1995年1月の阪神淡路大震災と併せ,輸出を阻害し,ビジネス・コンフィデンスにマイナスの影響を与えた(図2-20).

為替レートが日本の輸出の競争性に与える実質的な(即ち,国家間のインフレ率格差の影響を調整した上での)影響を包括的に示す実質実効ベースでは,円レートは,まさにこうした90年代半ば,即ち日本がバブルの後遺症という困難の克服に取り組んでいた時期に,1970年代初頭の固定相場制の崩壊以降現在までの40年以上の年月の中での最高値を記録することとなった.

このようにして日本経済は,バブル崩壊後の初期調整期に2つの重要な需要項目,即ち,設備投資と輸出に大きな制約が課された状況にあったと言える.このため既に見たように,成長への主要な貢献は,政府支出(平均成長率1.6%に対し0.8%の寄与)と民間消費(同1.0%の寄与)によりもたらされ

---

18) この頃,大蔵省(当時)で為替レートに係る問題を所管する部局(国際金融局)にいた幹部は,後に次のように記している.「日米間の通商摩擦はマスメディアによって派手にとりあげられ,残念なことに市場関係者に対し,日本の経常黒字が縮小しない限り円高の流れを止めることはできないと確信させることとなってしまった」(榊原2001).

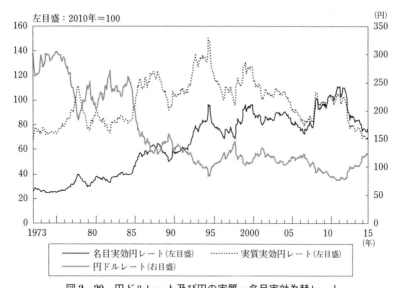

図 2-20 円ドルレート及び円の実質・名目実効為替レート

注) 名目円ドルレートは，東京市場，17時時点／月中平均．名目実質為替レートは2010＝100．
出所) 日本銀行．

た．しかし前者は経済を永遠に支え続けることはできず，後者は総需要の中で比較的安定的な需要項目であるため，経済が低迷するときに短期的に経済を支えることは可能かもしれないが，低迷が長期化する場合には経済全体の成長率の低下とともに成長寄与を低下させると考えられ，長期に経済回復の主導役であり続けることは困難であったと思われる．

3.2.3 バランスシートへのダメージ

初期調整期には，もう一つの成長下押し要因が作用した．それは企業のバランスシートへのダメージであり，リスクテイクの力を低下させたと考えられる．

(a) バブル崩壊によるキャピタル・ロス

第1章では，1980年代のバブルの形成を見た．データを繰り返すと，市街地価格指数（商業地，六大都市）は1982年10月の107.8から1990年4月

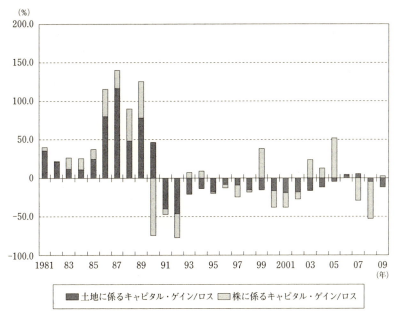

図 2-21　土地と株式に係るキャピタル・ゲイン／ロス（GDP 比）

注）実現・未実現キャピタルゲイン・ロスの合計．
出所）内閣府．

の 525.4 へと，7 年半で 4.9 倍となった後，1990 年 10 月から 2004 年 4 月の 67.2（−87.0%）（これは 1972〜73 年の水準である）まで 14 年間下落を続けた後，2004 年 10 月には 0.2% のわずかな上昇となった．

株価（日経 225（月中平均））は，1982 年 8 月の 7,042 円から 1989 年 12 月の 38,130 円へと，7 年 4 か月で 5.4 倍に上昇した後，1990 年 1 月に下落を開始し，3 年も経たない 1992 年 8 月には当時の底である 15,790 円（−58.6%）に下落，その後 16,000〜21,000 円のレンジで騰落を繰り返した後，1997 年秋に下落を再開した．

GDP 統計は，それぞれの年に株式と土地の価格の動きによって生じたキャピタル・ゲインとキャピタル・ロス（実現と未実現の両方を含む）の推計値を提供している（図 2-21）．この推計によると，1986〜89 年の間に経済に生じたキャピタル・ゲインの累積額は，この間の平均 GDP の 4.7 倍に達した．その一方で，バブルの崩壊により 1990〜2002 年の間に生じた累積キャ

図 2-22 企業の長期債務残高

注) 金融保険を除く全産業.
出所) 財務省「法人企業統計」.

ピタル・ロスは，この間の平均GDPの3.2倍に相当し，その69%は1990～97年の間（基本的に第Ⅰ期に対応）に発生したとされる．土地と株式の90%以上は民間部門によって保有されているため[19]，これらのキャピタル・ロスは企業と金融機関のバランスシートにダメッジを与え，投資のようなリスクテイク行動を阻害したと見られる．

そうしたリスク回避的な行動を示すデータは，企業の借入動向に見出される（図2-22）．企業の長期債務残高は，残高が384兆円であった1994年度以降，おそらく企業のバランスシート健全化の努力を反映して，ほぼ横ばいとなった．残高は1998年度にわずかに高い406兆円でピークを打ち，その後急激に減少した．

(b) 地価下落の継続

上記のダメッジのうち，バブル崩壊以降長期にわたり一貫して発生したのは土地保有に伴うロスである．地価の年間下落率は1992年から1995年初めまでの3年間は20%の範囲で，それに続く2003年までの7年間は10%程

---

[19] 1990年時点で，土地の91.4%，株式の93.6%が民間部門により保有されている（2009年度GDP統計，内閣府）.

3. バブル崩壊後の初期調整期（第Ⅰ期：1991～97年）　111

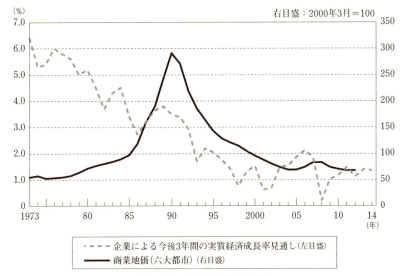

図2-23　予想成長率と地価

注）商業地価格指数は，各年の4月1日現在．
出所）内閣府「企業行動に関するアンケート調査」，日本不動産協会．

度であった．こうした下落は，バランスシートに毎年度追加的ロスを課し，前向きの経済活動を阻害したと考えられる[20]．

　IMFは，住宅価格（通常土地価格を含む）ブームの後の調整期の平均的な長さは約4年間であるとしているが[21]，これに対し，我が国の地価がその3倍以上の長い期間にわたり下落を続けたのは何故であろうか．図2-23に示

---

[20]　こうした地価下落は第4章で検討するように，銀行の不良債権問題を悪化させた．
[21]　IMF（2003）は，株式と住宅価格のブームとその崩壊（bust）の，歴史的な経験を分析した（世界経済見通し2003年4月・第3章）．この研究は，株式については，1959年以降に株価指数が一般的に入手可能な19の工業国をカバーし，住宅価格については，一般的に1970年から住宅価格指数がスタートした12か国をカバーしている．崩壊は，山から谷への下落が，下落基調の市場における全ての下落の中で上位4分の1に入る場合と定義される（両指数ともにCPIでデフレートされている）．この研究では，1959年第1四半期から2002年第3四半期の間に52件の株価の崩壊を識別した（1か国当たり13年毎に1回の崩壊）．平均で，崩壊は約45％の価格下落をもたらし，10四半期にわたって進行した．同研究は，1970年第1四半期から2002年第3四半期までの間に20件の住宅価格崩壊を識別し（1か国当たり20年毎に1回の崩壊），崩壊における価格下落は平均30％で，約4年間と株価の崩壊よりも約1年半長く続いた．

されるように，予想実質成長率の継続的な低下（これは前述のように経済成長率の低迷の継続を反映すると見られる）が土地保有の予想収益率を引き下げ，土地への需要を下押しした可能性がある．このプロセスは，2000年代初めまで続いた後，予想成長率が上昇を開始するにつれ一時的に停止し，地価は2000年代後半に上昇を開始した．ただし，こうした動きは世界金融危機の影響で再び中断されることとなった．

このように企業は，バブルの崩壊と引き続く資産価格デフレにより実現/未実現キャピタル・ロスを継続的に蒙り，これが2000年初めまで10年以上続いた．過剰供給力の残存の下，利益は低迷し，1990年代に企業のバランスシートは継続的に悪化したと思われ，結果として，企業のリスクテイク行動は強く阻害され，投資を長期にわたり抑制したと考えられる．

3.3 政府はどのように対応したのか

次にバブル崩壊後の政府の対応を見てみよう．バブル崩壊後の景気後退の下，政府は広範な景気刺激策を繰り返し講ずることで対応した．

(a) 財政政策

政府は1992年8月から2001年12月までの10年足らずの間に，12回もの大規模な経済刺激パッケージを実施し，12回のうち6回は第Ⅰ期に実施

表2-5 バブル崩壊後の経済対策
(兆円)

	1992年8月	1993年4月	1993年9月	1994年2月	1995年4月	1995年9月
事業規模 (GDP比)	10.7 (2.2%)	13.2 (2.7%)	約6.0 (1.2%)	15.3 (3.1%)	約7.0 (1.4%)	14.2 (2.8%)
うち公共事業	8.6	10.6	5.2	7.2		11.4
	1998年4月	1998年11月	1999年11月	2000年10月	2001年10月	2001年12月
事業規模 (GDP比)	16.0超 (3.2%)	20.0超 (4.7%)	約18.0 (3.5%)	約11.0 (2.1%)	約5.9 (1.2%)	約4.1 (0.8%)
うち公共事業	5.2	8.0	7.2	4.2		2.5

出所）Nakao (2002) のTable 1より作成．

3. バブル崩壊後の初期調整期（第Ⅰ期：1991〜97年） 113

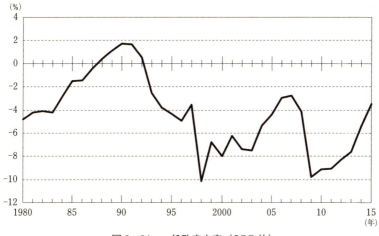

図2-24　一般政府赤字（GDP比）

注）一般政府純貸付／借入（GDP比）．
出所）IMF "World Economic Outlook Database October 2017".

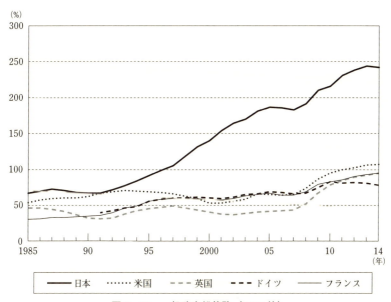

図2-25　一般政府総債務（GDP比）

出所）米，ドイツについてデータの欠缺の少ない，IMF "World Economic Outlook Database October 2013" を用いている．

された（表2-5）．景気後退がスタートして以来，短期的に景気が回復したこと，及びその時期に追求された（その後間もなく放棄された）財政健全化政策を反映してパッケージが組まれなかった1996～97年を除き，毎年新たなパッケージが組まれた．8件のパッケージはGDP比で2%を超える[22]．

財政刺激の努力を反映し，政府投資（GDP比）は1990年代を通じて上昇し，民間投資の落ち込みを部分的に補った（前出図2-15参照）．

その一方で，経済低迷による歳入減少と歳出増加，人口高齢化の社会福祉支出へのインパクトとともに，こうした財政刺激策の結果，財政赤字は劇的に拡大した（図2-24）．

同時に日本の政府債務（GDP比）は急上昇し，他の先進国と比べ，かけ離れた高水準に達することとなった（図2-25）．

(b) 金融政策

公定歩合（その時点では，金融政策の主要な手段の一つであった）は，1989年

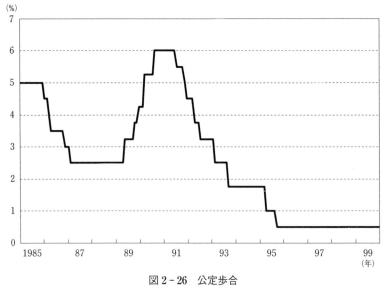

図2-26　公定歩合

出所）日本銀行．

---

22) 最大は1998年のもので，GDPの4.7%に及ぶ．

5月から1990年8月までの1年3か月の間に2.5%から5回引き上げられ，6%となった．そのわずか10か月の後，1991年7月から7回引き下げられ，1993年9月には1.75%に達した．1995年には，公定歩合は更に二度引き下げられ，1995年9月には0.5%とゼロに近い水準に達した（図2-26）．

こうした政策努力の下，経済は1994～96年に回復を開始したが，既に見たように回復は弱く，低迷は終わらなかった．逆に第3章で見るように，経済は1990年後半に空前の金融危機を迎えることになる．

3.4　初期調整期の要約

日本経済の問題は，バブルの崩壊とともに始まった．金融政策の急激な引締めと不動産関連融資に対する直接的な制限の導入による，バブルに対する突然のブレーキ（これはマネーストックの増加率の急落により示される）を一つのきっかけとしてバブル崩壊が始まり，経済は後退期に入った．経済が減速するにつれ，1980年代に資産と負債の双方で形成された過剰は，企業の重い負担となった．

前出の図2-16は，バブル期が日本に残したものが過剰負債に伴われた過剰資産であったことを明確に示している．1980年代後半の資産と負債の増加ペースは，それに先行する時期に比べはるかに速いものであった．これらの過剰資産と負債の問題は，これらの資産が持続可能な需要（売上）を伴っていなかったこと，換言すればこれらは，収益性のあるものではなかったことにある．従って，これらの過剰の処理が初期調整期においては最も必要とされることであった．しかし，企業部門による過剰資産・過剰負債の処理は長期にわたることとなった．長期化の第1の理由は，バブル崩壊・売上の成長の停止が生じた後も，当初は保有資産が過剰であり処理を要するという認識が遅れたことにあると思われる（第3章参照）．また第2に，実際の成長率が低下し，予想経済成長率（これは売上成長率予想につながる）が低下するに従い，過剰そのものが拡大したことがある（この点は第5章で詳しく扱う）．更に，第3に，過剰資産の問題が顕在化し始めた後は，（第3章及びその補論2で扱うように）過剰資産の規模が極めて大きく，それを急速に処理する場合

には，対応困難な負のインパクトが生じる可能性があったことも長期化の理由と思われる．その際，企業や金融機関は地域経済や雇用へのマイナスの影響に配慮し，過剰の処理に対して漸進的なアプローチを選好したと見られる．

更に，1990年代半ばの円レートの高騰は輸出を害し，ビジネス・コンフィデンスも悪化させた．加えて，バランスシートの悪化も追加的な重しとなった．急激な資産デフレにより企業や金融機関が蒙った巨額のキャピタル・ロスはそのバランスシートを痛め，投資や借入に慎重な姿勢をとらせるようになった．実際の成長率の低下は土地の予想収益率を低下させ，地価に下落圧力をかけ，バランスシートへのロスを毎年生み続けることとなった．

こうして初期調整期には，日本経済は民間設備投資と輸出という2つの重要な経済回復の推進役を奪われていたと考えられる．政府は経済を下支えし，民間消費は経済に一定の安定化効果を持ったが，それらの成長への寄与は長引く低迷の下では持続を期待できないものであった．後智恵で考えれば，第I期は決定的な重要性を持ったと思われる．バブル期の過剰投資とバブル崩壊によるバランスシートの悪化の問題に対し，企業は投資を抑制し追加借入れを抑えることで供給力を下方修正しつつ，バランスシートの健全化を図り，政府は経済をサポートするため，財政・金融の両面にわたり非常に広範な経済対策を講じた．しかし，外的要因，特に米国との貿易紛争の下での急激な円の高騰が輸出主導の回復の可能性を制約する中で，こうしたアプローチは弱い経済パフォーマンスの長期化をもたらし，それが今度は企業の将来の成長予想を引き下げ，更に自己実現的に低成長を継続させていったと見られる．企業部門の過剰生産力の調整長期化のコストは，次第に金融部門へとシフトされ，金融部門の不良債権問題の深刻化という形で表れることとなった．これは1990年代後半に，第2次世界大戦後初めてのシステミックな金融危機として頂点に達する．バブル期の過剰な（低収益）資産から生じた巨額の（実現及び未実現）損にもかかわらず，日本経済は二十数年にわたる低迷の間，政府による広範なサポートもあり，文字通りの社会的・政治的危機に陥ることはなかったが，長期にわたった調整プロセスは，急激に上昇した政府債務と経済成長トレンドの極めて低水準での定着という形で日本経済

に負の遺産を残したと言える．

　過剰資産の処理を90年代前半に早期に行うことができていれば，経済は調整負担の残存から速やかに解放され，その後はそれ以前のような強さで，比較的迅速な新しいスタートがとれた可能性はあるが，必要となる調整の巨大さがそうした選択を難しくしたと見られる．我々が問題を第Ⅰ期に解決できなかったことが，その後の20年の出来事に最も決定的であった．速やかな調整を行わなかったものの，結局，日本経済は根本的な調整（過剰の処理）を避けることはできず，最後に危機を迎えることになる．過剰資産の処理が早期に進まなかった理由を含め，危機については次章で扱う．

補表 2-A　関連の出来事

1987年10月	ブラック・マンデー.
1989年 5月	日本銀行, 9年ぶりに公定歩合を引上げ.
6月	竹下首相, スキャンダルの中で辞任（現在の安倍首相は竹下首相辞任後, 17代目の首相）.
1990年 1月	株価下落を開始.
3月	大蔵省, 不動産関連融資に対し総融資額制限を賦課. 地価下落開始.
8月	イラク軍, クウェートに侵攻.
1991年 1月	湾岸戦争勃発.
2月	日本経済, ピークを打ち, 減速を開始.
1993年 8月	非自民党政権形成（細川首相）.
10月	日本経済, 底打ち.
1994年 2月	クリントン政権が要求する市場開放のための「数値目標」に係る日米紛争.
1995年 4月	円レート, 1ドル当たり79.75円の史上最高値記録.
1996年11月	橋本首相, 三塚蔵相及び松浦法相に対し, 日本の金融システムの改革を検討すべきことを指示. 三塚蔵相, 証券取引, 会計, 金融システム, 保険及び外国為替に関する審議会の会長に対し, 2001年までに日本の金融システムの改革を改正するプランをできるだけ早く準備することを要請し, その後これらの各審議会は1997年6月までに改革案を準備するため検討を開始.
12月	内閣, 2005年度前までのできるだけ早い時期に財政赤字をGDPの3%以下に引き下げる財政健全化目標を決定.
1997年 1月	橋本首相, 財政構造, 金融システムを含む6つの分野における抜本的な改革を開始することを宣言. 外国為替・外国貿易管理法の改革法に係る報告書を外国為替等審議会で承認.
4月	消費税率, 3%から5%に引上げ.
6月	日本銀行法, 改正（独立性強化）. 包括的な金融自由化（日本版金融ビッグバン）, 大蔵省の4つの関連審議会（証券取引, 会計, 金融システム及び保険）で承認.
7月	タイ・バーツ, 急落（アジア通貨危機勃発）.
11月	三洋証券, 会社更生法の適用を申請, インターバンク市場で債務不履行発生. 北海道拓殖銀行, 経営継続が困難となったことを公表. 山一証券, 自主廃業を公表. 財政構造改革法, 制定.
1998年 4月	包括的経済対策決定.
5月	財政構造改革法修正（同年12月施行停止）.
10月	政府, 日本長期信用銀行を国有化（戦後初めての民間銀行の国有化）.
11月	緊急経済対策決定（史上最大規模）.
12月	日本債券信用銀行国有化.

第3章 金融危機の衝撃と企業行動の変貌

本章では，第I期（1991〜97年：初期調整期）に続く3つの時期，即ち，第II期（1998〜2002年：金融危機とそのインパクト期），第III期（2003〜07年：長期回復期）及び第IV期（2008〜12年：世界金融危機とその後の時期）を扱う．焦点は1997年遅くに勃発した金融危機と，その日本経済に対するインパクトである．その後の2つの時期については，比較的簡単に検討する．

1. 金融危機とそのインパクト期（第II期：1998〜2002年）

本節では，1998〜2002年をカバーする第II期を分析する．まず，我々は金融危機がどのようにして進行し，それに対してどのような対応がとられたかを見る．次いで，危機の根本的な原因である不良債権の問題が何故もっと早く解決されなかったのかを探り，最後に，危機が日本経済に与えた広範な影響を分析する．

1.1 金融危機の進行とその処理——概観[1]

(a) 金融危機の勃発

バブル崩壊から7年後に，金融危機が勃発した．1997年11月初め，三洋証券という中堅証券会社が会社更生法の適用を申請し，これを受けた裁判所

---

1) 本項の記述は，Nakaso（2001）にその多くを負っている．

による資産保全命令の発出により，インターバンク市場で戦後初めての債務不履行が発生した．この出来事は，インターバンク市場の参加者が借り手の選別を強めるという非常に深刻なインパクトを与え，いくつかの金融機関はインターバンク市場での資金調達が難しくなる結果となった．

こうした中，同じ11月中に，日本の最大の銀行の一つである北海道拓殖銀行が事業の継続が不可能となったことを公表した．これは戦後初めての大銀行の破綻であった．更に同月下旬，四大証券会社の一つである山一証券が自主廃業を公表した．更に同じ月の数日後，地方銀行である徳陽シティ銀行が経営破綻し，金融システムが深刻なシステミックな圧力に直面していることが明白となった．新たな危機管理措置（後で説明）の導入で，金融市場は一定の安定を回復したが，1998年央に，日本長期信用銀行の問題が顕在化し，危機は再燃した．新たに導入された，より包括的な危機管理措置の下，日本長期信用銀行，更に日本債券信用銀行が，それぞれ1998年10月及び12月に国有化された．その後も金融セクターの不安定性は，2000年代半ばに不良債権問題が最終的に解決されるまで継続することとなる．

(b) 銀行破綻

まず，銀行の破綻数を概観しよう．深刻なシステミックなストレスの下，1990年代から2000年代前半までの金融機関の破綻は総計181という，戦後では空前の高水準に達した．破綻した181機関の内，161機関 (89.0%) は1997〜2001年の5年間に破綻し，また181機関の3分の2以上が信用組合であった（図3-1）．

預金受入れ金融機関数の推移を見ると，1990年3月末から2014年3月末までの間に，金融機関総数は1,080から580へと500機関 (44.9%) もの急激な減少となったことがわかる．減少の42.4% (212機関) は，97〜98年の金融危機を挟む97年3月末から2002年3月末までの5年間に生じ，その84.0% (178機関) が信用金庫又は信用組合であった．こうした減少は破綻によるものばかりでなく，経営環境変化の中での合併等によるものを含むが，これほど早いペースでの減少は，金融危機の日本経済へのインパクトがいかに深刻なものであったかを推測させるものと言える．

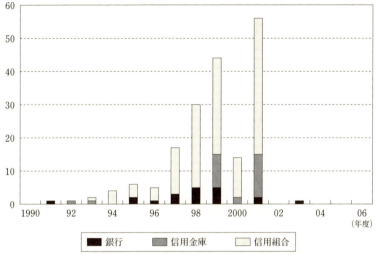

図3-1 預金受入れ金融機関の破綻数

出所）金融庁.

1.2 不良債権問題の背景

こうした危機の背景には，不良債権問題がある．しかし更にその背後にあるのは，バブル期に企業部門に形成された過剰資産と，バブルの崩壊後の売上低迷である．

（a）過剰資産と売上低迷

第2章で見たように，企業部門は1990年代初めまでに，それまでのトレンドをはるかに超える規模の過剰な資産を保有することとなった（前出図2-16参照）．そのため，収益をあげるために企業部門は，十分に大きな規模の売上げを必要とした．しかしバブル崩壊後，企業の売上げは突然増加を停止し，1990年代を通じてむしろ低下傾向を辿った（前出図2-17参照）．このためROA（営業利益／総資産）は，高度成長期以降低下傾向にあったが，1990年代に入ると更に低下した（図3-2）．毎期の利益の蓄積を示す利益剰余金も，90年代初頭を最後に，90年代末まで全く積み増しが行われなくな

122　第3章　金融危機の衝撃と企業行動の変貌

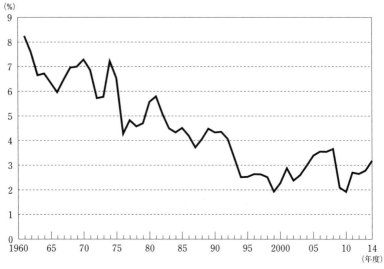

図3-2　ROA（営業利益／総資産）

出所）財務省「法人企業統計調査」．

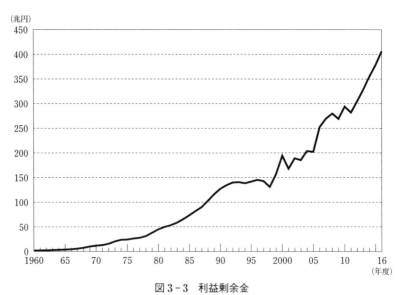

図3-3　利益剰余金

出所）財務省「法人企業統計調査」．

った（図3-3）．

　企業部門はバブル崩壊後，過大な資産規模と売上低迷の組合わせによりもたらされた低収益という，困難な問題に直面した．もし売上回復が予想されるのであれば，企業は資産保有を続け，売上げの回復を待つことができる．もしそうでなければ，つまり売上げの回復が期待できない場合，企業は長期にわたる低収益を回避したいのであれば，こうした資産を処理しなくてはならない．その後実際に起こったことは，長期にわたる売上低迷であり（前出図2-17参照），従って後智恵ではあるが，その時点での適切な選択は速やかに過剰な低収益資産を処理することであった[2]．しかし企業部門は，過剰資産への対応に時間をかける選択を行う．それは低収益の長期化を生み，企業の財務の健全性を徐々に浸食していった．

　金融セクターの観点からは，借入企業の財務の健全性の低下は，債務返済能力の低下を意味する．更にバブル崩壊後，貸出しに係る担保資産の価値も低下した．これはバブル期に積極的に提供された商業用不動産融資に特に当てはまる．金融セクターの不良債権問題の困難さは，90年代が進むにつれ徐々にその深刻度を増していくこととなった[3]．

　更に第2章で述べたように，バブルの崩壊は借り手と貸し手の双方のバランスシートにダメッジを与えた．債務負担は不変である一方で，地価下落は続き，不動産関連資産の価値は低下した．株価も下落を続け，銀行や企業が株式保有を通じて得ていた未実現キャピタル・ゲインを縮小させた．バランスシートの悪化は，投資や借入といったリスクテイク行動を抑制し，経済の回復に追加的な下押し圧力をかけたと思われる．

---

2) この場合，処埋とは必ずしも当該資産の廃棄や取壊しを意味するものではないが，典型的には損失を出して取得時よりも低価格で売却し，生じた損失を関係者で分担することにより行われる．売却された資産は低価格となり，収益性のある資産となりうる．この売却により，企業部門全体の資産額は減少する．
3) 預金保険機構（2005）は，金融支援を提供した180の金融機関の破綻原因を分析し，全180機関のうち91.7%（165）について，不良債権問題が破綻原因（複数計上）の1つに挙げられると結論している．この165機関のうち，83機関（46.1%）については不動産関連部門への信用の集中が，49機関（27.2%）については経済低迷等他の要因が挙げられ，47機関（26.1%）については不動産関連部門以外の部門への信用の集中が破綻の原因として挙げられるとしている．

表 3-1 不良債権残高と不良債権比率

年	1993	1994	1995	1996	1997	1998
不良債権残高 （全国銀行） （兆円）	12.8	13.6	12.5	28.5	21.8	29.8
不良債権比率 （全国銀行） （％）						
不良債権比率 （主要銀行） （％）						

年	1999	2000	2001	2002	2003	2004	2005
不良債権残高 （全国銀行） （兆円）	29.6	30.4	32.5	42.0	34.8	26.2	17.5
不良債権比率 （全国銀行） （％）	6.2	5.9	6.3	8.4	7.4	5.8	4.0
不良債権比率 （主要銀行） （％）	6.1	5.4	5.3	8.4	7.2	5.2	2.9

注）1. 数字は，各年3月期．
2. 不良債権残高は，全国銀行の「リスク管理資産」の残高．
3. 不良債権比率は，金融再生法に基づく全国銀行の開示債権（破綻更生等債権，危険債権及び要管理債権）の総与信に占める比率．
4. 「全国銀行」は，都市銀行，長期信用銀行，信託銀行，地域銀行（地方銀行及び第二地方銀行）からなる．
出所）金融庁．

(b) 不良債権額の増大

売上低迷の長期化及び過剰（低収益）資産の処理を漸進的に（時間をかけて）進める企業の姿勢を背景に，不良債権は1990年代前半の10兆円超の水準から，1990年代後半の30兆円程度へと絶えず増加した．不良債権の定義は徐々に厳格化（拡大）されたため，時系列的な比較が難しいという問題はあるが，公表不良債権額は2002年3月期に42兆円（不良債権比率8.4％）とピークとなった（表3-1）[4)5)6)]．

---

4) 不良債権額と不良債権処理により生じる損失は，経済低迷が続く場合には，時間の経過とともに増加する傾向がある．これは，経済低迷が借入企業の売上ひいては利益の低迷をもたらすからである．

1.3 不良債権問題は，どのように対処されたのか

本項では，Nakaso（2001）[7] に基づき，不良債権問題がどのようなプロセ

---

5) 不良債権の定義には，リスク管理債権，金融再生法上の開示債権，自己査定による不良債権の3つがある．まず第1のリスク管理債権は，銀行法上の概念で，他の2つの概念よりも長い期間のデータがとれる．リスク管理債権は1993年3月期から開示されたが，その時点では，①破綻先への債権，②延滞債権（未収利息を収益不計上としている6か月以上延滞債権）（②は主要行のみ開示）のみがカバーされていた．1996年3月期には，この概念の下でのディスクロージャーは，③金利減免等債権，④債権放棄等の経営支援を行っている債務者への債権に拡大された（いずれも都銀，長信銀，信託銀行のみを対象とするものであったが，地銀，第二地銀も逐次開示を開始）．更に1998年3月期からは，⑤3か月以上延滞債権が追加され，⑥貸出条件緩和債権（③及び④を含むより広い概念）が新設された（「リスク管理債権」の名称はこの時点から用いられるようになった）（渡辺（2001），中川（1996）参照）．

　第2の概念である「金融再生法上の開示債権」は，1998年に制定された金融再生法により導入された．同法は，主要行に対し，1999年3月期から（地銀，第二地銀については1999年9月期から），①破産更生債権及びこれに準ずる債権，②危険債権，③要管理債権，④正常債権の4つを公表することを義務付けた．

　第3の概念である自己査定による不良債権は，1998年4月に実施に移された早期是正措置により必要とされたものである．自己査定においては，まず債務者を破綻先，実質破綻先，破綻懸念先，要注意先，正常先の5つに区分し，更に個々の資産を回収の危険性に応じて，I 分類（問題のない資産）から IV 分類（回収不能又は無価値）の4段階に分類する．ただし，金融機関は自己査定に基づく不良債権の開示は求められず，当局が業態別，債権の分類別（I 分類から IV 分類）の総額を公表するにとどまった．なお，早期是正措置の下では，債権の質についての自己査定に基づき算定された自己資本比率が，所要の水準（国際基準行8%，国内基準行4%）に満たない場合，当局は金融機関に対し資本増強等の是正措置を命ずる（渡辺 2001）．

6) リスク管理債権と金融再生法開示債権の概念は，基本的には同じであり，例えば破綻先債権や，3か月以上延滞債権，貸出条件緩和債権は双方に含まれている．ただしリスク管理債権は未収利息不計上を出発点として，そうした貸出金を破綻先とそれ以外（延滞債権）とに分ける（3か月以上延滞債権，貸出条件緩和債権は別掲されている）のに対し，開示債権では破綻に陥っている先への債権と，破綻に陥っていないが元利回収ができない可能性の高い債権（危険債権）という区分を行っている（3か月以上延滞債権，貸出条件緩和債権はやはり別掲されている）点で異なる．また，対象資産がリスク管理債権では貸出金のみであるが，開示債権では貸付有価証券等を含む総与信となっていること，リスク管理債権は債権毎の区分であるのに対し，開示債権は債務者毎の区分であることにおいても異なる．

7) Nakaso（2001）は，金融危機の進行と当局の対応について，非常に詳細かつ明瞭な説明を行っている．

スを経て危機へと進展し，そして解決されたかを時系列で見ていく．

（a）問題を抱えた銀行への伝統的なアプローチ

1980年代頃までは，問題を抱えた銀行の多くは行政の仲介を通じて，健全な銀行により取得され，預金・融資等破綻銀行の全ての業務は，基本的には取得銀行に移転された．こうしたことが可能であったのは，他の銀行の取得により，その当時の規制の下では獲得が容易ではなかった問題銀行の支店網の獲得等の利益が，取得銀行にもたらされたからである．しかし1980年代の終わり頃からは，自由化の下で以前の利益が消失したことから，問題を抱えた銀行を取得しようとする健全な銀行を探し出すことは次第に困難となった．

（b）初期の努力と預金の全額保証の導入

1990年代初め，中小金融機関について問題が表面化を始める．1992年4月，問題を抱えた地方銀行を取得した銀行に対して，預金保険機構から初めてペイオフ・コスト[8]内の資金支援（贈与）が行われ，ペイオフ・コストを超える部分の負担については，地方政府と他の金融機関からの外部支援によりカバーされた．1994年12月，都市にある2つの信用組合が破綻し，新しい銀行（東京共同銀行）が，日本銀行と民間金融機関の平等の出資により，2つの破綻銀行の受け皿（取得銀行）として設立された．

その後1995～96年には，「住専」（住宅金融専門会社の略称）の問題が主要なイシューとなる．住専とは，元々は1970年代に銀行や他の金融機関が，自らが専門性を有さなかった家計への住宅融資を行うために設立したノンバンク金融機関である．1980年代になり，銀行自身が住宅融資に携わるようになると，住専は不動産部門への融資に大きく関わり，バブルの崩壊によって巨額の不良債権を抱えた．7つの住専の全ての損失が，設立母体銀行や他

---

[8] 1996年の預金保険法改正の前であっても，預金保険機構は，破綻銀行を取得する銀行に対して資金支援を行う権限を有していたが，資金支援額は，いわゆる「ペイオフ・コスト」に限定されていた．ペイオフ・コストとは，通常，銀行が破綻した時に預金者に対して保険金額（1人当たり1行1000万円）を完全に支払うために必要な資金から，破綻銀行の残された価値を控除した額である（Nakaso 2001, p. 4）．

の債権者金融機関によってカバーされる解決策が見出されなかったことから，政府はこれらの住専の清算に当たり税金を投入することを決定した．ところが，この決定は国民の非常に強い反発を招き，これ以上の公的資金の投入は危機が勃発するまでほぼ政治的なタブーとなった[9]．

1996年6月，安全網を改善するため預金保険法が改正され，預金保険機構の資金支援に対するペイオフ・コストによる制限は，2001年3月まで一時的に撤廃された．

(c) 1997〜98年の金融危機の勃発と包括的フレームワークの導入

1997年秋，金融危機が発生した．本節の概観で述べたように，三洋証券，北海道拓殖銀行，山一証券，徳陽シティ銀行といった主要金融機関が，1997年11月の1か月の間に破綻した．1997年11月の危機勃発という空前の困難な問題に対処するため，公的資金を使用する可能性について検討が始められ，その結果，1998年2月に「金融機能の安定化のための緊急措置に関する法律」(以下「緊急措置法」)が制定され，その下で2001年3月までの時限措置として，優先株式等の購入を通じて銀行の資本基盤を強化する公的資本注入制度が導入された．資本注入のための資金を含め総額30兆円の公的資金が，2001年3月までの一時的措置として用意された[10]．銀行は一般的に資本注入を必要とする脆弱な銀行であると名指しされることを嫌うことから，全ての主要銀行が一体となって資本注入を申請した．結果として1998年3月30日，主要21行の全てが総額で1.8兆円の資本注入を受けた．しかし注入額は過少であるとされ，市場では余り積極的な反応をもたらすものとはならなかった．

こうした措置は，市場の混乱を一時的に収める効果はあったが，1998年6月には，日本長期信用銀行の問題が表面化し始めた[11]．その業務の規模と複雑さから，清算ではなく新たな投資家による取得を通じた秩序だった処理が

---

9) Nakaso (2001) pp. 6-7.
10) 用意された30兆円のうち，17兆円は破綻金融機関の損失をカバーするために預金保険機構の特別勘定に配布され，13兆円は銀行への資本注入に配布された．
11) これはちょうど金融機関の監督権限が，大蔵省から新設された金融監督庁に移されるときに当たった．

模索された．しかし，これほど大きな銀行の処理を可能とするメカニズムはその時点では存在しなかったことから，1998年夏の国会での審議を通じて新たな法制度が生み出された．

その一つは，1998年10月に制定された法律（「金融機能の再生のための緊急措置に関する法律」（以下「再生法」））であり，その下で，破綻銀行の処理のための包括的なフレームワークが導入された．同法の下で，破綻銀行は金融整理管財人の管理下に置かれるか，一時的に国有化（特別公的管理）される．金融整理管財人管理の下では，当局が指名する金融整理管財人が旧経営陣を代替し，破綻銀行の業務の売却先を探す．金融整理管財人が買い手を見つけることができない場合には，預金保険機構が設立するブリッジバンク（承継銀行）に業務を移転できる．国有化制度の下では，政府は大規模な銀行を買い取ることができ，その場合当局は新しい経営陣を指名する．一般的にはシステミックな影響が大きい金融機関について，国有化される可能性があると考えられる．金融整理管財人の下に置かれた金融機関，及び国有化された金融機関の双方ともに，業務は継続され，金融整理管財人管理下の金融機関については日本銀行から直接に，国有化された銀行については預金保険機構から流動性が提供される．後者の場合預金保険機構は，流動性支援のための資金を日本銀行から借り入れることになる．1998年10月，再生法に基づき，日本長期信用銀行の国有化が行われ，同年12月には日本債券信用銀行が国有化された．

新たに導入されたもう一つの法制は，早期是正措置[12]とリンクされた資本注入制度の強化である（これも緊急措置法下の資本注入と同様，2001年3月までの時限措置）．これは，「緊急措置法」を代替する形で1998年10月に制定された「金融機能の早期健全化のための緊急措置に関する法律」（以下「早期健全化法」）により導入されたもので，この規定に基づき1999年3月には，15の銀行に対し約7.5兆円が注入された．資本注入は日本の銀行の過小資本

---

12) 早期是正措置とは，自己資本比率（自己資本／リスクアセット（各資産項目にそれぞれのリスクウェイトを乗じて得た額の合計額））に基づき，規制監督当局が，経営改善計画の提出，自己資本の充実等必要な是正命令を発動することにより，金融機関の経営の早期是正を促すもの．

への対応として重要なステップであった．早期健全化法により注入された額は，1998年3月の注入額（1.8兆円）の4倍以上であり，これ以降ジャパン・プレミアム（日本の金融機関が海外で資金調達する際に要求された上乗せ金利）は下落を始めた．こうした新たなフレームワークのために用意された公的資金は，30兆円から60兆円へと倍増された．

新たな包括的フレームワークが導入されたことにより，当局は予め取得銀行（受け皿となる銀行）を探すことをせずに，破綻銀行への対応を行うことができるようになり，また，存続可能であるが過少資本である銀行に対しては，巨額の資本注入も可能となった．これ以降当局は，新フレームワークをフルに活用して金融セクターの健全化に取りかかることになる．

(d) 小泉政権下での2000年代前半における政府主導の不良債権処理の推進

資本注入による存続可能な金融機関の強化及び存続不能な金融機関の円滑な処理に向けた包括的なスキームが導入された後，小泉純一郎氏が自民党総裁に就任し2001年4月小泉政権が誕生，その下で不良債権問題の処理が積極的に追求されることとなる．

2001年4月，政府が採用した緊急経済対策は不良債権の直接償却を強く促すものであった．その中で主要銀行は，破綻懸念先以下[13]に区分された既存の債権は，原則として2年以内に，新たに破綻懸念先以下と分類された債権は原則として3年以内に，バランスシートから除去することを求められた（「2年，3年ルール」）．2002年10月には政府は「金融再生プログラム」を公表し，主要行は，不良債権比率をその時点の水準（2002年3月現在で8.4%）から2005年3月までに半減させることを目指すとした．2002年1月には，銀行による株式保有が制限され，銀行及び企業保有の株を買い取る機関が設立された（日本銀行も銀行からの株式の購入を開始した）．また2003年4月，産業再生機構が設立され，非メインバンクから不良債権を買い取り，メインバンクと協力して借り手の再生に努めた（産業再生機構は2003年4月から2007年

---

[13] 破綻先，実質破綻先，及び破綻懸念先を指す．

6月まで存続した).このように多方面から環境整備が進められた.2003年5月には,りそなグループに資本基盤を強化するため公的資金が投入され,これが不良債権問題の大きな山となった[14].その後2003年11月に,大規模地方銀行(足利銀行)1行が債務超過と判定され国有化されたものの,2005年3月末時点で主要銀行の不良債権比率を半減させるという目標が達成され,不良債権問題はようやく解決された.2005年4月には,預金の全額保護も原則として撤廃され,危機モードは終了となった[15].

1.4 不良債権問題は何故もっと早く解決されなかったのか

(a) 何故民間部門は不良債権問題の解決にこれほどの時間を要したのか

1) 企業による漸進的な処理の選択

危機はバブル崩壊後7年を経て発生した.何故危機はこれほど遅れて発生したのだろうか.既に見たように根本的な問題は,企業部門の過剰(低収益)資産の残存にあり,その迅速な処理が必要であったと言える.しかしながら,企業部門は過剰資産の速やかな処理を行わず,時間をかけた対応を選択した.漸進的な対応がとられた背景には,当初は,経済の先行きに対する楽観的(希望的)な見通し(逆に言えば,問題の深刻さに対する認識の遅れ)があったと思われるが,その後は急速な処理が行われた場合に,経済社会にもたらされると予想される激烈なショックの見通しが,処理の進め方に影響を及ぼした可能性がある[16].また,関係者の利害を踏まえ,できる限り事前のコ

---

14) 中曽 (2014) は,りそな銀行への公的資金注入を契機として,株価が徐々に上昇に転じ,危機が去りつつあることを実感できたと記している.西村 (2011) は,株式価値を帳消しとすることなしに行われたりそな銀行への公的資金の注入は,当時の政権が銀行に対し不良債権を処理するように厳しい圧力をかける一方で,ソフトランディング路線をとっていたことを明確に示す例であるとしている.

15) 1996年に導入された預金の全額保護は,2001年3月で終了する予定であったが,その後,定期預金については2002年3月まで,決済性預金については2003年3月まで延長された.決済性預金の全額保護については,2005年3月まで更に延長された.

16) 本章の補論で,過剰な資産(補論では全資産の3割に近かったと推計している)を一挙に処理した場合に予想される失業率の急激な上昇について非常にラフな推計を行っているので参照されたい.

ンセンサスに基づき決定を行う我が国の組織の集団的意思決定システムや，外部者の異なる意見が経営に反映されにくい企業ガバナンスのあり方も，こうした漸進的対応の背景にあったと思われる．

2) 不良債権処理の2つの方法

金融部門も同様に漸進的なアプローチを採用したと見られる．金融部門は，不良債権問題に対処する上で，2つの選択肢を有する[17]．一つは間接償却で，バランスシートの負債サイドに貸倒引当金を計上する．この場合，問題の資産はバランスシート上に保有されたままとなる．もう一つは直接償却で，問題資産をバランスシートから除去し，同時に資本を減額する．不良債権の直接償却は，債務者の資産の差押え，より深刻なケースでは債務者自身の清算を結果し，失業の増加，賃金の低下，投資の減少をもたらしうる．銀行は，一般的には間接償却を選好したと見られ，資産をバランスシートに保有し続けることとなった[18][19]．

(b) 不良債権保有のコストとは何か

漸進的な処理が行われる場合，不良な資産は処理が完了するまでの間，銀

---

17) 額面金額が100の融資につき10の損失が生じた場合，2つの処理の仕方がある．
　　［間接償却］（貸倒引当金を積む）
　　（資産）貸付100
　　（負債・資本）借入80　資本20
　　→（資産）貸付100
　　　（負債・資本）借入80　貸倒損10　資本10
　　［直接償却］（問題資産の除去）
　　（資産）貸付100
　　（負債・資本）借入80　資本20
　　→（資産）貸付90
　　　（負債・資本）借入80　資本10
　　直接償却は，担保（工場，事務所，機械等）を差し押さえ売却すること，債務者を清算すること等の形で行われる．

18) 我が国の金融機関は，存続可能であるが一時的な困難の下にあると考えられる借り手企業に対し，多くの場合，金利引下げや返済のリスケジュールを通じて支援する姿勢を有していたと見られる．こうした姿勢を反映し，不良債権問題の初期においては条件緩和債権は不良債権とはみなされなかった．しかしこうしたアプローチは，その後不良債権問題深刻化の過程で修正され，条件が緩和された融資は不良債権のカテゴ

行のバランスシートに残存することになるが，これはどのような問題を生むのであろうか．ここで，不良債権の保有に関わるコストとは何か考えてみたい．貸渋りの可能性と効率性へのマイナスの影響は，しばしば言及されるコストである．

1) 貸渋り

　不良債権が銀行のバランスシートに保有され続ける場合，新規貸付向けに利用可能な資金を減らし，貸渋りをもたらすと主張される．こうしたマイナスの影響の可能性について答えを出すには，我々は，バブル崩壊後に観察された融資（あるいは投資）の低迷は，銀行の貸出しに対する消極的な姿勢によるものなのか，それとも借り手の借入れに対する消極的な姿勢によるのか，知る必要がある．この点については，金融機関の融資姿勢は，バブル崩壊直後の短い期間と1990年代遅くの危機の時期を除き，一般的にはタイトではなかったことに留意する必要がある（前出図2-7参照）．第2章の図2-22が示すように，企業の長期債務の残高はバブル崩壊後に低迷を開始し，1998年以降急減した．危機以降の融資姿勢の厳格化が98年以降の長期債務の急減に寄与した可能性はあるであろうが，危機に先行する時期の長期債務の低迷の原因を緩和的な融資姿勢に求めることには無理があり，危機前までの1990年代には貸渋りは，一般的には観察されなかったと見られる．

2) 経済効率性へのマイナスの影響

　負債の返済が困難な企業は非効率であり，そうした企業を存続させること

リーに含まれていくこととなった．

19) 1980年代遅くに合意されたBIS自己資本規制の導入は，銀行に対する追加的制約として働いた可能性がある．この合意の下では，1993年3月末までに，銀行は8％の最小資本／資産比率を満たすことを求められた．1987年に米国と英国により行われた当初の提案に基づいて算定すると，日本の都市銀行の自己資本比率は3％という低さであったとの指摘がある（氷見野 2005）．日本の当局は，銀行が保有する証券の未実現キャピタル・ゲインを資本に含めるべきだと主張し，1987年遅くに未実現キャピタル・ゲインの45％を資本に含めることができると合意された．ほとんどの日本の銀行はこの扱いにも助けられ，1990年3月末までに基準を満たしたが，その後の株価の継続的下落は銀行の資本に下押し圧力をかけ続け，銀行業務の不安定性を高めることとなった（小峰 2011a, pp. 324-326）．

は経済全体の効率性を低下させるとの議論がある(ゾンビー企業論).この議論については,上記1)と同様の反論が当てはまる.もし第Ⅰ期(1991〜97年の初期調整期)に一般的に貸渋りがなかったとすれば,問題は非効率と主張される企業の存在ではなく(そうした非効率企業に資金が固定されていたために,利用可能な資金が制約されたということではなく(もしそうであれば融資姿勢はタイト化されたはずである)),むしろ生産的・効率的な分野における投資需要の不十分さにあったといえる.そうであれば,当時実際に必要であったのは,非効率とされる企業の撲滅ではなく,生産的でリスクテイクをする企業の誕生を促し,あるいは識別することにあったと言える[20].

20) ただし,ゾンビー企業論には一定の真理があるかもしれない.企業部門は,過剰資産の存続に長く悩まされ,その投資パフォーマンスは著しく低迷した.企業部門による将来に向けた前向きのリスクテイクは,バブル崩壊後長く抑制された.これが過剰資産/不良債権問題を早期に処理しない場合の最大のコストであると考えられる(金融危機を引き起こす可能性はもう一つの重大なコストと言える).

  2つの種類の問題がある.一つは企業自体は債務超過ではないが,収益性の低い過剰生産能力に悩まされるケースに関わる.もう一つは企業自体が債務超過であるケースに関わる.前者の場合,効率性の観点からは,収益性の低い資産の早期識別と処理が必要である.これが行われないと,これらの低収益資産は企業に負担をかけ続け,リスクテイクを抑制する.しかし,企業部門は過剰生産能力の問題の解決に時間をかけ,後で述べるように(特に第5章参照)過剰資産の除去に約15年を費やし,投資低迷は長期化した.解決を遅らせることは利益とは言えないのに,何故決定を遅らせる選択をしたのであろうか.答えは先にも触れたように,損失を確定し,雇用や地域経済にもコストをもたらすことになる厳しい決定を行うことが難しい企業のガバナンス構造,及び急速な除去がもたらす負の影響が社会を揺るがすほどの大きさになりかねないことに見出されるのではないかと考えられる.

  後者,即ち債務超過企業の場合,その財務状況が適切に評価されれば,通常その企業は資金調達を継続することはできない.図3-4はバブル崩壊後,資本金1000万円未満の企業の営業利益はほぼゼロとなったことを示している.これらの企業は1990年時点で1.6百万社(全2.0百万社の78.7%)を数え,その時点の企業部門の総雇用の29.9%を占める(ただし,1990年時点の総投資のわずか10.8%を占める).賃金(またはより少ない程度であるが,投資)の低迷は,一部これらの企業の低調なパフォーマンスにより説明される.何故こうした利益をあげない企業が存続できるのであろうか.長期低迷期に政府は中小企業に対して,債務不履行の場合には融資の100%(後に原則80%に引下げ)が政府の補助する基金によりカバーされる信用保証制度を提供した.この制度は,基本的に存続可能であるが一時的に資金調達が困難となった中小企業を支援した可能性がある.しかし同時にこの制度は,収益性が低く存続困難であった企業を救い,納税者の負担で経済の効率性を押し下げた可能性もある.なおこの制度は,経済産業省中小企業庁の所管であり,政治的には広く支持されている.保証

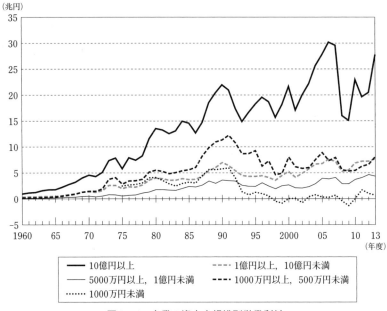

図3-4 企業の資本金規模別営業利益

出所) 財務省「法人企業統計調査」.

1.5 何故政府は不良債権問題の解決にこれだけの時間がかかったのか

1) 解決への漸進的なアプローチの採用

民間セクターが漸進的なアプローチをとったと考えられることを見たが，次に政府が不良債権問題解決にこれほどの時間を費やす結果となった背景を見てみよう．

基本的に政府は不良債権問題に対し，やはり漸進的アプローチをとった．1992年8月，当時金融部門の監督機関であった大蔵省は金融行政運営の指針[21]を公表し，その中で金融機関に不良債権処理方針の早期策定を求めつつ

の比率は原則として80%に引き下げられたが，2016年2月時点で2.8百万件の融資が保証され，保証残高は25.8兆円にも上る．

21) 大蔵省「金融行政の当面の運営方針」1992年8月18日.

も，不良債権を「計画的・段階的」に処理すべきであるとし，漸進的アプローチをとった．1990年代が進むと，政府の姿勢はより積極的なものになった．例えば1995年4月，政府は「緊急円高・経済対策」において，不良債権については概ね5年間で積極的な処理を進め，問題解決の目途をつけることとされた．しかし，政府のアプローチは未だ促進ないし推奨をベースとし，イニシャティブは基本的に金融機関サイドから生まれることが期待されていた．

2) 包括的な処理フレームワークの不在

金融機関のイニシャティブによる漸進的処理を基本とする政府の姿勢の背景は，企業や金融機関と共通であったと思われるが，景気回復（特に地価の底打ち）予想（期待）と急速な不良債権処理が経済にもたらすマイナスのインパクト（倒産・失業の増加等）への懸念があったと推測される．しかし政府については，不良債権の迅速な解決を阻害したより根本的な制約は，存続不能な銀行を処理し，存続可能な銀行への資本基盤強化を行うための制度的フレームワークが不在であったことにあるのではないかと思われる．

資本注入の仕組みがない場合，政府は存続可能な銀行に対しその処理能力を超える不良債権処理を行うように圧力をかけることはできない．また大規模銀行の国有化を含む破綻銀行処理の包括的なフレームワークなしに，政府が存続不能な銀行の処理の目標を積極的に追求する場合には，状況はコントロール不能となりうる[22]．

では，包括的な処理フレームワークと資本注入の仕組みをもっと早く導入することはできなかったのであろうか．1990年代初めに，銀行監督を所管していた大蔵省銀行局の局長を務めた元大蔵省幹部職員は，在職当時，1927

---

22) 深尾（2009a）は，銀行（都市銀行，長期信用銀行，地方銀行）の業務損益（不良債権処理による損失を含む，営業利益に類する概念）の合算額は，1993年度から2002年度までの10年間全てマイナスであった，即ち，バブル崩壊後，銀行はその主たる業務からの利益によって信用リスクをカバーできなかったと指摘している．銀行は最終利益ベースではこの10年中5年間利益を出したが，これは資産の売却益によるものであったとされる．また，1992年3月から2006年3月までの14年間における銀行の不良債権処理による損失の累積額は96.8兆円と，2006年のGDPの19%に上ると指摘している．

年の戦前の銀行危機(昭和金融恐慌)や北欧三国等の事例を踏まえ,銀行が債務超過に陥り支払いが不能とならない限り,公的資金の投入は国民には受け入れられないとの結論を得てこれを基本方針とした,と後に述べている.資金の投入は預金者の保護のためではなく,銀行を救済するためととらえられ,混乱を生み,国民負担の増大を招くとする[23].これは大蔵省による根本的な対応が遅れた理由を,一定程度説明するものである.事実,90年代後半の金融危機よりも早いタイミングで行われた公的資金投入の試みは,激しい批判に直面した.具体的には1992年8月,当時の宮澤喜一首相は金融不安の問題に対処するために公的資金を用いることを示唆したが,当の銀行界を含む全ての関係者からの反対を受けてそれを取り下げたとされる[24].また1995年12月,政府は存続不能な住宅金融専門会社(「住専」)の処理に公的資金を使用することを決めたが,全国的な強い批判が巻き起こった[25].

3) ディスクロージャー規制の不十分さ

では不良債権問題の解決のために必要となる公的資金の使用を含む包括的フレームワークの導入に対し,国民あるいは政治の理解を得るためには,危機の発生という外生的・他律的な事象の到来を待つ以外にできることはなかったのであろうか.不良債権問題解決の重要性に対する国民の理解を得る上での出発点は,情報の開示,具体的には銀行による不良債権に関するディスクロージャーであろう.しかし1990年代初めまで,不良債権に関するディスクロージャーは実質的には存在しなかった.1993年3月末から銀行は不良債権の開示を始めたが,当初の開示範囲は,破産した債務者への融資に限定されていた(主要行については,6か月以上延滞債権も開示された)[26].従って

---

23) 松島・竹中 (2011) pp. 225-226.
24) 小峰 (2011a) pp. 473-476, 西野 (2003), 日本経済新聞社 (2000) 参照.
25) 住専を清算するに当たっては,農業関係金融機関に貸倒れ損失を課すことにより金融システムにマイナスの影響が及ぶことを回避するために,公的資金が使用されたとされる.しかし,ジャーナリストによる著書(西野 2003)によると,農業部門は,公的資金使用の目的が農業関係金融機関の救済にあるという説明を行うべきではないと要求したとされる.明確かつ分かりやすい説明が不在であったため,国民一般と政治的な議論は,不正な行為がメディアで広く報道されていた住専を救うために公的資金が使用されたとの見方により大きく影響されることとなった.

1. 金融危機とそのインパクト期（第II期：1998～2002年）

ディスクロージャーだけでは，1990年代初めに不良債権問題の理解や評価を行うことは不可能であったと見られる[27]。

Nakaso (2001) は，「日本銀行は，1993年初めまでに金融システムへの潜在的なリスクは広く信じられているよりも大きなものでありうるということを見出した」（訳は筆者による）と書いている。またそれに先立つ1992年夏時点で，大蔵省銀行局は，株価が1万2000円程度まで下落すると（その時点では1万4000円程度），銀行が債務超過に陥る可能性があること，銀行が債務超過に陥った場合には，日銀特融をつなぎとして公的資金導入の特別立法を行う，特別立法が間に合わないならモラトリアム（支払い猶予）の緊急立法を行うということを検討していたとの説明が，当時の担当者により行われている[28]。ただしその後株価が一時的に下げ止まったため，そうした形での対応は行われなかった。不良債権の規模についても，1992年8月の時点で，大蔵省銀行局は日本銀行より不良債権は40兆円以上あるとの説明を受け，また94年初めには銀行局自身が42兆円との推計を行ったことが示されている[29]。ただし，地価がその時点で下落を止めれば（ピーク時の半分まで下落済み），業務純益で処理可能な範囲であったとしている[30]。

これらの記述や証言に基づけば，1992～94年の時点で監督当局は不良債権問題について，株価の一層の下落があれば危機に至る状況にあり，その場合には公的資金導入による処理を行い，危機に至らず地価下落が止まれば，銀行が業務利益で処理できる規模であるとの考えをとっていたことになる。こうした認識を有しつつも，公的資金の投入を含む抜本的な対応がとられなかった背景として，先に触れたように，銀行が債務超過で経営破綻が明らかとならない限り，公的資金の導入は国民の理解を得られず混乱を引き起こ

---

26) ディスクロージャー規制は徐々に強化された（本章脚注5参照）。
27) 不良債権のディスクロージャーの強化については，本章の脚注5及び6を参照。
28) 松島・竹中（2011）p. 225.
29) 大蔵省は，大手金融機関の不良債権額について，1992年4月に7～8兆円，1992年10月に12兆円程度との公表を行っている。ただしこれは大手行のみであり全金融機関をカバーしておらず，また対象も破綻・延滞債権のみである。なお，住専を含むノンバンク向けの債権については，金融機関が実態を把握できておらず，破綻先にも延滞先にも分類されない状況であったとされる（松島・竹中 2011, p. 220）。
30) 松島・竹中（2011）pp. 220-221.

し,国民負担の増大を招くのみであるとの考えがあったとのことであるが,同時に株価や地価(そして経済全体)の先行き(これは不良債権問題にとって決定的な要因である)に対する楽観的な見方を政府が有していた可能性がある.事実,例えば,バブル崩壊後の早い段階には,もし公定歩合引上げや総量規制といった政策対応が緩和される場合には,地価上昇が再発するのではないかとの深刻な懸念があった[31].地価が大幅に下落した後であっても,地価がその後10年以上にわたり下落を続けることは想像することすら困難であったと見られる.政府,銀行,企業,あるいはメディアや国民のほとんどは,未だ「土地神話」にとらわれており,それが適切な対応を遅らせることになった可能性はある.

また,Nakaso (2001) は日本銀行を含む当局が直面したジレンマに言及している.Nakaso (2001) によれば,もし日本銀行が包括的な対応フレームワークの導入を求める場合には,それが金融危機を引き起こす可能性があり,問題にいかに対処すべきか明確な戦略のないままに,当局は部分的な対応を続けたとする.ただし,後智恵で考えれば,包括的な対応が遅れたことで状況は悪化し,1990年代後半に深刻な金融危機を迎えることになった[32].

既に何度も指摘した通り,問題の根源は,企業部門の過剰な(低収益)資産にある.企業部門がこうした過剰を処理しない限り経済は完全には回復し得ない.金融機関及び政府に必要であったのは,借入企業のこうした過剰の

---

31) 公定歩合は90年6月に6.0%に引き上げられた後,91年7月より引下げが開始された.総量規制は90年3月に導入され,91年12月に解除されたが,当時の銀行局幹部は後に「解除したときの新聞記事はほとんど……『こんなことで手を緩めたら地価はまた反騰するにきまっている』というご批判が多かった」と述べている(松島・竹中 2011, p. 313).

32) 1997年1月,橋本龍太郎首相は,財政構造改革,金融システムを含む6つの分野で大規模な改革を開始することを宣言した.橋本首相の指示に基づき,その時点での銀行・証券会社の監督当局である大蔵省は「日本版金融ビッグバン」と呼ばれる日本の金融システムの包括的な自由化の検討を開始した.1997年6月,改革計画は,大蔵省の関係審議会で承認された.これらの改革は,日本にとっては必要なものであった.しかしそのタイミングは適切ではなかったと思われる.後智恵かもしれないが,金融機関の相次ぐ破綻に示されていたように,金融部門が脆弱である時には大きな改革に乗り出すのではなく,金融部門と市場の安定性の維持に最大の注意が払われなくてはならなかった.

処理を促進することであり，そのための枠組みが求められていた．

　ここで後知恵による机上の空論をすれば，結論としては，日本経済は1990年代早期に金融危機を持つべきであったのだろう．その時点であれば，日本の銀行部門も企業部門も，更に政府部門も5年後に比べれば危機に対処するためのはるかに強い力を有していた．危機が起これば経済の急激な悪化と社会の不安定化は少なくとも一時的には避けられず，それを社会的な受容限度内に抑えるためのプロセス管理は極めて困難なものとなったであろう[33]．しかし，危機の下で金融システムの健全化に向けた公的資金の導入を含む包括的フレームワークの整備が行われれば，危機を契機に金融システム及び経済の健全化が進み，日本経済はバブルの痛手から比較的短期間で回復し，従前のある程度高い成長軌道に復帰した可能性がある．しかしながら，全ての関係者が危機をできる限り回避することを図り（危機を回避することは関係者の職責であり，危機が回避できていれば対応は適切であったとされた可能性も残る），危機の発生を当座遅らせる力を日本経済が依然として有していたことは，結果として不幸なことであった．目前の問題を回避することでより大きな問題を将来に残すことになった．この点は，次項で扱うスカンジナビア諸国のケースを分析することにより，より鮮明となる．

1.6　銀行危機は他の国ではどう対処されたのか
──スカンジナビア諸国のケース[34]

　何をなすべきであったのか探るため，他国のケースを見てみよう．スカンジナビア諸国におけるバブル崩壊への対応は，時に成功例として言及されるため，本項ではこれらのケースを検討する．

　スカンジナビア諸国は，1990年代初めに銀行危機を経験した．危機は日本の場合とその背景に関して多くの共通性があるが，その結果においては大

---

33) 過剰な資産を一挙に処理した場合に雇用にどの程度の影響が生じうるか，ラフな推計を補論で行っているので参照．それによると1991年度に過剰資産を一挙に処理した場合，失業者は1200万人以上増加し，失業率は実際の失業率（2.1%）の10倍となる21.2%に達すると推計されている．

34) この項の説明は，Drees and Pazarbaşıoğlu (1995) に基づいている．

きく異なっている.

1980年代に開始された金融自由化と良好な経済環境の下で，1980年代にスカンジナビア諸国では急速な信用拡大と資産バブルが出現した．1980年代遅く（ノルウェー）及び1990年代初め（フィンランド及びスウェーデン）における資産価格バブルの破裂により，これらの国は1990年代初めに（ノルウェーでは1980年代遅くに始まる）深刻な銀行危機を迎えた（図3-5）.

これらの国では，バブル崩壊に伴う不良債権問題が，短期間でシステミックな銀行危機に進展し，このため，政府は断固とした措置で対応することとなった．ノルウェーでは，1980年代遅くに貸倒れ損失の問題が，まず初めにファイナンシャル・カンパニーについて顕在化し，それが銀行に広がり，1990年の末までには大銀行までが深刻な困難に陥った．大規模な資金が投入され，1991年末までに政府は3大商業銀行の単独あるいは過半数所有者となった．スウェーデンでは，1990年にファイナンシャル・カンパニーの問題が顕在化したが，大銀行も1991年には困難に直面した．政府は1991年以降，新規株式の直接購入や融資保証等の措置を通じて，これらの大銀行（政府所有であった最大の銀行を含む）に資金を投入した．フィンランドでは，貯蓄銀行が最も厳しい打撃を受けたことから，ほとんどの支援はSkopbank（貯蓄銀行の中央組織）に向けられた．1991年9月の流動性危機に直面し，フィンランド中央銀行（Bank of Finland: BOF）はSkopbankを取得した．1992年4月，政府保証基金（Government Guarantee Fund: GGF）が設立され，1992年9月，GGFはBOFからStopbankを取得し資本を注入した．41の貯蓄銀行は合併してフィンランド貯蓄銀行となり，その後GGFにより買収され，GGFから資本注入を受けた．

更に，スウェーデンとフィンランドは，銀行の負債に対する明示的な全額保証を行った（ノルウェーは明示的に表明はしなかった）．スウェーデンでは，問題銀行を，"good bank"と"bad bank"（問題銀行の不良債権を処理する資産管理会社）に分けるテクニックが使われた．その後わずか数年を経た1990年代半ばまでにGDP成長率は回復することとなり（図3-6），こうしたことからスカンジナビアケースは銀行危機への対応の成功事例と見られている．

1. 金融危機とそのインパクト期（第II期：1998〜2002年）　141

(1) ノルウェー

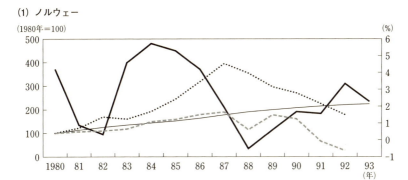

(2) スウェーデン

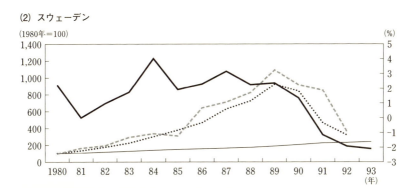

(3) フィンランド

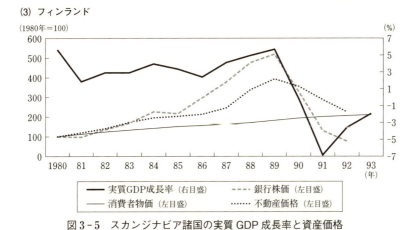

──　実質GDP成長率（右目盛）　　---- 銀行株価（左目盛）
──　消費者物価（左目盛）　　　　…… 不動産価格（左目盛）

図 3-5　スカンジナビア諸国の実質 GDP 成長率と資産価格

出所）Drees and Pazarbaşıoğlu "The Nordic Banking Crises: Pitfalls in Financial Liberalization?" 1995 IMF Working Paper WP/95/61.

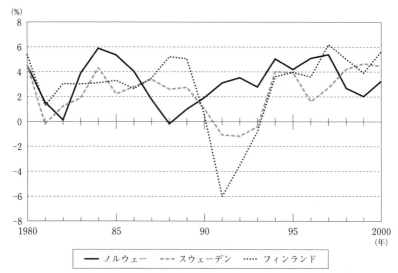

図 3-6 GDP 成長率（ノルウェー，スウェーデン，フィンランド）
出所）IMF "World Economic Outlook database October 2014".

何がこの違いをもたらしたのか

　危機後程なく力強い成長を回復したスカンジナビア諸国と，バブル崩壊以降，危機を経て長期にわたる経済不振を経験した我が国との間には大きな違いがあるが，この違いを生みだしたものは何であろうか．

　金融部門がリスクに曝されたとき，これに実効的に対処するためには，資本注入や国有化を含む政府の強力な介入が不可欠であると考えられるが，そうした介入は，金融システムを税金を用いて救うという強い政治的意思がある場合にのみ可能になると思われる．そうした政治的意思はどうすれば形成され得るのだろうか．それが可能となるのは，先に大蔵省の担当者が昭和金融恐慌の歴史から学んだように，危機を通じてのみなのであろうか．そうであるとすると，スカンジナビア諸国はバブル崩壊後かなり短期間でシステミックな危機を迎えたのに対し，日本ではバブル崩壊後すぐには危機が発生しなかったことが両ケースの違いを生んだことになる．我が国で関係者による危機回避への努力が払われ，危機の早期発生を防いだことが，結果として金融セクターの抜本的健全化のために必要な政治的意思の形成を遅らせ，7 年

間の低迷後に深刻な危機を迎えるという,最悪の事態を生み出してしまった可能性がある.

1.7 金融危機の要約

バブル崩壊後7年を経て,金融危機が勃発した.バブル崩壊後に繰り返し行われた経済対策や金融緩和という形での政府のマクロ経済政策支援は,問題を抱えた企業や銀行への支援となった可能性はある.しかし,売上低迷の継続,資産価格,特に地価下落の継続,弱い経済回復により,企業,従って銀行の財務ポジションは悪化し,不良債権問題は年を追って深刻となった.不良債権の背後には過剰資産の残存があり,長期にわたる利益の低迷を回避し,企業の積極的なリスクテイク行動を回復するためには,こうした過剰資産をできるだけ早く解消することが重要であった.しかし,企業はこの問題の解決に時間をとり,銀行は典型的には企業に速やかに過剰資産を解消することを迫ることはなかった.その背景には,先行きに対する楽観的な見通しやガバナンスの問題もあるが,同時に過剰資産の規模及びそれを急速に処理する場合の巨大な負のインパクトへの懸念があったと考えられる.

政府は基本的に銀行にイニシャティブをとらせ,結果として漸進的なアプローチをとった.不良債権問題への対処に当たり,国有化を含む存続不能銀行の処理や存続可能な銀行への資本注入のための包括的なフレームワークが欠けていたことは,政府による問題への対応に対する根本的な制約となったと見られる.そうしたフレームワークをもっと早く導入し,不良債権問題をより速やかに解決することは可能であったかもしれないが,不幸にも関係者の職責は危機を防ぐことにあり,また日本経済はその時点では危機を遅らせる選択肢を有していた.後知恵であるが,我々にはおそらく,我々の対応力が強い間に,危機を起こしてでも強い公的な関与によって企業部門と銀行部門の問題を解決するという強い意志が必要であったと思われる.もしそうであれば,(今となれば結果論に過ぎないが)日本経済は大きな混乱の後,比較的短期間である程度の高さの成長軌道に復帰でき,失われた10年あるいは20年を経験することはなかったのではないかと思われる.

1.8　金融危機のインパクト

(a) 金融危機によりもたらされた根本的な変化

　金融危機により日本経済には根本的な変化がもたらされた．本項では，まずどのような変化がもたらされたか見たうえで，これらの変化のほとんどが企業の行動と関連を有することに留意する．企業行動の分析は第5章で行うので，本項では何が起こったか簡単な事実確認にとどめる．

　まず，マクロレベルでは，経済状況は著しく悪化した．実質成長率は第Ⅰ期（初期調整期）である1991～97年の平均1.7%から，2000～01年のITバブル崩壊の影響も反映し，第Ⅱ期（金融危機とそのインパクト期）である1998～2002年には0.4%へと大きく低下した．この減速過程で，民間設備投資の成長寄与は1991～97年の-0.1%から1998～2002年の-0.2%へと更に低下した[35]．企業倒産件数は，1990年代に入り上昇していたが，金融危機以降に更に増加し高止まりした（図3-7）．企業の業況判断も急速に悪化し，バブル崩壊直後の水準を下回ることとなった（図3-8）．

　金融機関の融資態度も劇的に変化し，危機前の「厳しい」よりも「緩い」が多い状態から，危機以降「厳しい」が「緩い」を上回る状態へ急激にシフトした（前出図2-7参照）．バブル崩壊直後にも同様の融資態度のタイト化が生じているが，その時点では融資依存度の高い中小企業向けの融資態度のタイト化は，より規模の大きな企業向けほど厳しいものではなかった．しかし，金融危機後は企業規模にかかわりなく急激なタイト化が観察された．

　こうした形で経済の急激な悪化が進行する中で，次に見るように，5つの大きな変化，即ち，雇用と企業に根本的な変化が生じ，同時にデフレがスタートした．

---

35)　第2章で説明したように，企業の向こう3年間の成長予想は第Ⅰ期（初期調整期：1991～97年）の2.2%から，第Ⅱ期（金融危機とそのインパクト期：1998～2002年）の1.0%へと低下した．

1. 金融危機とそのインパクト期（第II期：1998〜2002年）　145

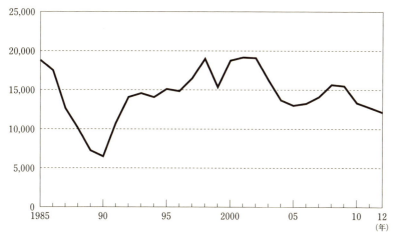

図3-7　企業倒産件数

出所）東京商工リサーチ．

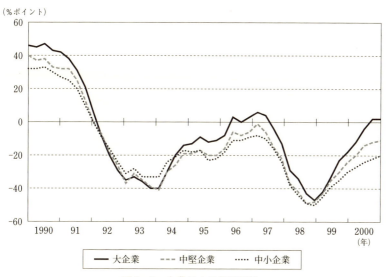

図3-8　企業による業況判断

注）図は「良い」のシェア−「悪い」のシェア．
出所）日本銀行「企業短期経済観測調査」．

根本的な変化1:失業率急上昇

　失業率は1992年2月に2.0％で底を打った後,第Ⅰ期(1991～97年)には基本的に上昇していたが,1995年遅くから1997年央まで短期間上昇が止まっていた.しかし失業率は,大規模金融機関の破綻の直前である1997年10月の3.5％から1998年11月の4.5％,1999年6月の4.8％へと急速に上昇した(前出図2-11参照).失業者数は,1997年10月の238万人から1999年6月の324万人へと,1年8か月で86万人増加した.

根本的な変化2:名目賃金が低下を開始

　金融危機後,1998年初めより,名目賃金が低下を開始した.その後長期にわたり名目賃金は下落気味で推移し,1998年1月から2012年12月の間の月別前年比変化率の平均は,-0.8％となった.名目賃金指数(2015=100)の累積下落は,1997年の114.8から2012年の100へと-12.9％である(図3-9).

根本的な変化3:雇用の非正規雇用へのシフトが加速

　非正規雇用が総雇用に占めるシェアにも変化が現れる.このシェアは80年代に上昇した後,1990年代前半はほぼ横ばいであったが,1990年代後半には上昇傾向に転じ,その後かなりのペースで上がり続けることとなる(図3-10).

　同時に,金融危機後,正規雇用者数は急激な低下を開始した.1997年2月に3812万人でピークを打った後,正規雇用者数は2001年2月の3640万人へと172万人(1997年2月から-4.5％)減少した.減少ペースは,2002年1～3月から加速し,2005年1～3月に3333万人で底を打つまで更に307万人(2001年2月から-8.0％)減少した.全体としては,1997年2月から2005年1～3月までの8年間で,479万人(ピークであった1997年水準の12.6％)の正規雇用のポジションが失われた(図3-11).

根本的な変化4:企業部門の資金不足部門から資金余剰部門へのシフト

　更に企業の貯蓄・投資行動にも変化が生じる.企業(非金融企業)部門

1. 金融危機とそのインパクト期（第II期：1998〜2002年） 147

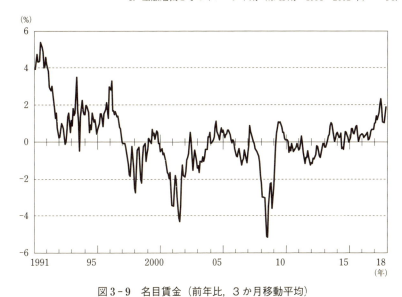

図3-9 名目賃金（前年比，3か月移動平均）
注）名目賃金は，雇用者1人当たりの月間の現金給与総額（前年比の3か月移動平均．事業所規模5人以上）．
出所）毎月勤労統計調査．

は，バブル崩壊後，資金不足の規模を縮小してきていたが，1998年からは資金余剰部門へと変化することとなった（図3-12）[36]．資金余剰額は2003年にピークを打ち，その後低下を開始したが，近年においてもプラスとなっている．

根本的な変化5：デフレの進行

日本経済に生じた大きな変化で最も注目を集めてきたものは，物価の下落（デフレ）の開始である．消費者物価指数（除く生鮮食品）は，1997〜98年にピークを打ち，徐々に下落を始めた．同指数は，前年比ベースでは，1998年7月から低下を記録し始め，世界金融危機前の食料と天然資源価格の世界的高騰時期と最近の短い時期を除き，継続的に，即ち，1998年7月から2013年4月まで15年近くにわたり，基本的に低下を記録した（図3-13）．前

---
36) 資金余剰／不足は，資金運用額と資金調達額との差に対応し，概念的には，国民経済計算における純貸付／純借入（従前は「貯蓄／投資差額」と呼ばれた）に対応する．

148　第3章　金融危機の衝撃と企業行動の変貌

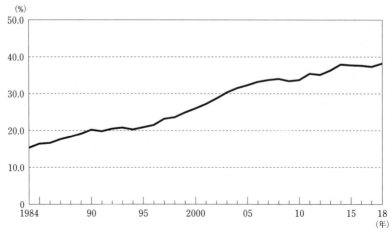

図 3-10　雇用者総数（役員を除く）に占める非正規雇用者のシェア

注）1984～2001 年は「労働力調査特別調査」（2 月調査），2002 年以降は「労働力調査詳細集計」（1～3 月平均）による．
出所）総務省「労働力調査」．

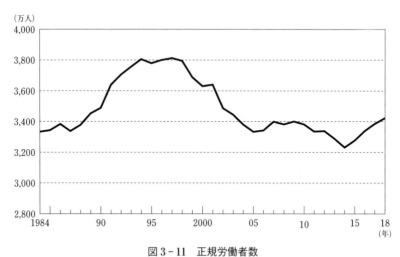

図 3-11　正規労働者数

注）1984～2001 年は「労働力調査特別調査」（2 月調査），2002 年以降は「労働力調査詳細集計」（1～3 月平均）による．
出所）総務省「労働力調査」．

1. 金融危機とそのインパクト期（第Ⅱ期：1998〜2002 年） 149

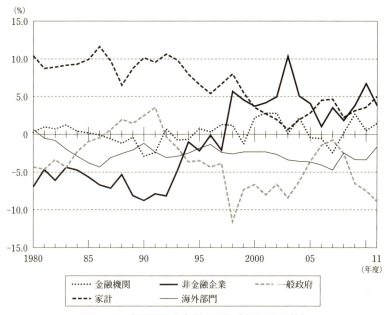

図 3-12 部門別資金余剰／不足（名目 GDP 比）

注）年は年度である．
出所）日本銀行「資金循環表」．

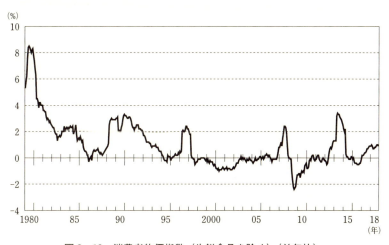

図 3-13 消費者物価指数（生鮮食品を除く）（前年比）

出所）総務省統計局．

年同月比ベースで,1998年7月から2013年4月までの間の消費者物価指数(除く生鮮食品)の平均変化率は −0.3% で,この約15年間の累積下落は −3.6% である.急激ではなく緩やかなデフレと言える.

(b) 政府による対応

金融危機に直面し,政策は,危機前の財政健全化や金融ビッグバン等の長期的・構造的政策から,全面的な危機管理措置へと転換した.その内容は,本章及び前章で触れたように,次の通りである.

1) 包括的な危機管理の枠組みの導入

既に説明したように,破綻(存続不能)銀行の処理と存続可能な銀行への資本注入のフレームワークが導入された.

2) マクロ経済政策

財政政策の分野では,金融危機後,6つの経済対策が実施された(1998年4月及び11月,1999年11月,2000年10月,2001年10月及び12月).

金融政策については,政策金利(無担保オーバーナイト・コールレート)の0.25%への引下げ(1998年9月)及びゼロ金利政策(1999年2月〜2000年8月)が実施され,次いで量的緩和政策が実施に移された(2001年3月〜2006年3月).

これらの下支え政策の下,経済は1999年4月以降回復を始めたが,回復は弱く,ITバブル崩壊と2000年後半からの米国経済の突然の減速を契機とする世界経済の低迷の下,2000年11月から再び後退期に入った.生産は縮小し,失業率は2001年には5%を超え過去最高となった.このようにして,日本経済の長期低迷は金融危機のインパクトの下,更に一段階悪化し,低迷は2度目の10年に入ることになる.

2. 長期回復期（第 III 期：2003～07 年）

2.1 長期景気回復

2000 年 1 月から後退期に入った経済は，2002 年初めからようやく回復を始めた．今回の回復は以前のように短期間のものではなく，結果として戦後最長の 6 年 1 か月間の回復局面を記録するものとなった（前出図 2-9 参照）．

2.2 長期回復の背景

何故，2000 年代初め以降の景気回復はこれほど長く続いたのだろうか．平均 1.7％ 成長であった 2003～07 年の第 III 期の回復を牽引したのは，一つは民間設備投資でその成長寄与は平均で 0.5％ となり，もう一つは純輸出でその平均成長寄与は 0.8％ であった．まず民間設備投資を見てみよう．

(a) 3 つの過剰の除去

我々は第 2 章で，第 I 期の民間設備投資の低迷は，長期化した売上低迷下でのストック調整，バブル崩壊による企業のバランスシートへのダメッジ等によりもたらされたことを見た．いずれもフローの収支ではなく，企業の資産負債というバランスシートに関わる問題である．これと似た視点に立つものとして「3 つの過剰」という議論がある．これは，日本企業はバブルの形成と崩壊により「3 つの過剰」を抱えたというもので，その 3 つとは，過剰な資本ストック（過剰資産），過剰な負債，及び過剰な雇用を指す．これらの過剰は投資など企業による積極的な行動を抑制する方向で作用したと考えられるが，下記に示すように，これらの過剰は 2000 年代前半のうちに解消されることとなった．これらの長期にわたった重石の除去が，民間設備投資のプラスの成長寄与をもたらし，経済の長期回復を可能とした重要な要因になったと考えられる．

1) 過剰資産の解消

企業に対するアンケート調査（日本銀行「企業短期経済観測調査」）に示される過剰な生産能力[37]は，2000年代前半のうちにほぼ解消された（図3-14）．

2) 過剰負債の解消

有利子負債のキャッシュ・フローに対する比率は，2000年代前半にはバブル期以前の水準にまで低下し，過剰な負債が解消されたことを示す（図3-15）．

3) 過剰雇用の解消

企業の雇用過不足に対する判断も，バブル崩壊以降長期にわたった「過剰」超が2000年代半ばまでに「不足」超に転じ，過剰雇用も解消された（図3-16）．

企業は，金融危機後，利益蓄積を通じてそのバランスシートを強化し（前出図3-3に示す利益剰余金は金融危機後上昇），徐々にその流動性ポジション（現預金保有）を改善させた（図3-17）．これも企業の前向きの行動を後押ししたと考えられる．

(b) 良好な外的環境

2000年代初めからの長期景気回復の2つ目の背景は，良好な外的経済環境である．世界経済は，2002年に底打ちしてから2008年に世界金融危機が勃発するまで，後に一時「大いなる安定」と呼ばれた高くて安定的な成長を比較的長期にわたり経験した（図3-18）．そうした外的環境のおかげで日本経済の成長に対する純輸出の寄与は，第Ⅰ期の0.2%，第Ⅱ期の0.1%から，第Ⅲ期の0.8%へと顕著に上昇した．

---

[37] 製造業の生産・営業用設備を「過剰」とする企業のシェアから「不足」とする企業のシェアを控除した差がプラス（「過剰」超）である状況を指す．

2. 長期回復期（第III期：2003〜07年） 153

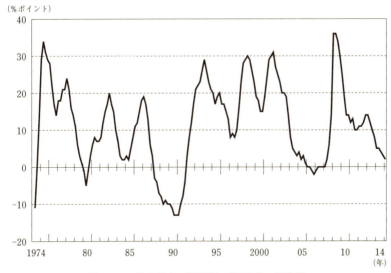

図 3-14 生産能力（「過剰」-「不足」）：製造業
出所）日本銀行「企業短期景気観測調査」．

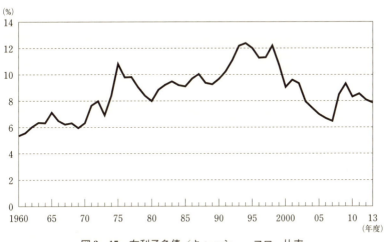

図 3-15 有利子負債／キャッシュ・フロー比率
注）有利子負債＝短期長期借入＋社債
　　キャッシュ・フロー＝経常利益×(1/2)＋減価償却費
出所）財務省「法人企業統計調査」．

154　第3章　金融危機の衝撃と企業行動の変貌

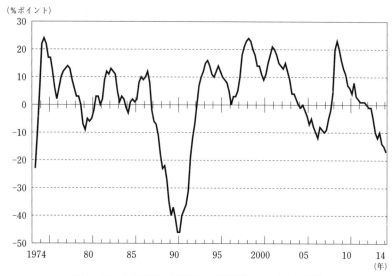

図 3-16　雇用状況（「過剰」-「不足」）：すべての産業

出所）日本銀行「法人短期経済観測調査」．

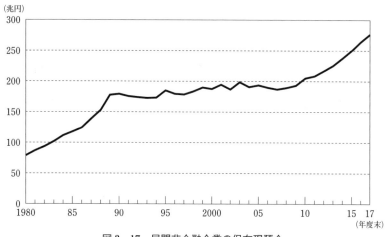

図 3-17　民間非金融企業の保有現預金

出所）日本銀行「資金循環表」．

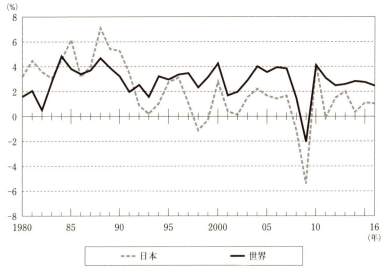

図 3-18　世界と日本の実質 GDP 成長率

出所）IMF "World Economic Outlook database October 2017".

2.3　根本的な変化はその後も不変

このように，2003〜07年の長期回復期には，企業がバランスシートの改善を通じてバブルの後遺症を克服したこと及び良好な外的環境のおかげで，成長率は，第 I 期の 1.7％，第 II 期の 0.4％から第 III 期の 1.7％へと回復する．民間投資の成長寄与は，第 I 期の −0.1％，第 II 期の −0.2％から第 III 期の 0.5％へと，マイナスからプラスへと転換する．

しかしながら，長期回復期におけるこうした良好な動きにもかかわらず，金融危機を契機として企業行動に生じた根本的な変化は継続した．失業率は，2003年 4 月の 5.5％のピークから，2007年には 4％を下回る水準まで低下を始めた．しかしこの水準は，危機前の 2.8％（前出図2-11参照）と比べるとはるかに高いものである．名目賃金がプラスの伸びを示したのは，2005年と2006年だけである（前出図3-9参照）．非正規雇用のシェア上昇は，2000年代半ば頃からいくらか減速したが，基本的に上昇トレンドは継

続した（前出図 3-10）．企業部門の資金余剰（投資に対する貯蓄の余剰幅）は低下したが，企業部門は資金余剰（純貯蓄）部門であり続けた（前出図 3-12 参照）．CPI（生鮮食料品を除く）はゼロインフレ近傍で推移した（前出図 3-13 参照）．

　これらの出来事は，企業の投資抑制，労働コスト削減といった防衛的な姿勢が極めて持続性の強いものであったことを示している．図 3-19 に示す投資のキャッシュ・フローに対する比率は，80 年代は 100% 前後であったがバブル崩壊後に低下傾向が明瞭となり，その動きは金融危機後も顕著で，長期回復期にはほぼ横ばいとなったものの，近年も 60% 前後の低い水準にとどまっている．

　何故，企業は投資抑制を続けるのであろうか．2000 年代に入って以降，企業は国内投資に比べ FDI を強化していることに留意する必要がある．FDI の民間投資に対する比率は，1990 年代の平均 3.8% から 2000 年代の平均 7.9% へと，2 倍以上の水準に上昇している（図 3-20）．

　図 3-21 は 1 つの例を示す．電気機械器具製造業部門は 80 年代～90 年代を通じ，自動車・同付属品製造業部門を超える高い水準の投資を維持していたが，2000 年代に入り国内投資の水準を大幅に引き下げた．ただしこれに対し，自動車・同付属品製造業部門は，金融危機後も比較的高い水準の投資を維持している．

　企業の防衛的な姿勢は労働コスト削減の分野にも見出される．金融危機後に明瞭となった付加価値に占める労働コスト（従業員の給与・賞与及び福利厚生費）の抑制は，2000 年代に入ると強化され，世界金融危機まで続いた（図 3-22）．その後は，付加価値が世界金融危機後に急減したため，付加価値に占める労働コストのシェアは急上昇したが，その後再度低下している．

2.4　長期回復期に政府は何をしたか

　第 III 期に経済が長期にわたり回復する中で，政策はどのように推移したであろうか．大きな方向感を示せば，この時期の多くの政策は長期課題に焦点を当てており，短期的には成長フレンドリーではなかったと言える．

2. 長期回復期（第 III 期：2003〜07 年）　157

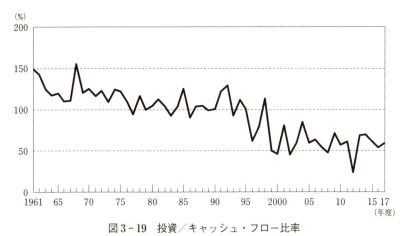

図 3-19　投資／キャッシュ・フロー比率
出所）財務省「法人企業統計調査」．

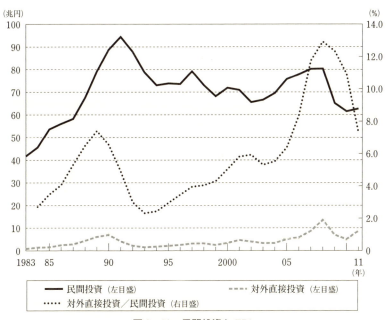

図 3-20　民間投資と FDI
注）民間投資は，名目．対外直接投資はドル建ての値を円ドルレート（期中平均）で円換算．対外直接投資／
　　民間投資比率（RHS）は，3か年移動平均同士の比率．
出所）内閣府，JETRO，IMF より作成．

158　第3章　金融危機の衝撃と企業行動の変貌

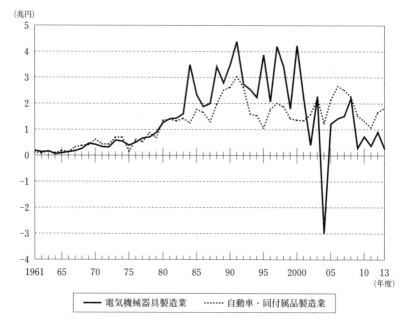

図3-21　電気機械と自動車の名目投資

出所）財務省「法人企業統計調査」.

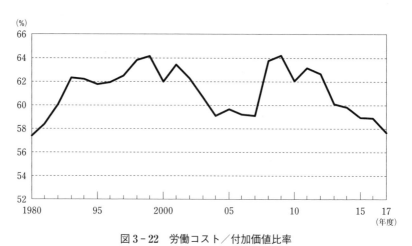

図3-22　労働コスト／付加価値比率

注）付加価値＝従業員及び役員の給与及び賞与＋福利厚生費＋動産不動産賃貸料＋租税公課＋営業利益
　　労働コスト＝従業員の給与及び賞与＋福利厚生費
出所）財務省「法人企業統計調査」.

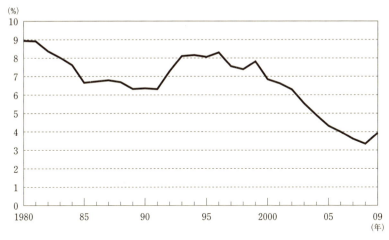

図 3-23　公的固定資本形成が実質 GDP に占めるシェア
出所）内閣府.

　まず第 1 に，財政政策は健全化路線に戻ることとなった．当初予算の規模は，小泉政権の 5 年間で 3.6％ 縮小した．公共事業関係費（当初予算ベース）は，2001 年度（小泉政権より前）から 2006 年度（小泉政権より後）までの間に 23.7％ 削減された．GDP に占める公的固定資本形成のシェアは，2000 年代後半までの 10 年間で半減となった（図 3-23）．

　第 2 に，先に説明したように，政府主導の不良債権処理が強力に進められた．主要行の不良債権比率（2002 年 3 月時点で 8.4％）を 2005 年 3 月までに半減させることを目指した「金融再生プログラム」（いわゆる竹中プラン）（2002 年 10 月）が実施に移され，目標は 2005 年に達成された．

　第 3 に，「聖域なき構造改革」「改革なくして成長なし」といったスローガンのト，構造改革が推進された．

　第 4 に，「大介入」が実施された．これは他の政策とは異なり，短期的な景気刺激的インパクトを有したと思われる．具体的には 2003 年 1 月から 2004 年 3 月までの間，外国為替市場への総額 35 兆円に及ぶ介入が行われた．しかし，円レートは，2002 年 12 月 30 日の 119.37 円から 2004 年 3 月 31 日の 105.77 円へと増価しており，介入は円安をもたらしたわけではなく，一層の増価を抑制する効果を持ったと言うべきであろう．

2.5　日本経済は他の顕著な変化を示し始める

このように日本経済は 2000 年代半ばまでにようやくバブル崩壊の負の遺産を処理したが，同時に企業部門に根深い防衛的な姿勢が目立つようになった．更に 2000 年代以降，日本経済は，他のいくつかの側面でも重要な変化を示し始めたと見られる．

第 1 に，消費の成長寄与度が低下を始めた．平均成長率が 1.7% であった 1991〜97 年の第 I 期に，消費の成長寄与度はその 6 割近くを占める平均 1.0% であり，比較的高いものであった．平均成長率が 0.4% となった 1998〜2002 年の第 II 期には，消費の成長寄与度は 0.6% であったが，平均成長率が 1.7% に上昇した 2003〜07 年の第 III 期には，消費の成長寄与度は第 II 期と同じ 0.6% にとどまり，成長率全体の 3 分の 1 強のシェアに低下した（図 3-24）．消費の成長寄与度の低下の背景には，金融危機以降の実質賃金の継続的な低下がある（図 3-25）．また，実質賃金が低下を続ける中，家計貯蓄率は金融危機後下落を続け，2013 年にはとうとうマイナスになった（図 3-26）．

日本経済に生じたもう一つの変化は，貿易依存度の高まりである．貿易依存度（（輸出＋輸入）/GDP）は，戦後一貫して上昇した後，1970 年代半ばから横ばいとなり，80 年代にはむしろ若干低い水準で横ばい気味となっていた．しかし 1990 年代半ばから貿易依存度は急速な上昇を開始し，長期回復期まで顕著に上昇した（1990 年の 15.4% から 2003〜07 年平均の 22.6% に上昇）（図 3-27）．これは，日本経済の外的ショックへの脆弱性を高め，経済パフォーマンスの安定性へのリスクをもたらしうるものである．

更にもう一つの変化は，日本経済の潜在成長性に関わる．企業部門は純貯蓄部門であり続けているが（前出図 3-12 参照），法人企業統計ベースで見ると，金融危機以降近年に至るまで，具体的には 1998 年度から 2012 年度までの 15 年間のうち 13 年間にわたり，名目投資額は名目減価償却額よりも小さい．即ち，純投資はマイナスである（図 3-28）．これに対し，政府部門は基本的に最大の貯蓄使用者であり続けている．金融危機頃から長期にわたり，

2. 長期回復期（第 III 期：2003〜07 年）　161

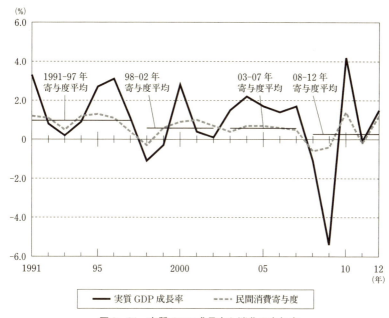

図 3-24　実質 GDP 成長率と消費の寄与度

注）1991〜94 年は 2000 年基準，1995〜2012 年は 2011 年基準．
出所）内閣府．

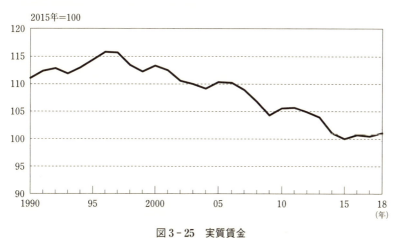

図 3-25　実質賃金

注）実質賃金は，雇用者 1 人当たり月間現金給与総額（事業所規模 5 人以上）を CPI で実質化．
出所）厚生労働省「毎月勤労統計」．

第3章　金融危機の衝撃と企業行動の変貌

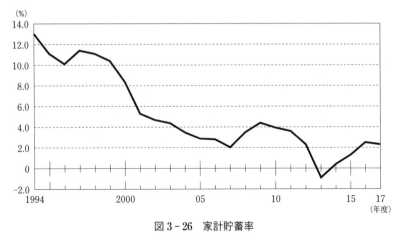

図 3-26　家計貯蓄率

出所）内閣府「平成27年度国民経済計算年次推計（平成23年基準改定値）フロー編」平成28年12月22日記者発表資料．http://www.esri.cao.go.jp/jp/sna/data/data_list/kakuhou/files/h27/sankou/pdf/point2016 1222.pdf（2017年11月6日閲覧）．及び内閣府「平成29年度国民経済計算年次推計（フロー編）ポイント」平成30年12月25日．

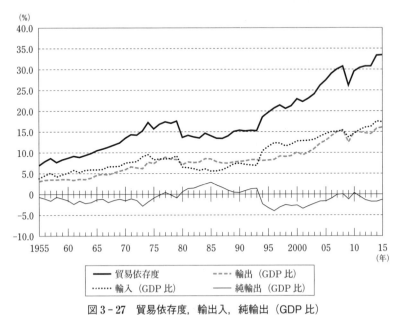

図 3-27　貿易依存度，輸出入，純輸出（GDP 比）

注）1955～79年は90年基準，1980～93年は2000年基準，1994～2015年は2011年基準．
出所）内閣府GDP統計．

2. 長期回復期（第 III 期：2003〜07 年） 163

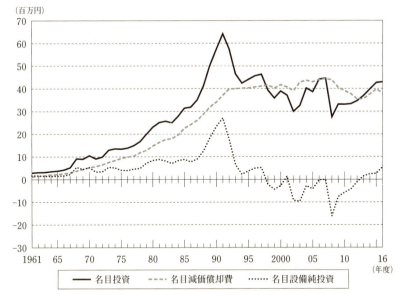

図 3-28 名目投資，名目減価償却，名目設備純投資

注）名目設備純投資＝名目投資－名目減価償却．
出所）財務省「法人企業統計調査」．

民間部門ではなく政府部門が純投資者であるという事実は，日本経済の将来の潜在成長性に懸念を生むものである．この点は最終章である第 6 章でもう一度触れる．

2.6 第 III 期のまとめ

1990 年代遅くに勃発した金融危機後の経済の急激な悪化の下，経済を下支えするため拡張的なマクロ経済政策が最大限の規模で実行された．その後，2002 年に長期景気回復が始まり，6 年以上続いた．長期回復の背景には，第 1 に，企業部門がバブル期に形成した過剰（「3 つの過剰」）がようやく除去され，健全なバランスシートを回復したこと，第 2 に，良好な外的環境があった．しかし，長期景気回復下にあっても，企業は，キャッシュ・フロー比で投資を抑制し，労働コストを削減（失業率は高止まりし，非正規雇用へのシフトは継続），利益を蓄積し，流動性ポジションを強化し，貯蓄超過部

門であり続け，防衛的な姿勢を維持した．こうした中でデフレが継続した．

長期回復期には，日本経済について他のいくつかの変化がより明瞭となってくる．一つは，内需の構造的な不足である．投資抑制が継続する中，実質賃金の低下を反映し，消費は徐々に成長への寄与度を低下させた．それとともに貿易依存度が上昇し，これは日本経済の対外脆弱性を高めた可能性がある．更に，企業部門による投資抑制と政府部門による貯蓄の使用は，日本経済の長期的な成長性に懸念を生じさせる要因となっていると考えられる．

3. 世界金融危機とその後（第IV期：2008〜12年）

本節では，第IV期（2008〜12年）世界金融危機とその後を簡単に見る．

日本経済は，第IV期（2008〜12年）に一連の外的ショックに襲われる．2008年，世界金融危機が発生し，日本経済は世界的景気後退で主要国ではドイツとともに最も厳しい影響を受けた．2009年には，欧州債務危機が始

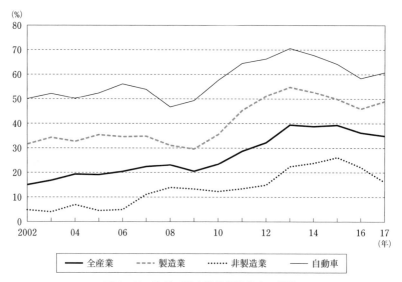

図3-29　海外／国内設備投資比率の推移

注）連結海外設備投資／単体国内設備投資
出所）日本政策投資銀行「2017・2018・2019年度　設備投資計画調査」2018年8月4日．

まった.更に,2011年3月,日本は東日本大震災に襲われ,供給ネットワークの寸断,原子力発電所事故のためのエネルギー輸入の増加により,2011年以降日本の貿易サービス収支は赤字となった.しかし,円ドルレートは,安全資産を求める世界的な流れの中で増価し,2011年10月31日にニューヨーク市場で75.32円の史上最高値を付ける.経済状況の悪化にもかかわらず,円レートは高止まりし,2011年,2012年にかけしばしば対ドルで80円を割り込む歴史的高水準を記録した.

急速な円高の下,製造業の海外／国内設備投資比率（海外投資比率）は2010年以降,急速に上昇することとなった（図3-29）[38].このように第Ⅳ期は,日本経済の外的なショックへの脆弱性が顕著にあらわれた時期であったと言える.

4. バブルの後遺症と金融危機のショック克服後の日本経済の問題――需要構造と成長性

本章では,1990年代後半の金融危機の発生と危機が日本経済に与えたインパクトを分析した.バブル崩壊後,企業部門が過剰な資産・負債の処理に時間をかけて取り組む中,次第に過剰（低収益）資産のコストは銀行部門にシフトされ,バブル崩壊後7年を経過して金融危機が発生した.政府部門が迅速な処理を進められなかったのは,経済や地価の先行きに対する楽観的な見通しと,急速な処理が経済にもたらすマイナスのインパクトの大きさに対する懸念に加え,金融危機解決に必要な包括的なフレームワークが存在しなかったことが背景にあると見られる.危機の発生に伴い,日本経済には,失業率の急上昇,非正規化の進行,名目賃金の下落,企業の貯蓄超過部門への転換,デフレの発生等根本的な変化が生じ,これらの変化は2000年代初めに開始した長期景気回復の下でも基本的に継続することとなった.

第Ⅱ期から第Ⅳ期までの経済パフォーマンスを概観した結果,我々はバ

---

38) 海外投資比率は,2013～15年にピークを打ち,その後やや低下しているが,2010～17年平均は2002～09年平均に比べ10～15ポイント高い水準となっている.

ブルの後遺症を克服した後の現在の日本経済について，下記のような特徴と問題を見てとった．

- 第1に，民間設備投資は増加したが，その水準はキャシュ・フロー比でなお抑制されている．
- 第2に，企業は名目賃金の引下げと正規から非正規雇用へのシフトを通じ労働コストの抑制を続けている．
- 第3に，消費の成長寄与度は，実質賃金の低下の継続を背景に，低下している．
- 第4に，外需依存度が高まり，外的ショックへの脆弱性を高めている可能性がある．
- 第5に，政府部門が最大の貯蓄使用者であり続け，成長性にマイナスの影響を与えている可能性がある．

まとめれば，バブルの形成と崩壊及び金融危機の後遺症を克服した後，日本経済は，国内需要の不足・外需依存の高まりと成長性の低下の可能性という，2つの問題を抱えたと見られる．これらの問題の背景となっているのは，投資・賃金抑制に見られる企業の防衛的姿勢の継続であると思われる．こうした企業の姿勢を継続させているものは何であろうか．どのように対処すべきなのであろうか．これは，バブル崩壊の負の遺産と金融危機の直接的影響を克服した後の日本経済が直面する中核的課題と言える．

4. バブルの後遺症と金融危機のショック克服後の日本経済の問題　167

補表 3-A　第Ⅰ期(1998〜2002年)，第Ⅱ期(2003〜07年)，第Ⅲ期(2008〜12年) のクロノロジー

1997年 1月	橋本首相，財政構造，金融システムを含む6つの分野での抜本的な改革の開始を宣言．
4月	消費税率，3%から5%に引上げ．
6月	日本銀行法改正（日銀の独立性強化）．
	包括的金融自由化（日本版ビッグバン），大蔵省審議会で承認．
7月	タイ・バーツ，急落（アジア通貨危機発生）．
11月	三洋証券，会社更生法の適用を申請．インターバンク市場で債務不履行発生．
	北海道拓殖銀行，事業継続不能を公表．
	山一証券，自主廃業を公表．
	財政構造改革法成立．
1998年 4月	総合経済対策決定．
5月	財政構造改革法改正．
10月	日本長期信用銀行国有化（戦後初の民間銀行国有化）．
11月	緊急経済対策決定（過去最大規模）．
12月	日本債券信用銀行国有化．
1999年 2月	日本銀行，ゼロ金利政策を導入．
2000年 8月	日本銀行，ゼロ金利政策を解除．
2000〜01年	ITバブル崩壊．
2001年 3月	政府，日本経済が戦後初めて緩やかなデフレ下にあると宣言．
	日本銀行，量的金融緩和導入．
4月	小泉内閣スタート（財政健全化への復帰，構造改革指向）．
2002年 1月	経済底打ち（長期景気回復開始）．
10月	金融庁，金融再生プログラム策定（2005年3月末までに主要行の不良債権比率半減を目標）．
2003年1月〜2004年3月	大介入．
2005年 3月	主要行の不良債権比率半減目標達成．
2008年 9月	リーマン・ブラザーズ破綻（2008〜09年世界金融危機勃発）．
2009年 9月	民主党，政権獲得．
10月	ギリシャ政府による財政状況の虚偽報告発覚（欧州債務危機の開始）．
2011年 3月	東日本大震災．
2012年12月	第2次安倍政権スタート．アベノミクス開始．

補論　過剰資産の急速な処理が雇用に与える影響

　過剰な資産を急速に処理した場合，雇用にどのような影響がもたらされるか，非常にラフな推計を行ってみよう．

　補図3-A1は，財務省「法人企業統計調査」による企業（金融保険業を除く全産業）の資産総額の推移を示す．1980年代半ばから2000年代前半にかけてこぶ（過剰資産）があることがみてとれる．同図には，このこぶが存在した期間（1985年度から2004年度）を除いた期間，即ち，1960〜84年度及び2005〜16年度までの期間を対象として近似線（トレンド・ライン）が描かれている．このトレンド・ラインが示す趨勢的な資産規模と実際の資産規模との差額を過剰資産とみなすと，1990年代前半には過剰資産は資産総額の3割近いシェアを占めていることがわかる（補図3-A2）．

　ここで，企業の総資産には，人員（法人企業統計調査上の役員＋従業員）が均等に配置されていると仮定し，また，資産が処理（例えば除却）されるとその資産に配置されていた人員は全員が失業すると仮定する．補図3-A3は，こうした仮定の下に，1985年度から2010年度までの各年について，その年について算定された過剰資産がすべてその年に処理され，その過剰資産に配置されていた人員が全員失業したと仮定した場合に発生する追加的失業者数，その結果としての失業率，及びそれぞれの年（12月現在）の実際の失業率を示している．例えば，1991年度に全ての過剰資産の処理を行った場合には，1250万人を超える追加的失業者が発生し，失業率は実際の失業率2.1％の10倍の21.2％に上昇する結果となる．90年代前半は，基本的に同様の激烈な負のインパクトが生じることが示されている．過剰資産の処理によりそこに配置されていた人員がすべて失業するという極端な仮定を置いているため，実際には直接的影響はここで計算されたものより小さいと考えられるが，他方，過剰資産の処理により関連する事業の廃止などが生じ，そこから取引先などに間接的な影響が広がる場合には，2次的な影響がこれに追加される可能性もあり，上振れ要因もある．いずれにしても，80年代に形

補論　過剰資産の急速な処理が雇用に与える影響　169

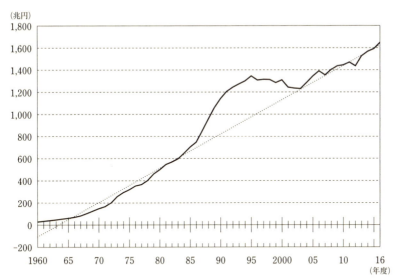

補図3-A1　企業（金融保険業を除く全産業）の資産総額とトレンド・ライン
出所）財務省「法人企業統計調査」．

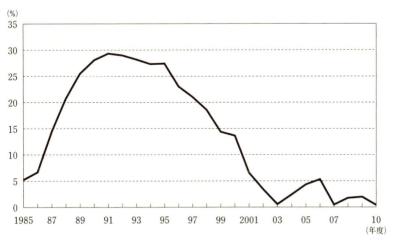

補図3-A2　過剰資産が資産総額に占めるシェア（1985〜2010年度）
出所）財務省「法人企業統計調査」．

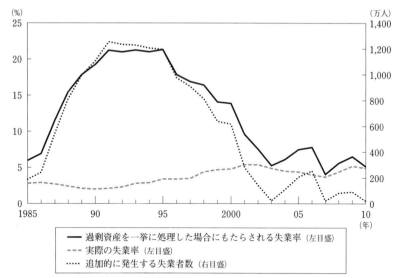

補図 3-A3　過剰資産を一挙に処理した場合の追加的失業者数と失業率
出所）財務省「法人企業統計調査」．

成された過剰資産の規模は，日本経済の根幹を揺るがしかねないほどの大きさであったと推測され，多くの議論のように単純に先送りを批判することは非現実的であると思われる．社会の大きな混乱と急激な不安定化を回避するためには，強い公的な関与が必要であったことが示唆される．

　なお，上記の総資産には流動資産や投資目的の有価証券も含まれることから，有形固定資産（土地を除く）に限定して，同様の試算を行ってみよう．補図3-A4は，有形固定資産（土地を除く）の推移と，1960～84年度の期間を対象とした近似線（トレンド・ライン）を示している．実際の有形固定資産額（土地を除く）と，トレンド・ラインが示すバブル期以前の趨勢的な額との差額を過剰な物的資産とみなすと，1990年代半ばには，過剰な物的資産は有形固定資産（土地を除く）の4割を超える水準であったことが示され，その急速な処理は，雇用に上記以上の負のインパクトを与えた可能性があることが示唆される．

　なお，補図3-A4には，1998年度以降の期間を対象とした近似線（トレンド・ライン）も示している．有形固定資産（土地を除く）の趨勢は，バブル前

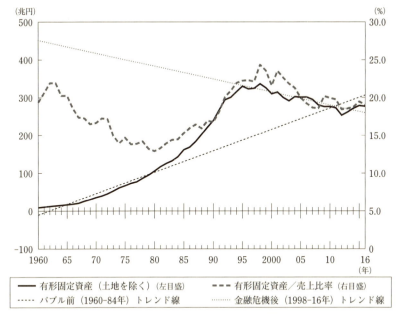

補図3-A4 企業（金融保険業を除く全産業）の有形固定資産（土地を除く）と
トレンド・ライン及び有形固定資産／売上比率

出所）財務省「法人企業統計調査」.

と金融危機後で全く異なるものとなっている．同図には，有形固定資産（土地を除く）／売上比率も示している．同比率は，1980年代以降急上昇し，98年度にピークを打ち，2000年代半ばまで急落，その後ほぼ横ばいとなった．1990年代には，バブル崩壊の後始末（過剰資産の処理）と，売上が伸びないという新たな経済環境への対応（資産規模の抑制・下方調整）が，同時に並行して進んだことがうかがわれる．即ち，遅くとも金融危機以降は，企業は国内経済が従前のようには回復しないことを前提とした投資行動に移行した可能性がある．

第4章 デフレと金融政策

　第1章から第3章にかけ，我々は過去30年間にわたる日本経済の困難のメカニズムを，基本的に時系列で見てきた．本章及び次章では，現在の日本経済により直接的につながる問題，即ちバブル崩壊後の長期経済低迷とデフレの問題に焦点を絞って見ていく．

　本章では，デフレと金融政策の問題をとりあげる．まず，デフレの進行について事実関係をおさえた後に，その原因についての主要な議論を紹介する．次いで，デフレが金融的現象であるとの議論が広く提起されたことを踏まえ，デフレの原因を探る観点から，バブル崩壊以降，黒田東彦日本銀行総裁の量的質的金融緩和の前までの金融政策の運営を，2つの時期に分けて，即ちバブル崩壊から1999年のゼロ金利導入までの時期（基本的にはデフレとゼロ金利制約の下に置かれる前までの時期）と，ゼロ金利政策導入以降2001年から2006年まで実施された量的緩和策までの時期（デフレとゼロ金利制約下の時期）とに分けて，評価する．その上で章を改め，第5章では，デフレと経済低迷のメカニズムを実物面から探るため，その背景にある企業行動について，日本の営利法人全体の財務諸表の統計をベースに分析する．更にデフレと経済低迷に関わる対外要因など他の要因についても検討を行う．

1. 1990年代からの日本のデフレ

　消費者物価指数（生鮮食品を除く）の前年比伸び率は，1998年7月から2013年までの約15年の間，世界市場におけるエネルギー及び食糧価格の高

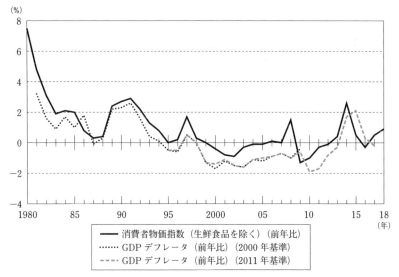

図 4-1　GDP デフレータと CPI（前年比）：1981〜2016 年

注）CPI は生鮮食品を除く．
出所）内閣府，総務省統計局．

騰を反映して 2006〜08 年の間に短い期間価格上昇があったことを除き，基本的にマイナスであった（前出図 3-13 参照）．即ち日本経済は，1998 年 7 月から 2013 年 4 月まで 15 年近くの間，全般的価格水準が継続的に下落するという意味でデフレ下にあった．但し，それは緩やかなデフレであった．1998 年 7 月から 2013 年 4 月までの消費者物価指数（生鮮食品を除く）の前年同月比平均は −0.3％ で，約 15 年間の累積下落は −3.6％ であった．

　GDP デフレータの前年比は，1990 年代半ばからほとんど一貫してマイナスである．デフレ現象は，CPI に比べ GDP デフレータの動きにより明確に表れている（図 4-1）[1]．

---

1) CPI は民間消費のみをカバーするのに対し，GDP デフレータは，投資及び輸出を含め経済全体の活動をカバーする．その際，2 つの点に留意が必要である．第 1 に，機械のような投資財の価格は，価格を低下させる技術進歩をより強く反映する傾向がある．第 2 に，輸入価格の上昇は CPI に反映される（家計は輸入財をも購入する）が，輸入の価格動向は GDP デフレータの算定に当たり控除される（もし輸入価格が国内生産財よりも高いペースで上昇すると，GDP デフレータはそうでない場合と比べると，より低くなる）．従って，輸出向けを含めた国内生産財の価格が輸入価格ほど上昇しない時には，GDP デフレータは，CPI よりも低い変化率を記録する方向となる．

2. デフレの原因に関する主要な議論

こうした長期にわたる、しかし緩やかなデフレは何が原因であろうか。内閣府（2001）は3つの要因をリストアップしている。

① 中国や他の新興国からの低価格の輸入品の流入、ITや他の技術革新など供給側の構造的な要因（供給要因説）。
② 経済の強さの欠如により引き起こされた需要要因（需要要因説）。
③ 企業の過剰負債及び不良債権問題による銀行の金融仲介機能の低下や結果としての通貨供給の増加の低迷を含む金融要因（金融セクター要因説）。

特に、需要要因説に分類される議論として、日銀の金融政策運営を批判する議論が広範に提起された。そのいくつかの例は次の通りである。新保（2002）は、日本のインフレ率の大幅低下はマクロの需給バランスの悪化によってもたらされたが、マクロの需給バランスの悪化はマネーサプライ増加率の低下が大きな要因であり、マネーサプライ増加率の低下はバブル崩壊後の金利引下げが遅れたことに原因があった、と論じている。また、岩田（2001）p.111は、「1991〜2000年の貨幣供給量の増加率（平均値）は2.7%であった。これは過去の貨幣供給量と物価の長期的な関係から見て、日本経済が90年代の半ばから、デフレ経済に陥るに十分なほど低い貨幣供給量の増加率であった」としている。

次節以下で金融政策を詳しく評価する前に、これら3つの要因を簡単に見てみよう。

2.1 供給要因説
——供給側の構造的な要因がデフレを引き起こしたのか

西崎・上野・田中（2011）により供給側の要因を見よう。

(a) 輸入浸透

　日本の輸入浸透率は，1980年代末の約6%から2000年代後半の約12%へと大幅に上昇した（図4-2）．1990年代半ば以降，CPIに含まれる輸入財および輸入競合財の価格の前年比は，CPIに含まれる他の財の価格変化よりも低く，安価な輸入財の浸透が物価の下落方向に寄与していることをうかがわせる（図4-3）．

(b) 技術進歩と規制緩和

　1990年から2009年までの部門別の累積GDPデフレータ変化は，技術進歩が顕著であると思われるIT関連分野で価格下落が大きいことを示している（図4-4）．

　また，1990年代からの約20年間に，CPI（生鮮食品を除く）は通期で見れば全体としてわずかに上昇したが，通信分野や一部の農産物など，規制緩和や輸入自由化が進んだ財の価格は大幅に下落したことも指摘できる（図4-5）．

　上記は供給側の要因が，特定のカテゴリーの財サービスの価格引下げに寄与したことを示唆する．では果たしてこうした供給サイドの要因が，デフレをもたらしたと言えるのであろうか．

　供給サイドの要因（低価格の中間財の利用可能性や技術進歩，規制緩和によるコストダウン・効率の向上）がデフレをもたらすことは，理論的にありうる．しかし，そうしたコストダウンや効率化は，基本的に経済にとってはプラスの変化であり，生産の拡大をもたらすと予想される．しかしながら，これは1990年代以降に成長率が低下を続けた日本のケースに適合していないと見られる[2]．従って，こうしたプラスの供給側の要因による価格下落効果を認

---

[2] 野口（2002）は，技術進歩や海外からの低価格の材料の利用可能性といったプラスの供給ショックは，（右上がりの）短期総供給曲線を右にシフトさせ価格を下げるが，このシフトは生産拡大をもたらすと予想され，これは1990年代から成長率が低下を続けた日本のケースに合わないとして，デフレを供給サイドの構造的な要因によるものとする解釈を批判している．この主張に照らせば，こうしたプラスの要因による物価下落が一般的な物価水準に与える影響があったとしても，低迷期における日本経済においてこのメカニズムが支配的ではなかったということになる．我々は，日本経済で支配的であり低迷とデフレを同時に生み出したメカニズムを探す必要がある．

2. デフレの原因に関する主要な議論   177

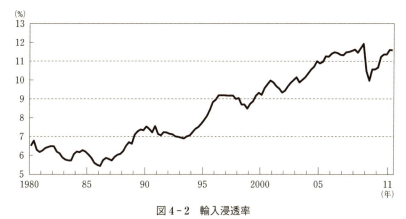

図4-2 輸入浸透率

注）輸入浸透率＝輸入／国内需要（実質ベース）
出所）西崎・上野・田中（2011）．

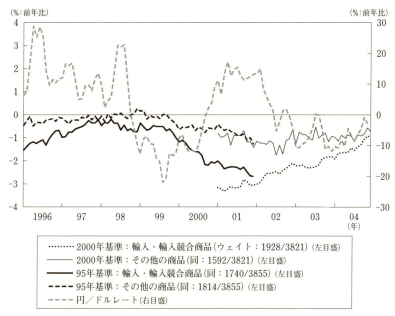

.... 2000年基準：輸入・輸入競合商品（ウェイト：1928/3821）(左目盛)
―― 2000年基準：その他の商品（同：1592/3821）(左目盛)
――― 95年基準：輸入・輸入競合商品（同：1740/3855）(左目盛)
- - - 95年基準：その他の商品（同：1814/3855）(左目盛)
- - - 円／ドルレート(右目盛)

図4-3 輸入財および輸入競合財の価格変化

出所）西崎・上野・田中（2011）．

178　第4章　デフレと金融政策

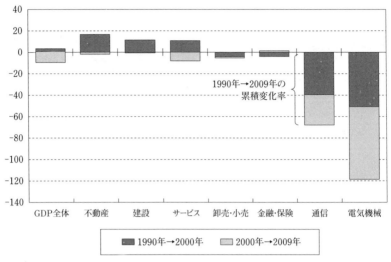

図 4-4　1990 年から 2009 年までの GDP デフレータの部門別累積変化
出所）西崎・上野・田中（2011）.

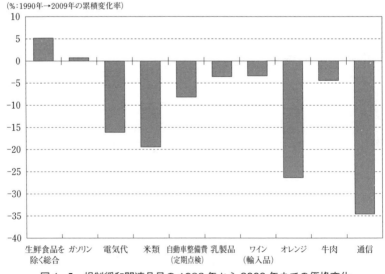

図 4-5　規制緩和関連品目の 1990 年から 2009 年までの価格変化
出所）西崎・上野・田中（2011）.

めたとしても，このメカニズムは低迷の数十年の間の日本経済の動向を十分に説明するものとは言えず，我々は，デフレと低迷が同時にもたらされるメカニズムを見出さなくてはならない．

2.2 需要要因説
―― 需要不足による経済低迷がデフレの原因なのか

第2章（図2-5参照）で見たように，日本経済は低迷の間，一般的にマイナスのアウトプット・ギャップ（デフレギャップ）を有した．即ち，需要が供給力に対し不足していた．供給力が需要を上回る場合，2つの解釈がありうる．一つは，需要が持続可能な需要水準に比べ不足しているとの解釈で，もう一つは供給力が持続可能な需要水準を超え過剰であるという解釈である．どちらのケースであれ，結果としての過剰供給は物価に下押し圧力をかけ，デフレに寄与しうる．需要要因説は，需要が持続可能な水準よりも低く，従って需要を引き上げることが可能であり，引き上げるべきであるという考えを前提としていると思われる．従ってこの見解の下では，需要不足を作り出した原因が，究極的にデフレの原因とみなされる．ここまでの章で，最大の下押し要因は民間設備投資であることを見た．消費は，その寄与が徐々に低下しているとはいえ，経済を下支えしてきており，政府支出は2000年代初めまで経済を支えた．純輸出は，1990年代には円の増価の下で比較的小さな役割しか果たさなかった．従って需要不足論は，暗黙的にあるいは明示的に，マクロ経済政策が設備投資（更には輸出）を活性化する力を持っていることを仮定し，この観点から現実に実施されたマクロ経済政策運営の適切性を問題視するものであると思われる．この観点からすると，金融政策運営を批判する議論はデフレに対する需要要因論に分類されよう．需要不足とデフレを引き起こした原因としての金融政策の役割の評価は，次節において行う[3]．

---

[3] 経済に供給される貨幣量が一般物価水準を決定すると主張する貨幣数量説は，非常に長い期間あるいはハイパーインフレのような極端なケースにおいて関連を有するかもしれないが，他のより現実的なケースではこの理論は実用性を持ち難いと思われる．

他の需要要因説は財政政策を批判する．しかし，低迷期には財政刺激策が繰り返し発動され，その結果として政府債務は世界最悪の水準に悪化した．政府が経済を永遠に支え続けることは不可能であり，長期にわたった需要不足の真の原因は他に見出されなくてはならない[4]．

なお，供給力が過剰であったとの考え方をとる場合，行うべきことは過剰な供給力の削減であり，需要引上げではないことになる．供給力（即ち，資産）サイドに焦点を絞った分析は第5章で行う．

2.3 金融セクター要因説
――金融セクターの問題が原因なのか

不良債権問題による金融セクターの金融仲介機能の不全が，民間投資と経済全体の低迷の原因であるとしばしば主張される．しかし金融機関の融資態度は，バブル崩壊直後と金融危機の時期を除き，基本的にはタイトではなかった（前出図2-7参照）．金融機関の融資への姿勢が，1990年代の金融危機に至る前までの期間において，投資低迷の原因となったということはありえないと思われる．

次のように，いくつかの実証研究がこうした考えを確認している．

「既存の実証結果から判断する限り，貸し渋りが実物投資に強い影響を与えたとしても，それは97～98年の金融危機の時期だけであり，貸出供給要因に基づく信用収縮が90年代を通じた長期停滞の主要因とは考えにくい」（宮尾 2004, p. 222）．

「企業投資の極端な低迷は日本経済の長期低迷を説明する最も重要な要因である……投資に対する実物要因[5]の影響は金融要因よりもはるかに大き

---

4) 財政政策運営のタイミングについては，議論がありうる．吉川（1999）は，1997年に行われた財政引締めについて，1997年半ばまでに経済が景気後退局面に入った可能性があることを経済指標が示していたにもかかわらず財政健全化努力が実行に移されたとして，かかる政策のタイミングを批判し，不況下で財政健全化を達成することは不可能であると主張している．

5) 特に，実質収益率の悪化をさす．なお引用は筆者の訳による．

かった……この同じ期間（1992～94 年）金融要因は景気サポート的であった．しかし，1997 年から貸渋りがとうとう発生した」(Motonishi and Yoshikawa 1999)．

従って，少なくとも第 I 期（1991～97 年）における需要不足ないし低迷に関する限り，金融セクターの機能不全の問題は主要な要因であったとは見られない．

以上の通り，供給要因説，金融セクター要因説は十分な説得性を持たないと思われる．次節では，需要要因説の中でも過去 20 年にわたり広範に議論されてきた金融政策運営の問題を検討する．

3. 黒田総裁による量的・質的金融緩和より前の金融政策の評価——金融政策はデフレへの転落とデフレから脱出できないことに対し責任があるか

この節では，アベノミクスの第 1 の矢として黒田総裁が導入した量的・質的金融緩和（Quantitative and Qualitative Monetary Easing: QQE）の前までの金融政策について，ゼロ金利の導入まで（1991～99 年）（基本的に日本経済がデフレとゼロ金利制約の下に置かれる前までの時期）とそれ以降（日本経済がデフレとゼロ金利制約の下に置かれてからの時期）の 2 期に分けて検討する（アベノミクスについては第 6 章で分析する）．

3.1　QQE 採用までのクロノロジー
　　　——バブル崩壊以降，日本銀行は何をしたか

バブル崩壊以降，黒田総裁による量的・質的金融緩和（QQE）の実施の前までの金融政策の主要な動きを時系列で示すと，表 4-1 の通りである．

表 4-1　量的・質的緩和（QQE）の実施までの主要な金融政策

期間	内容
1991年7月1日〜1995年9月8日	日本銀行，公定歩合を9回引き下げ（6%→0.5%）．
1995年3月31日〜1998年9月9日	日本銀行，無担保オーバーナイト・コールレートの低下を3回促す（2.25%→0.25%）．
1999年2月12日	日本銀行，ゼロ金利政策を導入（オーバーナイト・コールレートの低下（0.25%→0.15%）を促し，その後一層の低下を促進）．
2000年8月11日	日本銀行，ゼロ金利政策解除（オーバーナイト・コールレートの上昇（0%→0.25%）を促進）．
2001年3月19日	日本銀行，量的緩和政策を採用．
2006年3月9日	日本銀行，量的緩和政策を解除し，ゼロ金利政策に移行．同時に日本銀行は新たに物価安定についての基本的な考え方を提示（0%〜2%のインフレは，金融政策委員会のメンバーが示す物価安定の範囲内にあるとされる）．
2006年7月14日	日本銀行，ゼロ金利政策を解除．
2008年10月31日	日本銀行，オーバーナイト・コールレートの低下を促進（0.5%→0.3%）．
2008年12月19日	日本銀行，オーバーナイト・コールレートの低下を促進（0.3%→0.1%）．
2012年2月14日	日本銀行，「中長期的な物価安定の目途」の概念を導入し，前年比で2%以下のプラスの領域で，当面は1%を目途とするとした．
2013年1月22日	日本銀行，消費者物価（生鮮食品を除く）前年比で2%の物価安定目標を導入．
2013年4月4日	日本銀行，量的・質的金融緩和（QQE）導入．

3.2　1999年のゼロ金利政策の導入までの日本銀行の金融政策をどう評価すべきか──金融政策が経済低迷あるいはデフレの原因なのか

　黒田総裁のQQE導入の前までの時期を，ゼロ金利政策の導入まで（デフレとゼロ金利に陥るまでの時期）と，それ以降（デフレとゼロ金利に陥った後の時期）の2つに分け，本項では，主にAhearne et al. (2002) と日本銀行の関連ペーパーに基づき，このうち前半の期間の金融政策運営を評価する．

(a) 金融政策の対応の十分さと迅速さ

ゼロ金利政策の採用前に，日本銀行は公定歩合を9回引き下げ，オーバーナイト・コールレートの低下を3回促進した．結果として，政策金利も長期金利も大きく低下し，短期金利はゼロに接近した（図4-6）．1998年に，当時の速水優総裁は金融政策の分野では経済を下支えするために採りうる手段は大方打ってきており，金融システムの早期立て直しと思い切った構造改革が必要であることを強調した（日本銀行 1998b）．

1990年代の金融政策の評価に当たり，白塚・田口・森（2000）は，大恐慌下の米国の経験に触れ，「日本は大恐慌時の米国で経験したものに近い資産価格の大幅下落に直面したが，CPIはこれまでのところ安定している．換言すれば，大恐慌時に米国で経験されたような，デフレとして知られる急速かつ自律的な価格下落は……成功裏に回避された」としている（図4-7, 4-8）．

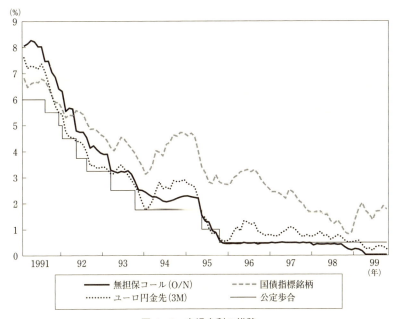

図4-6 市場金利の推移

出所）白塚・田口・森（2000）．

184　第4章　デフレと金融政策

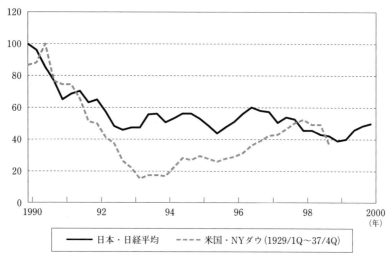

図 4-7　株価：1990 年代の日本と大恐慌時の米国

出所）白塚・田口・森（2000）．

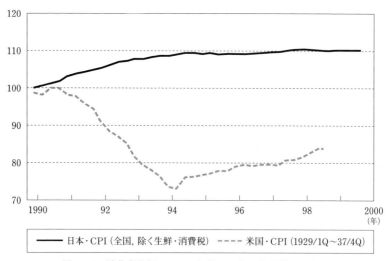

図 4-8　消費者物価：1990 年代の日本と大恐慌時の米国

出所）白塚・田口・森（2000）．

3. 黒田総裁による量的・質的金融緩和より前の金融政策の評価   185

これに対し，FRB の Ahearne *et al*. (2002) は異なる見解を提示している．

「1991～95 年の日本の金融政策は，その時点で支配的であった経済に係る予想に基づけば適切であったと見られる．しかし，金融政策に下方リスクが十分に組み込まれていなかった．これは実際のインフレ率や成長率が予想より弱くなると，金利がテイラー・ルールの下で要請されるよりも高くなってしまったことに現れている」[6]．

「……もし日本銀行が，1995 年初めまで，シミュレーション[7]でモデル化された程度まで金融政策を緩和していれば，インフレは 90 年代末までプラスに保つことが可能であった」．

「デフレ下で経済安定化のための伝統的な金融政策の無力さを考えると，……デフレとインフレのコストには明らかに非対称性がある……1994～95 年に存した非常に低いインフレ率とマイナスのアウトプット・ギャップを考えると，デフレの可能性を減らすため予防的な一層の金利引き下げが有益であった」．

「1994 年により拡張的な金融政策がとられていれば，その年に起こった実質長期金利の急上昇と急激な円高は避けられたかもしれない」．

「その時点の……データを使えば，1990 年から 1994 年までの日本の金融政策は平均的には「緩和しすぎ」であった．改訂されたデータを使うと，同じ期間について，日本の政策は「引締め過ぎ」であった」．

(Ahearne *et al*. 2002, pp. 19-22, 38. 引用は筆者の訳による)

かかる主張は図 4-9 に示されている．同図には実際の政策金利（実際のコール・レート），政策採用時点で利用可能であったデータを用いてテイラー・ルールに基づき算出されたあるべき政策金利（その時点のデータにより算定される最適コール・レート），及びその後利用可能となったデータにより算定さ

---

6) テイラー・ルールとは，米国の経済学者ジョン・テイラーが 1993 年に提唱したもので，政策金利が，(1) 現実のインフレ率と目標とするインフレ率との乖離，(2) 現実の GDP と潜在 GDP との乖離（GDP ギャップ）に応じて決まるという考え．金融政策運営を評価するための有効なベンチマーク（基準）として多用されている．

7) FRB が保有する FRB/Global を用いたシミュレーション．

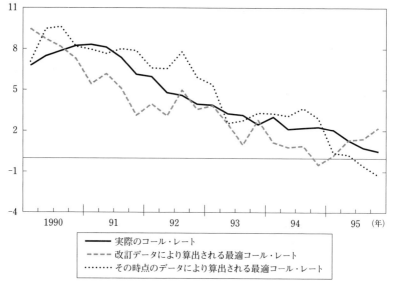

図4-9 米国と日本の金利のテイラー・ルールによる分析
出所) Ahearne *et al.* (2002).

れたあるべき政策金利（改訂データにより算定される最適コール・レート）の3つが示されている．1994年時点の実際の政策金利は，その時点のデータに基づけば十分緩和されているが，その後明らかとなったデータに基づけばタイトすぎたことになる．デフレに近づいていたことを考えると，ダウンサイドのリスクに備えるべきであったという主張となる．

地主・黒木・宮尾他（2001）は類似の分析を提示し，実際のコール・レートはテイラー・ルールを用いて計算された最適コール・レートと比べ，高止まりしたと主張している．

バブル崩壊後，日本銀行が「史上空前の緩和的な金融政策」(Mori, Shiratsuka, and Taguchi 2001) を採用したことは事実である．しかし，日本銀行のみでなく政府全体も，日本経済が空前の事態，即ち巨大なバブルの形成と崩壊に直面しており，もし迅速かつ適切な対応がとられない場合には，潜在的に極めて広範かつ深刻なマイナスのインパクトを受けるであろうことを十分に認識していたとは言えない．このことを勘案すれば，いくらかの後知恵も含め，日本銀行は，Ahearne *et al.* (2002) で主張されているように，下方

リスクを念頭に置き，より積極的に行動すべきであったし，することができたと主張することは可能である．しかし，仮に日本銀行がそのように行動していたならば，その後の低迷は避けられたのであろうかという問いは残る．本書におけるこれまでの議論を踏まえれば，答えは否であるように思われる．この点を考える上で重要なのは，当時日本経済が抱えていたデフレギャップをどう解釈するかという点である．即ち，日本経済は当時需要不足状態にあったのか，持続可能な需要水準に照らして供給力過剰状態にあったのかがポイントである．Ahearne et al. (2002) を含め日本銀行を批判する議論は，需要が不足しており，従って金融政策が需要引上げに寄与しうると仮定しているように思われる．しかし，もし供給力が過剰であるとすると，金融政策にできることは一般的に議論されるよりも限定されたものであると思われる．低い利子率と緩和された流動性供給を通じ，金融政策は貸付や投資を刺激し，土地，株式，外国為替などの資産価格を押し上げうる．しかし，もし供給能力が持続可能な需要水準を上回っていたとすれば，最も重要なことはそうした過剰な供給力の除去である．より積極的な金融緩和は，1990年代前半における低迷をある程度防止することができたかもしれないが，過剰な資産を収益性のあるものとするレベルにまで需要を引き上げ続けることはできなかったし，むしろその水準が持続可能でないのであれば，そもそもそこまで需要水準を引き上げることは適当ではなかったと言えるのではないかと思われる．

　この関連では，我々は，1989年から90年にかけて金融政策が攻撃的に引き締められ，公定歩合がわずか1年余の間に2.5%から6.0%まで5回引き上げられたことを思い出すべきである．大蔵省による総量規制の発動と相まって，この攻撃的な政策は，マネーストックの成長率がまるで崖から落ちるかのように急落したこと（前出図2-6参照）に示されるように，経済をオーバーキルしたと見られることに留意すべきである．そうした引締め政策はわずか1年後の1991年に反転する．公定歩合は1991年7月～1993年9月までの2年余の間に，6.0%から1.75%へと7回にわたり引き下げられた．金融政策の運営の誤りは，緩和期（1991～93年及び1995年）よりも引締め期（1989～90年）により顕著であったように思われる．

金融政策の適切性の問題とは別に，第3章で見た実体経済における調整，即ち，特に企業部門における収益性の低い資産（供給力）と関連債務といった過剰の処理は，いずれにしても行われなくてはならなかった．つまり，バブル崩壊時点での主要な問題は，収益性の低い資産を蓄積した借り手側企業にあった（金融機関ではない）．バブル期に形成されたこうした過剰が処理されない限り，経済がその強さを（特に，投資のような前向きのリスクテイクを含め）回復することはできなかったと考えられる．日本銀行は低迷を緩和するためにもっと多くのことをすることは可能であったかもしれないが，それはいわば時間稼ぎと言え，企業部門の収益性の低い資産と関連債務の速やかな処理をターゲットとする政策がとられない限り，低迷は継続せざるを得なかったと考えられる[8)9)]．このメカニズムは第5章でより詳しく検討する．

（b）物価安定の理解――日本銀行法に金融政策の目標として掲げられている「物価の安定」についての日本銀行の解釈をどう評価するか

日本銀行の政策の評価に当たり Ahearne et al. (2002) が挙げた第2のポイントは，物価の安定についての日本銀行の理解である．当時の速水総裁は，「物価の安定」とはインフレもデフレもない状態を指すと述べていた

---

8) これまで述べられてきたように，過剰資産とは十分な需要が見込まれない低収益資産を指すことから，こうした資産の収益還元価格は取得価格を下回ることが多いと考えられる．こうした資産の取得が他社からの出資や借入で賄われている場合，保有企業だけでなくこれらの関係者にも損失が発生する．当該過剰（低収益）資産を需要に見合った用途に振り向けることも，損失の認識と分担なくしては進みがたいと考えられる．おそらく必要であったことは，生産性の低い資産を関連負債とともに，借入企業のその他の業務から切り離し，即ち，借入企業を，「良い会社」と「悪い会社」とに分離し，後者を清算手続きに移行させ，資産価格の再評価を行わせることであったのではないかと思われる．法人企業統計調査上の資産額が90年代半ばまで減少傾向を示していなかったのは，こうした資産の再評価・転用が進展していなかったことを示唆する．

9) 収益性の低い資産のバランスシートからの除去は何故もっと速やかに行われなかったのか．その原因に関し，金融機関からの資金提供には，純粋な貸付というよりも資本の提供という要素があるとの議論がある．この議論の下では，投資が失敗であることが判明した場合，金融機関は資本提供者として行動し，返済条件の緩和及び／又は追加資金の提供を通じて失敗の責任を分担したとされる．こうした行動は，必要な調整を遅らせ，収益性の低い資産（供給能力）の保有の継続を可能とした．このように銀行融資を資本提供と解釈する考えについては，原島（2005）参照．

（速水 1998)[10]．しかし，Ahearne et al. (2002) pp. 15-16 は，「ある期間を通じて平均してゼロインフレということは，より短い期間にわたりインフレとデフレが生じることを示唆する．そうである場合，これらのリスク（筆者注：デフレのリスク及び金利がその下限であるゼロとなる可能性）は現実のものとなり，経済を不況から回復させる伝統的な金融政策の能力は大きく損なわれる」としている．ここにおいても，その時点ではデフレのリスクが適切に認識されていなかったことが指摘されている．こうしたデフレのリスクに対する十分な認識の欠如は，日本銀行だけでなく，他の政策当局者，メディアや一般国民にも共通していたと言える[11]．

---

10) 日本銀行（1998a）．同旨，日本銀行（1998b）．またこの趣旨は政策委員会・金融政策決定会合の公表文でも触れられている．例えば日本銀行（1998c）参照．
11) 2000年代初頭，「良いデフレ」と「悪いデフレ」を区別する議論が一定の注意を集めた．この議論の下では，技術進歩や構造改革等の要因が引き起こすデフレは経済に利益をもたらすとされる．当時の速水総裁は，2000年3月10日の記者会見で，技術進歩や流通革命による生産・流通費用の低下から生じる価格低下は，消費者に利益をもたらすものであると主張した（日本銀行 2000b）．この主張は良いデフレ論に分類されうる．内閣府（2001）pp. 43-49 は，良いデフレ論は問題があると主張している．第1に，かかる議論は特定の財の価格の変化（相対価格の変化）とデフレ（一般的物価水準の低下）をきちんと区別していない．第2に，一般的な物価水準の低下は，経済に害を与える．デフレ下では，債務の実質的な負担は増加し，投資を下押しする．もし名目金利や名目賃金が一般的物価水準と同程度に下落しないと実質金利や実質賃金は上昇し，投資や雇用を下押しする．元利返済額の実質的な価値が上昇する貸し手や，雇用や賃金が基本的に守られる既存の被用者にとっては有利であろうが，借り手やしわ寄せを受ける労働市場への新規参入者にとっては不利となる．経済全体で考えると，投資行動や若年層の雇用を阻害し，大きな害を生むと考えられる．ただし，メディアの中には「良いデフレ論」を選好するものもあった．例えば，2001年3月17日の毎日新聞は，「デフレ，価格下落を止めるな」と題する記事で，近年の価格下落は輸入浸透や規制緩和によるもので，従って望ましいものであると主張した．この記事は，2001年3月16日の月例経済報告で述べられたような，当時の物価の推移をデフレとする政府の解釈を批判したものである．この月例経済報告は，もしデフレが継続的な物価下落を意味すると定義されれば，日本経済は緩やかなデフレ下にあると記述したものである．

(c) コミュニケーション——ゼロに近い短期金利に対する日本銀行の居心地の悪さと構造改革への傾斜との関連で，日本銀行のコミュニケーション技術をどう評価すべきか

Ahearne *et al*.（2002）の3つ目のポイントは，日本銀行のコミュニケーションに関係する．

速水総裁はゼロ金利導入当初より，金融政策面でできることはすべてやっている，構造改革の進展が大事である[12]と構造改革への傾斜を示していたが，次第に家計の利子所得減少など，ゼロ金利政策の副作用に言及することが増えていった[13]．更に2000年に入るとゼロ金利は異常なものである[14]，非常事態に対する非常対策であり，なるべく早い時期に正常化すべきである[15]と解除に言及するようになり，それは2000年8月の解除まで続くことになる．山口泰副総裁（当時）も，「金融政策は必要な構造政策や構造調整を代替することは出来ないことを強調したい．日本銀行の思い切った金利引下げ

---

[12] 日本銀行（1999b）．また，1999年9月21日の定例記者会見では，日本銀行はゼロ金利政策のもとで金融市場に対して資金を十分潤沢に供給しており，そこにさらに追加的な資金を十分供給しても，もはや今以上の金融緩和効果は期待できない，と述べている（日本銀行 1999c）．

[13] 例えば，1999年8月17日定例記者会見では，速水総裁はゼロ金利政策について，4つの副作用として，家計の利子所得が減るという分配面の問題，構造調整が進展しなくなるという心配，市場参加者のモラルハザード，市場機能の低下を挙げている（日本銀行 1999b）．2000年2月15日の記者会見でも，同総裁はほぼ同趣旨の発言をしている（日本銀行 2000a）．2000年4月12日記者会見でも，速水総裁は，ゼロ金利は非常事態に対する非常対策であるとし，副作用として，分配の問題，モラルハザードが生じ構造改革が遅れる懸念，市場機能の縮小を挙げ，金利の正常化をなるべく早い時期にやるべきであるとしている（日本銀行 2000c）．

[14] 2000年3月10日総裁記者会見において，速水総裁は「ゼロ金利が異常なものであるというのは今までも何回も申してきた」と述べている（日本銀行 2000b）．

[15] 日本銀行（2000c）．2000年6月14日にも，速水総裁は記者会見で「非常事態に決めた緊急対策である．ゼロ金利といっても，上がったり下がったりするのが金利であるし——価格もそうであるし——，需給関係で決まるものであるから，そういうゼロ金利といったようなものをいつまでも続けていくべきものではないことは明らかであるし，私どもとしても，金融政策の自由度を復活していきたいという気持ちは常に持っている」と述べている（日本銀行 2000d）．2000年7月19日記者会見においても速水総裁は「金利というものが金融を調節するわけであるから，これがゼロであるということは，やはり，金融政策の自由度という言い方が良いかどうかは分からないが，金融のあり方としては非常に歪んだ状態であると言えると思う」と述べている（日本銀行 2000e）．

や果断な最後の貸手機能の発動により，デフレやパニック的な状況を回避することに成功したが，その分，金融機関が真剣なリストラ努力を行なうのを先延ばしする副作用が生じた可能性も否定できない」と述べた（山口 1999）.

しかし，日本銀行によるこうした見解の表明について，Ahearne *et al.* (2002) p. 15 は，「政策当局はゼロ金利からの脱却に熱心であるとの投資家の認識は明らかに長期金利の高止まりをもたらした」と指摘した.

この点についてはおそらく，問題はコミュニケーションというよりは政策思考自体にある．日本銀行は，名目金利に強く焦点を当てて金融政策を運営していたと言え，デフレのコストに対する十分な認識がない中，金融政策の手段は使い尽くされており（できるだけそれを早く回復するべきであり），経済の刺激のために日本銀行がすることは少ないと考えていたと見られる[16].

3.3 日本経済がデフレに陥った後の金融政策をどう評価すべきか──ゼロ金利政策後の金融政策の評価

既に見たように，日本経済は1998年頃より，長期的な，しかし緩やかなデフレに陥り，翌99年に政策金利はゼロに引き下げられた．本項における問いは，名目金利がゼロである状況下で金融政策に何ができるかにある（ゼロ金利下での金融政策の選択肢）.

3.3.1 金融政策の伝統的な波及経路

日本銀行の金融政策については，伝統的には，金融政策の効果は次の形でもたらされると期待される.

日本銀行による市場における債券等の購入→商業銀行が日本銀行に保有する当座預金残高（ベースマネーの一部）の増加→インターバンク市場におけ

---

16) しかし，この考え（金融政策の手段は尽くされた）は後年の量的緩和，更にはインフレ・ターゲットに向かった日本銀行の政策行動自体によって否定されていくことになる．ただし，それが長期の経済低迷の根本的な原因の除去に寄与したかどうかは別問題である.

る金利の低下→他の短期金利や証券利回りを含む中長期金利の低下→銀行貸付け金利の低下→企業や家計による投資・消費の増加

3.3.2 ゼロ金利下で提案された選択肢

短期金利がゼロに達すると，こうした伝統的なチャネルは機能を停止する．では日本銀行はどのような選択肢を有しているのであろうか．これまで様々な議論が行われてきたが，提案された選択肢には下記がある（相互に排除しあうものではない）[17]．

タイプＡの選択肢——長期（名目）金利の引下げ手段
（ａ）長期国債の購入

市場の需給条件に影響を与え，これらの国債の価格を引き上げ，利回り（金利）を引き下げる．

（ｂ）現在の緩和的金融政策を将来にわたって維持するとのコミット（「時間軸効果」）

長期金利は将来にわたる短期金利の動向に係る予想に依存する．従って，緩和的政策の将来にわたる継続期間に係る予想は長期金利に影響する．

（ｃ）他のよりリスキーな資産の購入

長期金利は，予想短期金利とリスク・プレミアムからなり，リスキーな資産の購入はリスク・プレミアムと長期金利を引き下げうる．

（ｄ）豊富なベースマネーの提供（ポートフォリオ・リバランシング効果）

日本銀行による市場での資産の購入と民間銀行が保有する当座預金への代金の支払い（ベースマネーの増加）は，民間部門におけるポートフォリオのリバランス（再配分）を引き起こす（ベースマネーの増加分は，株，不動産，信用を含む他の資産の獲得を通じて処分され，投資を促進する）．

---

17) 本文での分類は，基本的に，田中（2007）によっている．

タイプBの選択肢
―― 実質金利を引き下げるためにインフレ予想を引き上げる政策

(a) インフレ・ターゲット (Krugman 1998)

　中央銀行によるプラスのインフレ率を達成するとのコミットは，予想インフレ率の引上げに寄与し，実質金利を引き下げる．

(b) 物価水準ターゲット (Svensson 2003)

　もしターゲットとされた物価水準が達成されない場合には，一定の期間内でターゲットを達成するために必要となるインフレ率は大きくなる．

(c) 財政刺激と組み合わせられた国債の購入（ヘリコプター・マネー）

　これは需要を作り出すが，この政策はマネタイゼーションを伴う財政政策と言える．

タイプC ―― 他の目的のための手段
(a) 外国為替市場における介入による為替減価 (Bernanke 2000)

　これは輸出を促進する．

3.3.3　日本銀行エコノミストの見方

　当時の日本銀行のエコノミストは，こうした非伝統的な政策に対して極めて懐疑的であったと見られる．例えば Fujiki, Okina, and Shiratsuka (2001) は次のように述べている．

　「攻撃的なオペレーション[18]は，ハイリスク・ハイリターン政策とみなすべきである……重要な質問は長期金利のターム・プレミアムに何が起きるかである」．
　「ターム・プレミアムは，将来のインフレに関する不確実性に係るリスク・プレミアムと国債に係る信用リスクの双方を反映する可能性がある．

---

18)　長期国債の攻撃的な（売戻し契約のない）買切り購入を指す．

……国債の大量の買い切り購入が一般公衆により財政規律の喪失と見られる可能性がある……それは日本国債の一層の格下げを結果し，国債価格の形成が信用リスクの観点で大きく決定される事態につながりうる」．

「更に，断固たる国債の買い切り購入によりインフレ見通しに係る不確実性が上昇する場合には，インフレ・プレミアムもまた上がる」．

「日本銀行が大きなキャピタル・ロスを被り，将来に政府の予算に深刻な重荷を結果する……リスクがある」(Fujiki, Okina, and Shiratsuka 2001, pp. 111-112. 引用は筆者の訳による).

また，インフレ・ターゲティングの導入は，金融政策運営の柔軟性を阻害するとも指摘されている（翁・小田 2000）．

3.3.4 日本銀行による量的緩和政策の採用

1) 日本銀行による量的緩和の採用

こうした慎重な意見にもかかわらず，日本銀行は，2000年8月11日以降のゼロ金利の一時的な撤廃の後，2001年2月28日に政策金利の引下げを再開し，2001年3月19日には量的緩和政策（Quantitative Monetary Easing Policy: QEP）を採用した．

量的緩和政策は3つの顕著な特徴を有した．

(a) 政策目標が，オーバーナイト・コールレートから，（ベースマネー[19]の構成要素である）日銀の当座預金口座に民間銀行が預けている預金額となった．

(b) この政策は，CPIの前年比が安定的に0%以上となるまでは維持されることがコミットされた．

(c) 長期国債の買切り購入の増額が明確に示された．

---

19) ベースマネーは，日銀への預金と現金（流通している紙幣とコイン）とからなる．2001年2月の時点で，ベースマネーの額は68.4兆円で，紙幣が56.4兆円（87%），コインは4.2兆円（6.4%），日銀への預金は4.2兆円（6.5%）であった．

量的緩和は 2006 年 3 月 3 日に撤廃されるまで 5 年近く続いた.この間,日本銀行は,日銀当座預金の残高目標を 9 回引き上げ(4 兆円→30～35 兆円),長期国債の購入額も 4 回増額した(毎月 4000 億円→毎月 1.2 兆円).

こうした日銀の量的緩和政策は,新しい試みとして評価すべきものであるが,CPI の上方バイアス[20]を考慮すれば,デフレを克服するためには 0% の上昇では十分ではない,デフレ克服のタイムフレームが明確でないなど,慎重なコメントが表明されたことも事実である(安達 2013).

また,日銀幹部によりその後「時間軸政策」が強調されたことに示されるように(これは日銀が将来にわたる政策コミットがイールドカーブを平坦とし長期金利を低下させることを期待していることを示すと見られる),先述の分類に照らせば,日銀は依然としてタイプ A の金利の波及経路の中で考えていたといえよう[21].

3.3.5　日本銀行の量的緩和をどう評価するか

日本銀行の量的緩和の効果に係る実証分析を広範にサーベイした Ugai (2006) は,次のように結論している.サーベイは,量的緩和政策の維持へのコミットにより,ゼロ金利が将来にわたり継続するとの予想を育て,短期・中期レンジを中心に,イールドカーブを引き下げる明確な効果があったことを確認した.他方,ポートフォリオ・リバランス効果は,あるとしてもコミットによる効果に比べ,小さなものであったとしている.量的緩和の 1 年間の経験をレビューした白川(2002)は,リザーブマネーの増加は金融資産(長期国債,株,外国為替)の価格に明確な影響を与えず,またマネーサプライあるいは預金取扱金融機関の総資産の増加をもたらさなかったと述べている.量的緩和は,金融機関の資金調達に係る不確実性を回避することには寄与したかもしれないが,総需要や価格の引上げに与える影響は限られたものであったと考えられる.

---

20) CPI の算出に当たり各財に与えられるウェイトが,基準年の消費に占めるそれぞれの財のシェアで固定されることから,基準年以降に価格の上昇した財(通常消費に占めるウェイトは下落するであろう)に対し,現実よりも高いウェイトを与えてしまうために生じる.

21) 田中(2007)参照.

196　第4章　デフレと金融政策

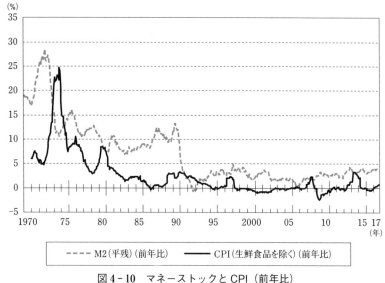

図 4-10　マネーストックと CPI（前年比）

注）CPI は生鮮食品を除く．
出所）総務省統計局，日本銀行．

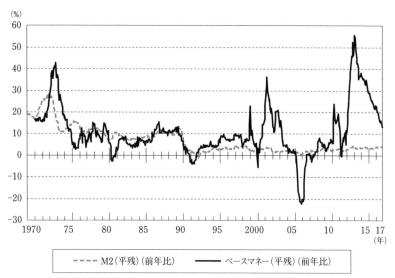

図 4-11　ベースマネーと M2（前年比）

出所）日本銀行．

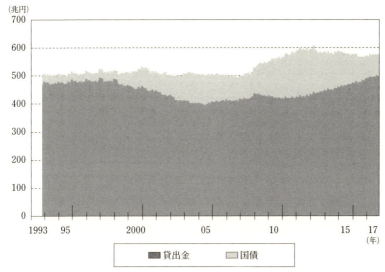

図4-12　国内銀行の保有する貸出金と国債

出所）日本銀行.

　ここでデータを見てみよう．まず図4-10は，マネーストック（M2）とCPI（生鮮食品を除く）の前年比がどのように推移してきたかを示している．CPIとM2の変化率は1990年代に入ってから低下しており，マネーストックとCPIが相互に関連している可能性を示唆する．しかし，図4-11は，日本銀行が大きな影響力を持つベースマネーの変化率は，M2の変化率と関連してはおらず，量的緩和の実効性に対する疑問を投げかけるものとなっている．

　銀行の保有する貸出金債権は1997年12月に493.0兆円のピークを打った後，2005年6月に395.5兆円で底打ちするまで減少した（図4-12）．その後貸出金は緩やかに回復を始めたが，アベノミクス開始前の2012年12月時点で433.8兆円と，1997年12月の水準よりも低いものとなっている．その間，銀行の国債保有額は1997年12月の31.1兆円から2012年12月の161.2兆円へと5倍に増加した．量的緩和政策の下で銀行貸付の低下は止まったものの，貸付の増加は緩やかなものにとどまったと言える（アベノミクス期については第6章で扱う）．

4. 本章における分析のまとめ

　デフレと金融政策に関し本章で学んだことを踏まえつつ，まとめてみよう．
　デフレの原因については，新興国からの安価な輸入の浸透，技術進歩，そして規制緩和等の供給サイドの要因は働いていたかもしれないが，これらの要因[22]だけでは何故日本経済がデフレと経済低迷の双方を経験したかを説明できない．前記の供給サイドの要因は生産をより効率的にし，経済にベネフィットをもたらし，通常所得を増加させる．しかしこれは，実際に起こったことと異なる．我々は，経済低迷とデフレが同時に生じる状況を説明しなくてはならない．
　デフレの原因に関するもう一つの議論は，金融セクターの問題が貸渋りを生み，投資を下押ししたとするものである．これは需要要因説の一つと言える．しかし，1990年代の大部分の期間では，金融機関の融資態度は緩和されたものであった．これは投資低迷が資金の供給不足によるものではなく，投資需要の不足によるものであることを示唆し，金融セクターの問題が需要不足を通じデフレを引き起こしたとの解釈は当たらないと考えられる．
　デフレの原因に関するもう一つの議論は，需要要因に関連するものである．第2章で見たように，バブル崩壊後の成長への最大の下押しは，民間投資の低迷からもたらされた．低迷の最初の10年にわたり非常に大きな規模で実施された，財政刺激策を通じた需要追加の十分さや引締めのタイミングに対する批判もあるが，より広範な議論が行われたのは金融政策運営の適切性についてである．本章での検討を通じて，低迷の最初の10年間における金融政策運営には，金融緩和の十分さと迅速さ，物価の安定の理解，コミュニケーションに関して，いくらか欠点があったかもしれないことが明らかとされた．従って，もしバブル崩壊後に異なった運営が行われていれば，金融政策は経済に対しより大きなサポートを提供し得た可能性はある．

---

22) これらの要因は，程度の差はあれ，他の先進国にも働いていたと考えられる．

4. 本章における分析のまとめ

しかし，もし1990年代初めに金融政策がより積極的でより迅速であったとしたら，我々は長期低迷を経験しなかったかどうかは明らかでない．これは，90年代の問題の根源を需要不足と見るか，供給力過剰と見るかに依存する．本書の主張は，1990年代の投資低迷（あるいは経済低迷）の根源には，企業部門の過剰（低収益）資産があったとするものである．この見方からすれば，根本的に必要であったことは，需要を高めることではなく，こうした過剰を処理することであり，そのためには金融緩和は時間を稼ぐ以上の大きな助けにはなりえなかったと考えられる．

金融政策の運営ミスがあるとすれば，不動産関連融資に対する総量規制とともに，極めて攻撃的な引締めが実行され，バブルをつぶし，経済をオーバーキルした1989～90年においてより顕著であると見られる．中央政府による促進策の下，企業と地方自治体により企てられた十分な需要を期待できない施設や不動産関連プロジェクトへの不採算投資は，失敗を運命づけられていたとも言え，意図的なバブル潰しは不必要であった．バブルのそれ以上の膨張の抑制・回避が，基本的に求められていたことであった．経済を安定的な成長路線に維持しつつ，バブルを（潰さず）抑制することは人間の能力を超えることかもしれない[23]．それでも効率性あるいはリスク管理の見地からではなく，公平の観点から，しかもそうした政策が経済にもたらす危険性への懸念や認識がほとんどないままに，バブルへの対応政策がとられたことは残念なことである．

第Ⅰ期が過ぎた後，日本経済は金融危機を迎え，それとともにデフレに陥った．ゼロ金利と量的緩和に乗り出した日本銀行の金融政策は，経済をデフレから脱却させることはできなかった．この段階において，経済は悪循環の罠にはまった可能性がある．デフレが継続する場合，デフレは企業の予想に組み込まれる．もし名目売上高（名目収益）の減少が予想されれば，賃金，利払い，元本返済等名目額が固定されている支出の実質負担はより重いもの

---

[23] 本章執筆時点（2019年3月）で，中国は企業部門の過剰設備・過剰負債という構造問題を抱える一方で，米中貿易摩擦等を背景とした経済の減速への対処を余儀なくされている．構造問題を悪化させずに経済を支えることは，本文に掲げたものに近い極めて困難な課題である．

となり,その結果,新たな投資や雇用は抑制され,投資需要や消費需要の低下がもたらされる.これは売上の一層の減少につながり,全てのプロセスが縮小サイクルに入り,デフレを抜け出しがたい現象とする.このプロセスは,おそらく,企業部門が抱えた過剰資産・負債等の重荷という根本問題に加え,日本経済に対する追加的な下押し要因として働いたと考えられる.

第5章 デフレと企業行動のメカニズム

1. 企業行動から見る長期低迷とデフレのメカニズム

　前章ではデフレの原因について，主に金融政策の適切性という観点から検討してきた．しかしながら，前章を含めたこれまでの検討により，企業部門の過剰が除去された後の経済低迷とデフレの継続を含め，バブル崩壊後の長期低迷とデフレの原因について，明確で説得的な説明が得られたとは言い難い．本書ではこれまで根本的な問題は，企業セクターにあったと主張してきた．このため本章においては，企業の財務諸表の分析を通じて，マクロ的な動きの背景にある企業の行動を分析することとしたい．既に見たように，長期低迷の下，特に金融危機以降，日本経済に根本的な変化，即ち，失業率の急激な上昇，正規雇用の急減と非正規雇用へのシフト，名目賃金の低下，企業部門の投資超過から貯蓄超過への転換，そして緩やかでありながら継続的な物価の下落（デフレ）が生じた．これらのほとんど全ての変化（雇用，賃金，価格付け，そして投資）は企業行動に関わっている．従ってこれらの現象，ひいてはデフレと長期低迷の原因を探るためには，企業に何が起こったのかを見ていく必要があると考えるからである．

　本章の分析は，その多くが法人企業統計調査（財務省）に基づく．この統計は，約3万6000社のサンプル調査に基づき，毎年，日本の全ての営利法人（約278万社）の，売上，賃金，利益，資産，負債，資本等のデータの推計値（即ち，母集団推計）を提供している．また同統計は，部門別及び資本金の規模で分類された企業規模別のデータも提供している．全てのデータは名目値である．我々は，損益，資産と負債，純資産の順で分析を行う．こうし

1.1　企業の損益

　全営利法人の売上げ及び賃金の状況を示す図 5-1 から，1990 年代初頭に日本の企業の総売上額が突然成長を停止し，その後 90 年代半ば頃から減少傾向となったことを見てとることができる．売上が成長を止めたことに伴い，賃金も 90 年代半ばまでには成長を止めたが，90 年代前半は緩やかながら増加を続け，その後も 90 年代末頃まで基本的に横ばいであった（減少はしなかった）ことが示されている．

　こうした売上と賃金の動きを反映し，1990 年代を通じ賃金／売上比率は上昇し，営業利益は低迷した（図 5-2）．その後，金融危機の勃発とともに，賃金／売上比率は低下を開始し，2007 年まで低下を続けた．さらにその後，世界金融危機後の売上の急落により賃金／売上比率は急上昇し，その後再度下落傾向となっている．低迷していた営業利益は 2000 年代に入ると上昇傾向となったが，世界金融危機で大きく低下し，その後再び上昇している．バブル崩壊以降の四半世紀を通して見ると，営業利益は 90 年代の急落後大きな振れを伴いつつも基本的には横ばい圏内の動きを続けてきたと言える（ただし，最近時は上昇傾向を示している可能性がある）．

　これに対し，経常利益（及び税引き後利益）は，1990 年代初頭からの利子配当収入や利払い等からなる営業外収支の改善を反映し，90 年代末からは上昇トレンドを回復し，大きな振幅を見せつつも増加傾向を示している（図 5-3）．

　しかし，バブル以前の時期と比べると，企業の行動は重要な点で変化している．図 5-4 は，経常利益の推移と賃金総額の前年からの変化額を示している．1980 年代までは，経常利益の増加は賃金の増加を伴っていたが，1990 年代半ば以降，経常利益の増加ははっきりとした賃金の増加につながっていない．

1. 企業行動から見る長期低迷とデフレのメカニズム 203

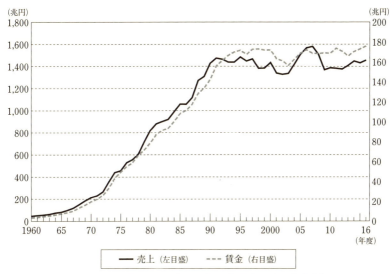

図5-1 企業の売上と賃金（金融保険業を除く全産業）

注）賃金＝従業員給与・賞与＋福利厚生費
出所）財務省「法人企業統計調査」．

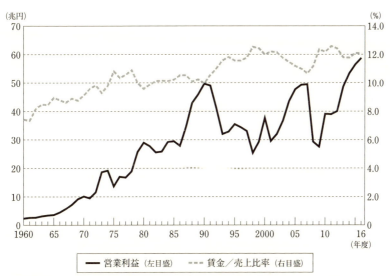

図5-2 賃金／売上比率及び営業利益（金融業，保険業を除く全産業）

出所）財務省「法人企業統計調査」．

204 第5章 デフレと企業行動のメカニズム

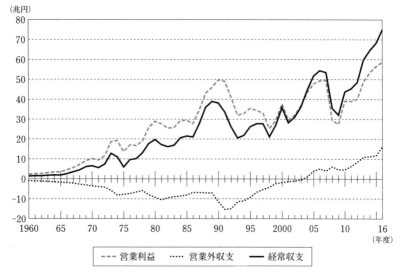

図 5-3 営業利益,営業外収支,経常利益(金融業,保険業を除く全産業)
出所)財務省「法人企業統計調査」.

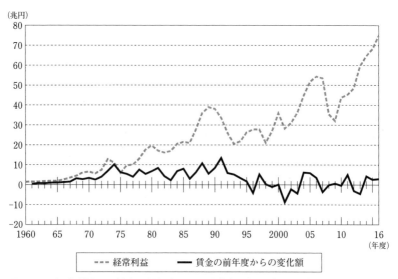

図 5-4 経常利益と,賃金の前年度からの変化額(金融業,保険業を除く全産業)
出所)財務省「法人企業統計調査」.

以上をまとめると，1990年代以降の全営利法人の損益の推移に関しては，次のようなことが言える．第1に，売上総額は，1990年代初めに成長を止め，1990年代半ば頃には減少を始めた．第2に，賃金総額は暫くの間増加したが，1990年代半ば前には横ばいとなった．第3に，賃金／売上比率は，1990年代に入ると大きく上昇した（2000年代に入ると低下したが，世界金融危機で大幅に上昇した）．第4に，営業利益は急激に低下し，1990年代を通じて低水準であった（2000年代に上昇するが，世界金融危機で大きく低下する）．第5に，経常利益は，1990年代末から営業外収支の改善を反映して上昇トレンドを回復した．第6に，しかし，経常利益の改善は賃金の増加につながらなくなっている（経常利益の改善と賃金は切り離された）．

1.2 企業の資産と負債

次に，企業のバランスシートを見ていこう．図5-5は企業の資産と負債の推移を示している．資産及び負債の両方について，1980年代後半及び1990年代を通じて，こぶがあることが見てとれる．即ち，資産と負債の双方が1980年代半ばから，それまでのトレンドを大きく超える速度で拡大を開始した．資産と負債の成長は1990年代に入ると減速し，1990年代半ば以降縮小を始め，2000年代前半にはこぶは消え調整が終了したと見られる．その後資産は2000年代半ば頃には成長を再開したが，負債は横ばいを続けている．

図5-6は，資産を固定資産と流動資産に分け，その動きを見たものである．資産規模の低成長（あるいは縮小）は，主として流動資産の縮小を反映しており，対照的に固定資産は，1990年代以降も直近年に至るまで低い伸び率であるが拡大を続けたことが見てとれる．

流動資産の内訳を見ると，前図で見た流動資産の縮小は，手形や売掛金，棚卸資産の動きに示されているように，事業活動の低迷を反映するものであることがわかる（図5-7）．なお，現預金は90年代に入ってから減少傾向となり，2000年代には横ばいとなっていたが，2008年の世界金融危機頃から増加傾向となっている．

206 第5章 デフレと企業行動のメカニズム

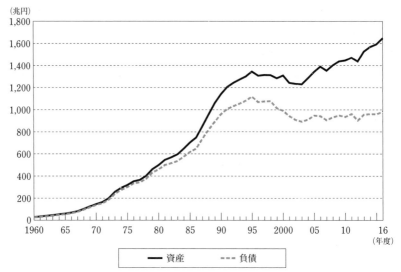

図5-5 企業の資産と負債（金融業，保険業を除く全産業）

出所）財務省「法人企業統計調査」．

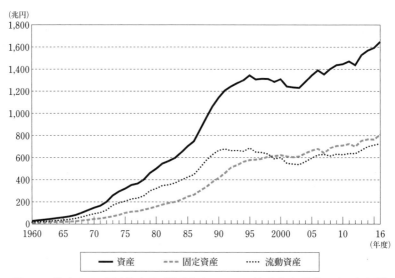

図5-6 資産とその固定資産及び流動資産への区分（金融業，保険業を除く全産業）

出所）財務省「法人企業統計調査」．

他方，先に見たように固定資産は，1990年代に入ってからも，それ以前と比べると低いペースであるが拡大を続けた．ただし，固定資産の主要な構成要素の動きを見ると，建物，機械等の有形固定資産（土地を除く）[1] は90年代半ば過ぎまで増加を続けたが，金融危機頃から減少を開始し，最近になってようやく横ばいとなっていること，その一方で，ほぼ同時期から投資有価証券[2]が，一貫して増加してきたことがわかる（図5-8）．

図5-9は，企業が保有する投資有価証券，その株式と公社債への内訳と，対外直接投資残高（期末レートで円換算）を対比させて，その推移を示している．投資有価証券の大部分は株式であること，2000年代半ば以降の株式保有拡大の相当な部分が，対外直接投資の増加によるものであると見られることがわかる[3]．

1990年代以降の全営利法人の資産の動きをまとめると，第1に，バブル崩壊後の流動性資産の縮小は事業活動の低迷を反映するものである．第2に，その一方で固定資産は増加を続けたが，金融危機頃から建物，機械等の有形固定資産は減少し，代わりに投資有価証券の増加がこれを補っている状況にある．第3に，2000年代半ば以降の投資有価証券の増加は，その相当な部分が対外FDIの拡大によるものである可能性がある．

次に負債サイドを見てみよう．負債は1960年代以降一貫して拡大し，特に80年代後半に拡大ペースを速めた．90年代に入ってからもペースを低下させつつ拡大を続けたが，90年代半ばから減少に転じ，2000年代前半からは横ばいとなった．内訳をみると，流動負債は1990年代に入るとほぼ横ばいとなり，1990年代半ば頃から下落を開始した．固定負債は1990年代後半に縮小を始めた（図5-10）．

流動負債の主要な構成項目の動きを見ると，1990年代に入ると支払手形

---

1) 有形固定資産（土地を除く）は，法人企業統計調査上の「建設仮勘定」と「その他の有形固定資産」の合計額．
2) 関係会社株式（売買目的保有株式及び親会社株式を除く）及び流動資産に属さない有価証券を指す．
3) 対外直接投資残高（期末レートで円換算）の投資有価証券に対する比率は，1990年代後半から2000年代初めまで30〜40％程度で推移してきたが，2010年代前半から急激な上昇を示し，2016年度には50％を超える水準にある．

208　第5章　デフレと企業行動のメカニズム

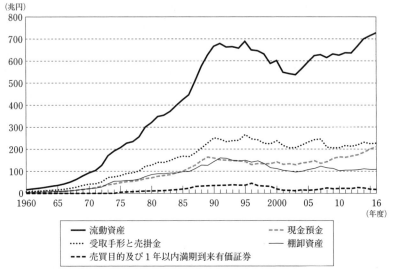

図5-7　流動資産とその構成要素（金融業，保険業を除く全産業）

出所）財務省「法人企業統計調査」．

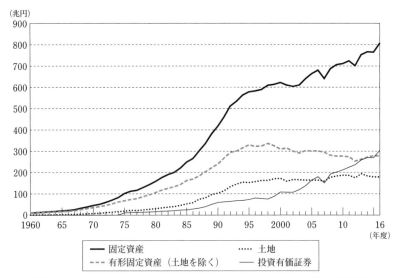

図5-8　固定資産及びその主要構成要素（金融業，保険業を除く全産業）

出所）財務省「法人企業統計調査」．

1. 企業行動から見る長期低迷とデフレのメカニズム　209

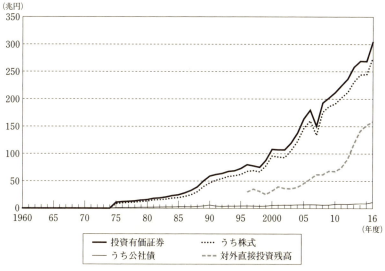

図5-9　投資有価証券と対外直接投資

注）本図では，対外直接投資の数値は，各「暦年」末の残高（ドル建て）を年末為替レートで円換算した上で，該当する「年度」に計上している．これに対し，投資有価証券の数値は年度末であり，両者には3か月のずれがある．
出所）財務省「法人企業統計調査」，ジェトロ．

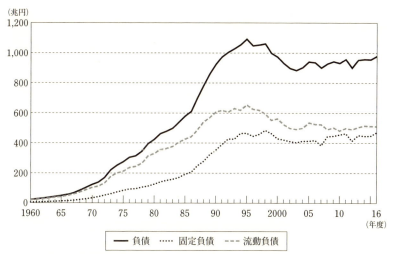

図5-10　負債とその流動負債と固定負債への区分（金融業，保険業を除く全産業）
出所）財務省「法人企業統計調査」．

210　第5章　デフレと企業行動のメカニズム

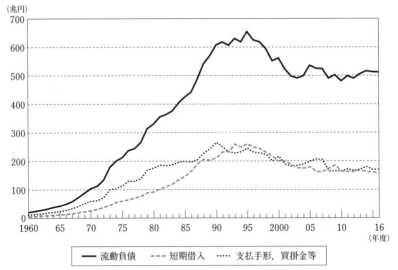

図 5-11　流動負債とその主要構成要素（金融業，保険業を除く全産業）

出所）財務省「法人企業統計調査」．

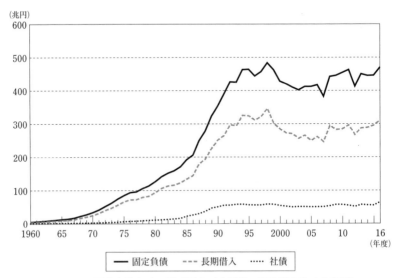

図 5-12　固定負債とその構成要素（金融業，保険業を除く全産業）

出所）財務省「法人企業統計調査」．

や買掛金が増加を止め横ばいとなり，その後減少傾向となるが，これは先の流動資産の動きに表れているように，事業活動の低迷を反映するものであると思われる．しかし流動資産のうち短期借入金（1年以内に期限の到来するもの）は，90年代半ばまで増加を続けている．これは経営環境の全般的な悪化に短期借入増で対応したということもあるであろうが，先に見た有形固定資産が90年代後半まで増加傾向を保ったことと関連していると思われる．即ち，80年代に構想された不動産開発など完成に年数を要する投資が90年代に入ってからも進行し，投資環境の悪化に伴い，資金調達の短期化が生じたことが考えられる（図5-11）．

固定負債について見ると，固定負債は1990年代半ば過ぎまでペースを落としつつも増加を続け，金融危機後に急激に低下している．その内訳を見ると，この間社債はほぼ横ばいであり，固定負債の動きは，ほぼ全て長期借入の動向を反映したものである（図5-12）．

以上の負債の動きをまとめると，1990年代に入ってからの負債拡大ペースの低下は，一面で経済の低迷を反映するものであるが，その一方で少なくとも90年代半ばまでは，借入金が短期・長期ともにペースを落としつつも拡大を続けたことが注目される．その後90年代半ばからの負債の減少は，借入の減少，特に金融危機後の長期借入の急減によるものである．金融危機を契機に，企業が借入の削減へと大きくその行動を変化させたことが示されている．

1.3 企業の純資産

最後に純資産の動向を見てみよう．純資産の動きも，1990年代初期と金融危機後という2段階で大きく変化している．即ち，純資産は70年代，80年代前半まで緩やかに増加し，80年代後半に増加ペースが速まったが，その後，90年代に入り緩やかなペースへと減速し，90年代半ばにはほぼ横ばいとなった．しかしながら金融危機後，純資産の増加ペースは突如として急激に加速した（図5-13）．その要因は主として利益の増加に支えられた利益剰余金の増加による．

212　第5章　デフレと企業行動のメカニズム

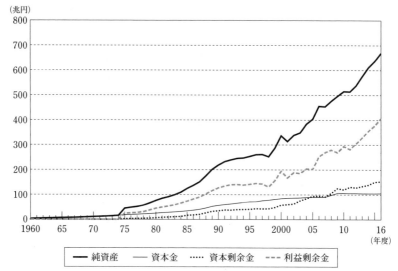

図5-13　純資産とその構成要素（金融業，保険業を除く全産業）

出所）財務省「法人企業統計調査」．

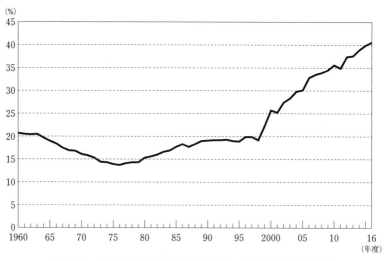

図5-14　企業の自己資本比率（金融業，保険業を除く全産業）

出所）財務省「法人企業統計調査」．

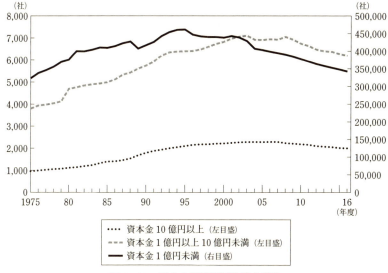

図 5-15 資本金規模別製造業企業数

出所) 財務省「法人企業統計調査」.

こうした純資産ポジション強化の動きは，自己資本比率の動きでも確認できる．自己資本比率は，1970年代半ば以降上昇トレンドにあったが，1980年代末以降ほぼ上昇を停止した．しかしながら，金融危機後同比率は急速な上昇を開始し，近年は過去最高水準に達している（図5-14）．

ここまで見てきた損益，資産，負債，純資産の動きから何が読みとれるであろうか．これらの財務指標の動きは，金融危機が企業行動を大きく変化させたことをうかがわせるものとなっている．金融危機後に企業経営における優先順位は大きく変化し，バランスシートの強化が他の目的に対する優先性を与えられたと見られる．その背景となったのは，金融環境の激変である第3章で金融危機の勃発とともに，最も借入に依存している中小企業を含め全ての企業規模を通じて金融機関の融資態度が急激に厳格化されたことを見た（前出図2-7参照）．大規模金融機関の破綻による先行き不透明感の上昇に加え，こうした外部資金調達環境の急激な悪化の中，企業は生き残りをかけて事業活動を根本的に見直すことを余儀なくされたと思われる[4]．図5-15は，製造業の資本金規模別企業数を示す．資本金規模1億円未満の小さな企

業の数は，1995年度をピークに減少傾向となっていたが，金融危機の発生後2000年代に入ると急激に減少し始めている．金融危機はこうしたより小さな製造業の企業に大きな打撃を与え，淘汰していったものと見られる．なお，資本金1億円以上10億円未満の中堅企業数は，2000年代まで増加を続け，その後横ばいとなっていたが，世界金融危機以降減少に転じている．資本金10億円以上の大企業の数は，やはり世界金融危機頃より緩やかな減少傾向にある．

1.4　企業の資産負債，純資産ポジションの変化とその解釈
　　──企業の防衛的姿勢の強化

　金融危機を含め，1980年代半ば以降の30年間にわたる環境変化の下，企業の資産負債構造及び純資産ポジションがどのように変化したかをもう一度まとめてみよう．

① 資産及び負債の規模は，1980年代半ばから，それに先行する時期のトレンドで示されるものよりもはるかに速いペースで拡大を始めた．
② 資産及び負債規模の成長は，1990年代に入ると減速し，その後1990年代半ばから2000年代初めまで減少した．
③ その後，資産は2000年代初めに成長を再開したが，負債は現在に至るまでほとんど成長を示していない．
④ 1990年代に入ってからの資産規模の低迷は，事業活動の低迷による流動資産の減少を反映する．
⑤ 固定資産は，1990年代に入ってからもペースは落ちたものの成長を続けた（現在も拡大している）．
⑥ しかし，固定資産の中では，有形固定資産（土地を除く）は金融危機後

4）　特に金融機関への依存度が高く，金融機関からの借入れが元本の返済ではなく利子の支払いのみを求められる自己資本的な資金として機能していた中小企業は，金融危機以降の貸渋り（あるいは貸しはがし）に直面し，純資産ポジションの強化など，自力での企業防衛に向かわざるを得なくなったと考えられる．

減少を開始し，これは近年に至るまで継続した．
⑦他方，金融危機後，有形固定資産（土地を除く）に代わり，投資有価証券が大きく増加し，これが有形固定資産（土地を除く）の減少を補い，固定資産，ひいては2000年代以降の資産全体の拡大を維持する原動力となっている．2008年の金融危機以降は，現金・預金の増加も資産の拡大を支えている．
⑧1990年代に入ってからの負債の低迷も，事業活動の低迷を反映している．他方で，少なくとも90年代半ばまでは短期・長期ともに借入金は拡大を続けた（これは有形固定資産（土地を除く）が90年代後半まで拡大傾向にあったことと対応している）．
⑨1990年代半ば頃からの負債の縮小は，短期及び長期借入の減少（金融危機後は特に後者）を反映している．
⑩純資産は1980年代後半に増加ペースが加速した後，1990年代に入ると減速し，1990年代半ば頃に増加はほぼ停止した．しかし金融危機後に純資産は，利益の増加に支えられた利益剰余金の増加を反映して，突然急速な増加を始めた．

こうした動きを，どのように解釈すべきであろうか．これまでの各章で学んだことを踏まえた本書の解釈は次の通りである．

問題は，1980年代半ばからの企業部門の資産規模の急速な拡大及び1990年代の初めのバブル崩壊後の売上の成長の突然の停止と，その後の減少とともに始まった．これは，企業部門が十分な売上あるいは需要を期待できない巨額の資産，即ち，過剰な（収益性の低い）資産を抱えたことを示す．これは，バブル崩壊後の日本経済の困難の根源にあったと考えられる．

こうした状況の下，企業部門は，当初次のような対応を講じた．第1に，企業は投資を抑制したが，過剰資産の迅速な処理は行わなかった．第2に，企業は基本的に既存の雇用を維持した（正規雇用は1990年代後半まで緩やかに増加した）．第3に，企業は賃金を抑制したが，企業部門の支払う賃金総額は暫くの間増加した（このため賃金／売上比率は90年代に大きく上昇した）．第4に，結果として営業利益は低迷し，企業は営業外収支（利払い等）の改善に

より経常利益の確保を図った（その結果，90年代末から経常利益は改善傾向となった）．しかしながら第5に，1980年代までのパターンと異なり，経常利益の改善は賃金の増加には結びつかなくなった（企業の業績と賃金上昇が切り離された）．

こうしたバブル崩壊から90年代後半の金融危機の勃発前までの企業の対応は，過剰資産・負債の迅速な処理を行わず，雇用を維持し暫くの間賃金の上昇も受け入れるという受動的なものにとどまっている．この低迷の第1ステージは，企業行動に着目すれば「受動的対応期」とも呼ぶべき時期であると思われる．

企業部門が，雇用確保を重視するいわば伝統的とも呼ぶべきアプローチをとり，過剰資産の処理に時間をかけている間に，過剰な（低収益）資産を保有するコストとリスクは不良債権という形で金融部門にシフトされ，1990年代後半に金融危機が発生した．危機に直面し，過剰資産問題への企業の対応は危機モードへと劇的に変化し，この変化とともに低迷は第2ステージに入った．

即ち，危機の勃発後，金融機関の融資態度は，バブル崩壊直後は融資態度の厳格化が比較的緩やかであった中小企業向けを含め，突然かつ急激にタイト化した．そうした資金調達環境の悪化に直面し，企業部門は強力に資本基盤の強化を開始したと見られる．金融危機後，純資産ポジションと自己資本比率は急激に上昇を開始した．純資産の強化は，主として利益の蓄積を通じて行われた．売上低迷が長期化する中，利益を確保するために企業に選択可能なオプションは，労働コストの削減，債務返済による利払いの削減，及び資産の売却であったと思われる．このため，企業は，名目賃金の抑制，正規雇用の削減と非正規雇用による代替を通じて，全面的な労働コスト削減に乗り出した．企業は，大規模な債務返済と資産売却を開始した．更に，企業は投資抑制姿勢を強め，建物，機械等の物的資産の規模の縮小を開始した．このような低迷の第2ステージにおける企業の対応が示すのは，雇用の維持と投資及び物的資産保有が優先されていたそれ以前の企業行動が，大幅に変化したことである．1990年代末から経常利益が増加傾向を回復したが，それにもかかわらず，企業は今やバランスシートの強化を最優先し，労働コスト

削減，投資抑制，そして物的資産の縮小を推進することとなった[5]．金融危機以降の低迷の第2ステージは，企業行動に着目すれば，「危機対応期」と呼ぶことができよう．

　こうした防衛的な行動，即ち，労働コスト抑制と物的資産への投資抑制（いわば「2つの抑制」）により，2000年代半ばまでにはバブル期に形成された過剰な資産・負債及び過剰な雇用は除去された（前出図5-5にあるように，資産規模は2000年代半ばまでに長期的トレンド・ラインに戻った）．しかしながら，2000年代半ば以降も企業の防衛的姿勢は基本的に継続し，長期化（永続化）した．低迷は，質を変え，第3ステージに入ったと言える．この時期は，企業の対応に着目すれば「防衛姿勢継続期」とも呼べるものである．こうした企業行動は，（賃金抑制を通じて）消費，更に（売上低迷を通じて）投資に下押し圧力をかけ，構造化された需要不足をもたらしたと見られる．

　経済低迷のメカニズムをこのように理解した場合，日本経済のもう一つの大きな問題であった物価水準の緩やかな下落（デフレ）は，どのように位置づけられるのであろうか．結論的には，これは長期にわたる企業の防衛的姿勢を背景とする，構造化された需要不足がもたらしたものと考えるべきではないかと思われる．即ち，金融危機以降の名目賃金の削減と正規職員の非正規化を通じた労働コストの削減は，一方でそれ自体が最大のコスト要因である賃金上昇を抑え，物価上昇圧力を弱めるが，それと同時に所得の低迷を通じ消費にマイナスの影響を与える．こうした消費への下押しと，長期にわたる投資の抑制という構造化された需要不足は，物価水準に対し根強い下落圧力として働いたと見られる．そうであるとすれば，デフレは日本が長期にわたり抱えた経済低迷の原因ではなく，経済低迷の結果，即ちバブルの崩壊，更に金融危機により深刻化した企業の防衛的な姿勢がもたらしたものである可能性が高いと言える．ただこの解釈においても，デフレ自体が，固定的なコストを生みがちな雇用と借入をディスカレッジするメカニズムを通じて経済に追加的な重荷を課し，低成長サイクルからの脱却をより困難とした可能性を否定するものではない．

---

[5] この時期に成長予想の下方修正が並行して進行し，過去のトレンドから算出される過剰の除去を超える物的資産の削減が開始された可能性がある．

2. 企業の防衛的な姿勢継続の背後にあるメカニズム

　前項では企業の財務諸表の分析から，1980年代後半以降の企業行動の変化を抽出し，20年以上にわたる長期低迷の時期を，企業の対応に着目して，90年代初めのバブル崩壊から90年代後半の金融危機の前までの「受動的対応期」（低迷の第1ステージ），金融危機以降2000年代半ばに過剰資産・負債の除去が完了するまでの「危機対応期」（低迷の第2ステージ），更に過剰が除去された2000年代半ば以降の「防衛姿勢継続期」（低迷の第3ステージ）の3つに区分した．

　本節では，バブル崩壊の負の遺産がようやく克服された後の時期（低迷の第3ステージ「防衛姿勢継続期」）においても投資・賃金の抑制が継続されてきたのは何故かという問題をとりあげる．結論的なことを先取りする形となるが，これについては2つの見方がありうる．一つは，こうした企業行動を非合理的なものと見る見方である．この見方の下では，バブル崩壊から過剰資産・負債の除去まで15年もの長い期間を費やし，その間長期にわたり低成長とデフレが継続したことにより，企業のマインドセット（習性化された考え方）が過度に防衛的なものへと変化したためであるとされる．この見方に従えば，企業のマインドセットを変えることが最も重要であるということとなる．もう一つの見方は，こうした企業行動は合理的なものであるとする．即ち，こうした投資・賃金の抑制的な行動はマインドセットによるものではなく，内外の経済環境下での企業の合理的な選択の結果であるというものである．本節では構造化したかのように見える企業の投資抑制と賃金抑制について，それが企業の非合理的な防衛的マインドセットの定着によるものなのか，あるいは合理的な根拠のあるものか見ていくこととしたい．まず投資抑制について扱い，次いで賃金抑制について扱う．

2.1 投資抑制のメカニズム

(a) 低迷の第1ステージ及び第2ステージにおける投資抑制のメカニズム

低迷の第3ステージにおける投資抑制について分析する前に，低迷の第1ステージ及び第2ステージの投資抑制のメカニズムを見てみよう．長期低迷の最も重要な背景は，1980年代以降のバブル期の過剰投資の結果として生じた企業部門の過剰資産（そして過剰債務）にある（前出図5-5参照）．

そしてもう一つのほぼ同じ重要性を持つ要因は，バブル崩壊後，企業の売上が突然成長を止めたことである（前出図5-1参照）．

売上増加の突然の停止により，建物，機械，設備等の物的資産規模は，売上規模に照らし過剰となったと考えられる．図5-16は，物的資産（土地を除く）の売上に対する比率（これは一種の総資産回転率の逆数である）の推移を示す[6]．この比率は，企業が1単位の売上に対しどれだけ物的資産を保有しているかを示す．この比率は，低下傾向にあったものの1970年代から1980年代初めにかけて底を打って上昇傾向となり，1990年代に入ると上昇傾向はより急なものとなったが，1990年代半ばから後半にかけて低下を始めた．

こうした動向を踏まえ，ここで過剰な供給力（ここでは，物的資産）の非常にラフな推計をしてみよう[7]．まず，企業は，望ましい物的資産／売上比率，即ち，1単位の予想売上についてどのくらいの物的資産を保有することを望むかについて，何らかの基準を有していると仮定する．財サービスを生産するためには，企業は通常物的資産を必要とするので，保有する物的資産と売上との間に一定のバランスを保つことを望むと考えることは現実的であ

---

[6] 総資産回転率は，通常，売上を総資産で除した値と定義される．上記では，総資産に代えて物的資産（土地を除く）が用いられている．

[7] 推計は次のようにして行われた．まず，1990年時点で，有形固定資産（土地を除く）の売上に対する比率は最適であり，過剰は存在しなかったと仮定する．次いで，その後の各年について，各年の売上に1990年の有形資産／売上比率（最適と仮定されている）を掛け合わせ，有形固定資産の最適規模を求める．最後に各年の有形資産額が，推計された最適な有形資産規模を上回る額を過剰資産額とみなした．

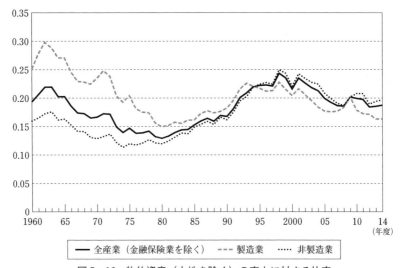

図 5-16 物的資産（土地を除く）の売上に対する比率

注）物的資産＝建設仮勘定＋その他の有形固定資産（土地を除く）
出所）財務省「法人企業統計調査」.

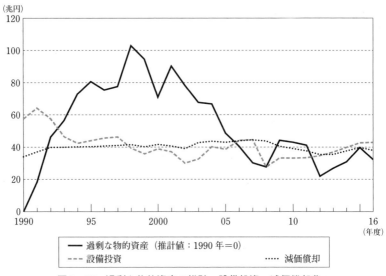

図 5-17 過剰な物的資産の推計，設備投資，減価償却費：
全産業（金融保険業を除く）

出所）財務省「法人企業統計調査」.

ろう．図5-16が示すように，この比率は時間とともに変化しており，企業がどのレベルの比率を適切と考えるか知ることは難しい．図5-17は，1990年時点の比率（0.16）が望ましい物的資産／売上比率であった（言い換えれば，1990年には過剰供給力がなかった）と仮定した上で，過剰な物的資産の推計値，即ち，各年の現実の売上高の下で企業が保有することを望む物的資産の額（売上高に0.16を掛け合わせた額）を基準に，それを超過する保有物的資産の額（過剰物的資産額の推計値）を示している．過剰物的資産（推計値）は1990年以降急速に増加し，1998年にピークを打ち，その後急落する．同じ図に設備投資額と減価償却費が示されている．同図は，過剰物的資産が増え，高水準を続ける間，設備投資水準は低下したこと，金融危機後，設備投資が減価償却費を下回ったこと，即ち，純投資はマイナスであったことを示している．設備投資は2000年代初めから増加を始め，過剰物的資産の推計値が大幅に低下した2000年代半ば頃には，減価償却費の水準に追いついている．

これは，ストック調整が何故バブル崩壊後に速やかに終了しなかったかを説明するものである．即ち1990年代に入ると，設備投資水準は低下したが，なお純投資はプラスであり，供給力は追加され続けた．その一方で，売上は横ばい，その後は低下傾向となり，結果として90年代後半まで過剰供給力は減少せずむしろ拡大した．売上低迷と供給力増大により生じたこうした過剰供給力の存在は，設備投資に対し継続的な下押し圧力をかけ，低迷の第1ステージの経済回復を弱いものとしたと考えられる．

金融危機以降（低迷の第2ステージ）には，企業の対応は大きく変化し，過剰な資産・負債の除去が急速に進展する．その過程で投資抑制は一層強まり，物的資産は減少を始める．低迷の第2ステージにおける投資抑制は，先延ばしされてきた過剰の除去を図るために行われた，不可避のプロセスであったと言える．

（b）低迷の第3ステージにおける投資抑制のメカニズム

企業の積極的な処理により，過剰資産は2000年代半ばまでには解消され，これを受け1990年代から2000年代初めまで低迷した実質民間設備投資

222　第5章　デフレと企業行動のメカニズム

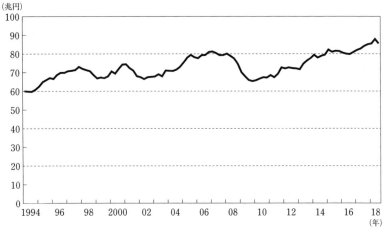

図5-18　実質民間設備投資

出所) 内閣府.

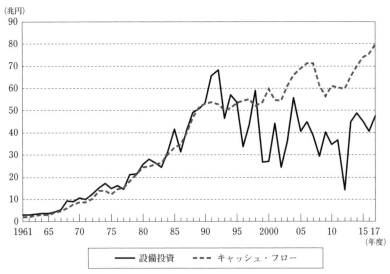

図5-19　キャッシュ・フローと設備投資

注) 民間設備投資＝建設仮勘定（前期末残高との差）＋その他の有形固定資産（同）＋ソフトウェアを除く無形固定資産（同）＋ソフトウェア（同）＋減価償却費
　　キャッシュ・フロー＝経常利益×(1/2)＋減価償却費
出所) 財務省「法人企業統計調査」.

は，2000年代前半から増加を開始した（その後，世界金融危機により急激に減少したが，後に増加傾向を回復した）（図5-18）．

過剰資産の処理が終了した後は，十数年にわたった企業の投資抑制の問題は解決したのであろうか．必ずしもそうとは言えない．図5-19はキャッシュ・フローと設備投資の推移を示す．1990年代の初めまで，30年以上にわたり設備投資の水準はキャッシュ・フローの水準とほぼ同じであったが，1990年代半ば以降設備投資／キャッシュ・フロー比率は大きく低下し，2000年代初頭に底を打ったものの，以後横ばいを続け，バブルの負の遺産がようやく解消された2000年代半ば以降でも，設備投資の水準はキャッシュ・フローよりも大幅に低い水準にとどまっている（前出図3-19参照）．キャッシュ・フローとの対比でみて，投資は十分に回復したとは言えない．何故企業は，キャッシュ・フロー比で投資を抑制するのであろうか．

その理由について，先に述べた2つの解釈に従えば，一方にバブルの崩壊，更に金融危機というショックを経て，企業はリスクテイクを強く抑制する過度に防衛的な姿勢を身につけ，それがバランスシートが正常化された後になっても流動性保有を優先させ，投資に対し抑制的な行動を生んでいるとの理解がある．もしそうした企業の防衛的なマインドセット（考え方の問題）が，継続的な投資抑制の根本的な原因であるということであれば，投資と成長を引き上げるためには，企業による適切なリスクテイクを強化するように，産業界に投資増加を促し，企業のガバナンス構造を強化することを含め，企業行動を促す政策的な後押しが必要かつ適切なものということになる．

しかし，こうした見方とは異なる2つ目の解釈の下では，2000年代半ばまでに過剰な資産・負債が除去された後も継続する投資抑制は，企業による合理的な選択の結果であり，国内投資への慎重さには十分な理由があるとされる．

既に見たように，1990年代後半以降，企業は有形固定資産（土地を除く）を削減し，投資有価証券を増加させ始めたが，企業が保有を増加させてきた投資有価証券のほとんどが株式であり，対外直接投資残高（期末レートで円換算）を投資有価証券と比較すると，前者は後者の30〜50％程度を説明す

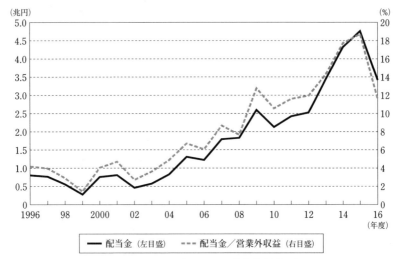

図 5-20　海外からの受取配当とそれが営業外収益に占めるシェア

注）配当金は，財務省「国際収支統計」の第1次所得収支中の「配当金・配分済支店収益」，営業外収益は，財務省「法人企業統計調査」（全産業（金融保険業を除く））による．
出所）財務省「法人企業統計調査」，国際収支統計．

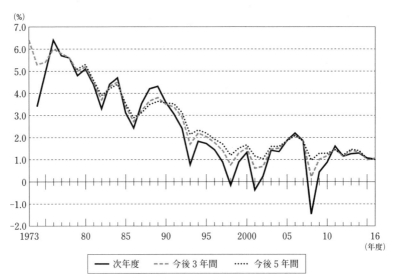

図 5-21　企業の予想実質成長率（全産業）

出所）内閣府「企業行動に関するアンケート調査」．

る．即ち，企業の投資有価証券保有の増加は，企業の積極的な対外直接投資を反映していると見られる（前出図5-9参照）．

図5-20は国際収支統計に記録された，対外直接投資に関し海外から受け取った配当の金額，及び当該海外からの受取配当が，企業（金融業，保険業を除く全産業）の営業外収益の額に占めるシェアを示している．このシェアは，1996年の4.2%から2014年の18.7%へと4.5倍に上昇した（ただし，直近年は受取配当の急減で大きく減少している）．

こうしたデータは，企業が国内投資に比べ海外投資に対し以前よりもより大きな重要性を付与し，金融危機以降，特に2000年代に入ってから，キャッシュ・フローをそうした形で配分してきていることをうかがわせるものである．仮にそうであるとすると，その理由は何であろうか．第1の理由としては，図5-21に示すように，バブル崩壊後，企業の予想する国内経済の成長率が大幅に下落し，その後も低い水準にとどまっていることが挙げられる．国内経済が低成長を続けることが予想されるのであれば，国内投資は抑制される[8]．

第2の理由としては，海外投資と国内投資の収益性の差が，企業を国内投資に対し慎重にさせていることが考えられる．図5-22によれば，2000年代に入って以降，海外子会社の経常利益／売上比率は，国内企業（金融業，保険業を除く全産業）のそれよりも大幅に高かった（ただし，近年は大きく下落している）．

図5-23に示す対外直接投資残高の国内有形固定資産（土地を除く）に対する比率は，1990年代末頃から一貫して上昇してきている．国内経済の成長予想が下押しされていること及び海外事業の相対的な高収益性を反映し，企業は特に2000年代半ば以降，合理的選択として海外投資を増加させ国内投資を抑制することにより，事業ベースを徐々に海外にシフトさせてきている

---

[8] 予想成長率の低下の原因として，人口減少あるいは人口減少予想があげられることがあるが，生産年齢人口が減少を始めたのが1990年代半ば，総人口の減少は2000年代後半からであり，人口減少の経済的な影響が広く意識されるようになったのは2010年頃からではないかと思われる．予想成長率の推移は，こうした人口動態に係る事実の推移と平仄がとれているようには見られない．人口動態と経済に関しては，本章の補論を参照．

226　第5章　デフレと企業行動のメカニズム

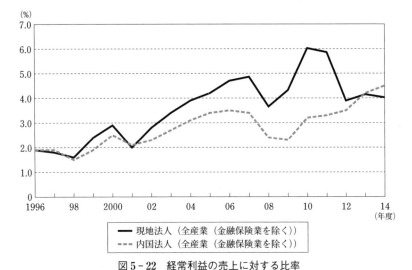

図 5-22　経常利益の売上に対する比率

出所）経済産業省「海外事業活動基本調査」，財務省「法人企業統計調査」．

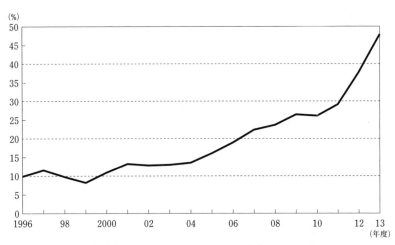

図 5-23　対外直接投資の国内設備投資（土地を除く）に占める比率
　　　　（金融業，保険業を除く全産業）

注）対外直接投資は，各年末のドル建て残高（全産業）を年末レートで円換算．国内設備投資（土地を除く）は，法人企業統計における各年度末の「その他の有形固定資産（土地を除く）」と「建設仮勘定」の対前年変化額（ともに全産業（金融保険業を除く））の合計額．
出所）財務省「法人企業統計調査」．

2. 企業の防衛的な姿勢継続の背後にあるメカニズム　227

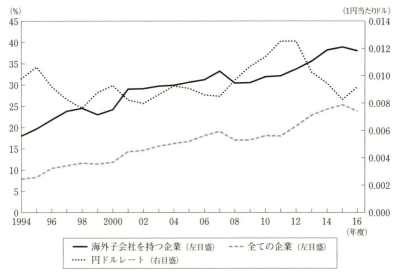

図 5-24　海外生産比率（製造業）
出所）経済産業省「海外事業活動基本調査」，IMF "IFS".

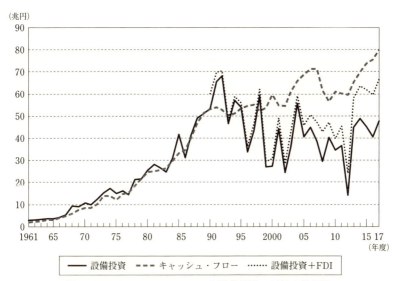

図 5-25　キャッシュ・フローと設備投資，対外直接投資
注）対外直接投資は，暦年値（ドル建て）を年間平均レートで円換算．
出所）財務省「法人企業統計調査」，JETRO「直接投資統計」，IMF "IFS".

可能性がある．図5-24によれば，製造業の海外生産比率（子会社の売上／（子会社の売上＋国内企業の売上））はほぼ一貫して上昇してきている．海外子会社を持つ製造業企業は，2016年度時点では，今や全生産の38%を海外で生産している．名目円レートが増価すると，数年遅れで海外生産比率が一層上昇する傾向もうかがわれる．

上記を踏まえると，企業は対外直接投資の重視を年々強めており，その結果として，国内投資とキャッシュ・フローに差が生じている可能性がある．これを見るために，図5-25では対外直接投資を国内投資に加えているが，これによると，ごく最近では合計額はキャッシュ・フローの水準に近くなっており[9]，企業はキャッシュ・フローをほぼフルに，しかし対外投資により大きな力点を置いて使用し始めていることが示されている．

ここまで見てきた投資抑制に関する検討を要約すると，次の通りである．

第1に，バブル崩壊以降20年余りに及ぶ投資の低迷については，1990年代初めから2000年代初めまでの低迷の第1及び第2ステージまでと，2000年代半ば以降の低迷の第3ステージにおける投資抑制の理由は異なると見られる．

第2に，低迷の第1及び第2ステージの投資抑制（あるいは削減）は，基本的には過剰資産・負債の残存によるものであると見られる．

第3に，低迷の第3ステージにおいては，バブルの負の遺産と金融危機のショックが2000年代半ばまでに克服され，企業のバランスシートは正常なものに復帰したが，キャッシュ・フロー比では国内投資は抑制されている．これはバブル崩壊，金融危機といったショックによりリスクテイクを抑制する姿勢が深く定着したためという可能性もあるが，国内経済の成長予想の低迷（これ自体が一面ではマインドセットの問題でありうる[10]）と海外事業の相対的高収益性から，国内投資に慎重になり海外事業により大きな力点を置き始めたためである可能性がある．こうした姿勢は，第3章補図3-A4に示される

---

9) 投資のキャッシュ・フローに対する比率は，2015～17年度の平均で国内投資だけであれば58.2%であるが，国内投資に対外直接投資を合算すれば82.0%に上る．

10) 前出図5-7にあるように，企業の保有する現預金は，2000年代後半以降，急激な上昇を示しており，リスクテイクを避ける企業の防衛的姿勢の強さをうかがわせるものとなっている．

ように,金融危機を契機とした国内経済の低成長予想の定着が重要な背景となっていると考えられる.

2.2 賃金抑制のメカニズム

次に,上記の投資の分析を勘案しつつ,賃金抑制のメカニズムを分析しよう.

(a) 賃金の動き

まず賃金の動きを見ると,ここ20年余りの間,賃金は抑制されてきたと言える(図5-26).1人当たり名目賃金(名目指数,2015=100)の対前年変化率は,1998年以降2018年までの21年間のうち,12年間前年比マイナスを記録した(対前年変化率の単純平均は,−0.5%).賃金水準を指数で見ると,1人当たり賃金(名目指数,年平均)は90年代以降のピークである1997年(114.8)から2018年(102.7)まで10.5%下落した.

これを実質ベースで見ると下落幅はやや大きく,1人当たり実質賃金(CPIで実質化されたもの,2015=100)は1990年代のピークである1996年の115.8から2018年の101.0へと−12.8%低下した(図5-27).

ただし,名目賃金の対前年変化率の単純平均は,1998~2012年の−0.9%から2013~18年の0.5%へと上昇している.また,実質賃金の対前年比の単純平均は,それぞれ−0.7%,−0.6%と大きな変化はないが,直近の3年間(2016~18年)だけで見ると0.3%とプラスであり,下げ止まりの兆しもある.

(b) 賃金抑制はどのように開始されたのか――低迷の第1ステージにおける企業の行動によりもたらされた問題

既に見たように賃金削減の動きは,1997~98年の金融危機後に顕在化した.それに先行する期間を見ると,バブルの崩壊後,企業(金融業,保険業を除く全産業)の総売上は突然成長を止め,2000年代初めまで減少傾向を辿ったが,先に見た通り,企業の支払い賃金総額は,1990年代前半は増加傾向

230　第5章　デフレと企業行動のメカニズム

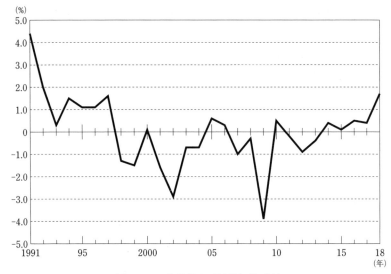

図5-26　名目賃金（対前年伸び率）

注）名目賃金は，1人当たり月間現金給与総額（5人以上事業所）．
出所）厚生労働省「毎月勤労統計調査」．

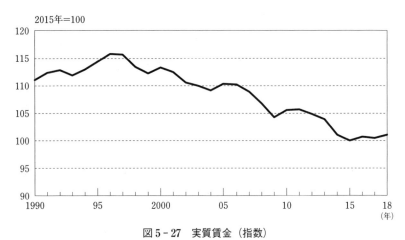

図5-27　実質賃金（指数）

注）実質賃金は，1人当たり月間実質現金給与総額（5人以上事業所）．
出所）厚生労働省「毎月勤労統計調査」．

を維持した（前出図5-1参照）．結果として，総賃金／総売上比率は，1990年代に入り大きく上昇し，営業利益は大きく減少し低迷した（前出図5-2参照）．

バブル崩壊後から金融危機の前までの企業の対応が受動的なものであったことは先に触れたが，この「受動的対応期」において，企業は基本的に雇用と賃金を維持し，結果として労働コストの上昇と営業利益の減少がもたらされた．

図5-28は，1990年代からの実質賃金と労働生産性の推移を示すが，1990年代を通じて（1990年比でみて）実質賃金の上昇が労働生産性の上昇を上回っていたことが示されている．こうした動きを反映して図5-29が示すように，国民所得に占める労働のシェア（労働分配率）は1990年代に急激に上昇した[11]．こうした実質賃金及び労働分配率の上昇は，企業のROAを引き下げることとなり，第3章の図3-2で見たように，ROAは90年代に入ってからも90年代末近くまで一貫して低下を続けた[12]．

このように，バブル崩壊後の初期調整期において企業は，先に述べた過剰な（低収益）資産の保有継続に加え，労働コストの増加を受容し，その結果ROAの一層の低下を蒙ることとなった．しかし，1990年代後半の金融危機の勃発により，事態は一変する．金融機関の融資姿勢は急激にタイト化した．資金調達環境の悪化の下，（既に説明したように）企業はその純資産ポジションの急速な強化を開始した．前述の「危機対応期」の開始である．売上増が望めない中，企業は債務の返済（利払いの削減），資産売却（未実現キャピタル・ゲインの実現）だけではなく，労働コストの削減を通じて利益を出し，純資産ポジションの強化を図ったと見られる．

金融危機後の労働コストの削減は，基本的に正規労働者の賃金の引下げ及び正規労働者数の削減と，その非正規労働者での代替を通じて行われた．第3章の図3-11で見たように，正規労働者数は，1997年から2005年までの8年間で479万人減少した（その後も減少気味であったが，最近は2014年を底に増

---

11) 労働分配率＝(実質GDPに占める労働所得)／(実質GDP)＝(時間当たり実質賃金(w))×(総労働時間(h))／(実質GDP(y))＝$w/(y/h)$. 従って，労働分配率の変化率＝時間当たり実質賃金変化率－労働生産性変化率となる．このため，図5-27で見たように，実質賃金の上昇が労働生産性の上昇を上回る場合，労働シェアは上昇する．
12) ROAの低下は，投資抑制をもたらしたもう一つの要因であった可能性がある．

232　第 5 章　デフレと企業行動のメカニズム

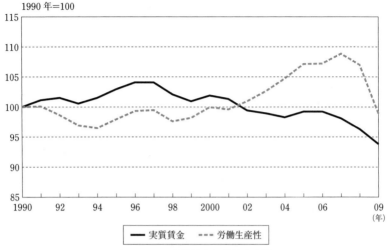

図 5-28　実質賃金と労働生産性

注）実質賃金は，毎月勤労統計調査における実質賃金．労働生産性は，実質 GDP を労働力調査における雇用者数で除して求めている．ともに 1990＝100 として指数化．
出所）厚生労働省「毎月勤労統計調査」，内閣府 GDP 統計，総務省「労働力調査」．

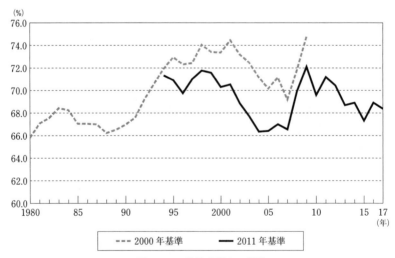

図 5-29　労働分配率の推移

注）労働分配率＝雇用者報酬／国民所得（要素価格表示）
出所）内閣府 GDP 統計（2000 年基準，2011 年基準）．

加傾向にある).また,同じく前出の図3-10で見たように,非正規労働者のシェアは,1990年の20.2%,1995年の20.9%から,2014年の37.9%へと急激に上昇した(その後やや低下している)[13].

図5-30は,名目賃金(現金給与総額)の推移を,一般労働者とパートタイム労働者について示したものである.一般労働者の名目賃金は,金融危機までは増加を続けていたが,金融危機以降一転して急速な減少に転じている.これに対し,パートタイム労働者の賃金は,ほぼ一貫して上昇傾向にある.企業による労働コスト削減は,正規労働者の人数削減と賃金の引下げ,非正規労働者による代替を通じて行われ,需要の高まった非正規労働者の賃金は,上昇傾向を辿ったと見られる.

非正規労働者の賃金の正規労働者の賃金に対する比率は,2000年代半ばの60%程度の水準から上昇基調にあるが,2015年時点で未だ63.9%にとどまっている(図5-31).正規労働者の削減,非正規労働者による代替は企業にとって短期的には大きな労働コスト削減効果がある[14].

名目賃金の引下げも正規労働者の非正規労働者による代替も,このように広範かつ大規模に行われたのは金融危機以降のことである.安定した雇用の提供を社会的使命と位置付けていた企業の行動は,危機を契機に一変した.

(c) 何故賃金抑制は今も続いているのか

前項で述べた賃金抑制メカニズムは,バブル崩壊後の労働コストや労働分配率の高騰による持続困難な状態が,労働コストの下方調整(過剰雇用の解消と賃金削減)により是正されれば,その後も継続する必然性はないと言え

---

13) 2003〜15年の期間で見ると,非正規労働者の活用拡大はほとんど全てのセクターで進行している(総務省「労働力調査詳細集計」).非正規比率は,飲食店・宿泊業,卸売・小売業,不動産業,医療福祉等サービス業で高く,また運輸業,飲食店・宿泊業等で非正規比率が大きく上昇している.同時に,製造業における雇用は減少する一方で,医療,福祉,飲食店,宿泊業等のセクターでの雇用が増えてきており,産業構造が内需型のサービス業にシフトしていることが示されている.雇用の増加しているセクターの中で,医療,福祉,卸売・小売業等のセクターにおける賃金は比較的低く,情報通信業の賃金水準は高い.また,鉄道,電気,ガス,水道等規制されたセクターにおける賃金も高くなっている(厚生労働省「賃金構造基本調査」).
14) 社会保障負担を含めると,企業にとって非正規に比べ正規雇用のコストは,更に高いものとなると考えられる.

234　第5章　デフレと企業行動のメカニズム

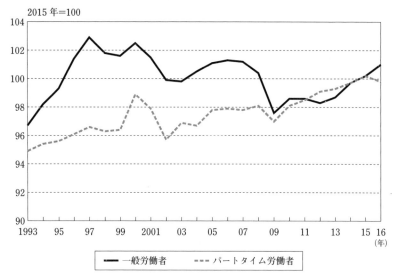

図5-30　一般労働者とパートタイム労働者の現金給与総額

出所）厚生労働省「毎月勤労統計調査」．

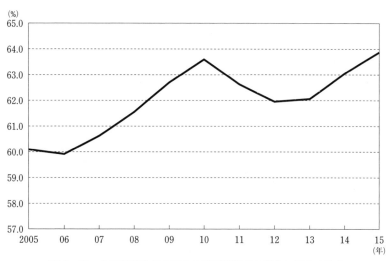

図5-31　非正規労働者の賃金の正規労働者の賃金に対する比率

出所）厚生労働省「賃金構造基本調査」．

る．しかし，現実は異なる．

　労働コスト抑制の結果，1990年代に国際的に高い水準にあった日本の労働分配率は，図5-32に示すように，2000年代半ばまでに大幅に下落した．その後，日本の労働分配率は世界金融危機によりいくらか上昇し，直近ではやや高いとは言え，ほぼ他の先進国と同様の水準にある．

　他方，付加価値に占める労働コストのシェアは，金融危機後急激に低下し，その後，世界金融危機後の付加価値の突然の縮小により，労働コストのシェアは高い水準に戻ったが，その後再度急激な低下を始め，2015年度以降は，世界金融危機前の最低水準を下回って更に低下を続けており，労働コスト抑制の基調には大きな変化は見られない（図5-33）．

　このように企業は，金融危機後にバブルの負の遺産（過剰資産・負債）を解決し，労働コストを大きく削減し，純資産ポジションを大きく改善させたにもかかわらず，その後も労働コスト抑制を継続している．労働市場は改善を続けているが，賃金上昇は弱い．2009年7月に5.5%という高水準を記録した失業率は，2014年には年平均で3.6%に低下し，更に2019年1月には2.5%という低い水準にある．しかし，労働者1人当たり名目賃金（毎月勤労統計調査における5人以上事業所における月間現金給与総額）の2013〜2018年の6年間の対前年上昇率の平均は，それ以前の時期と比べれば大きく改善しているものの，0.5%という低い水準である[15]．次章で示すように，ここ数年，非正規労働者の時間当たり賃金は，正規労働者の時間当たり賃金よりも高い伸びを示している．労働市場のタイト化は，正規労働者の賃金よりも非正規労働者の賃金により大きく反映されている．

　図5-34は，付加価値額の推移と，労働コスト対前年増加額，純資産対前年増加額及び支払配当額の，それぞれの付加価値額に対する比率の推移を示している．バブル崩壊後に付加価値額の増加が停止した後，特に金融危機後においては，各年の付加価値は過去のパターンと異なり，純資産ポジションの強化と配当支払いに配分され，付加価値は賃金の引上げには使用されなく

15）毎月勤労統計調査の従来の公表値で0.45%，再集計値で0.47%である．ただし，2018年の対前年上昇率は従来の公表値で1.7%，再集計値で1.4%と高い水準となっている．

236　第5章　デフレと企業行動のメカニズム

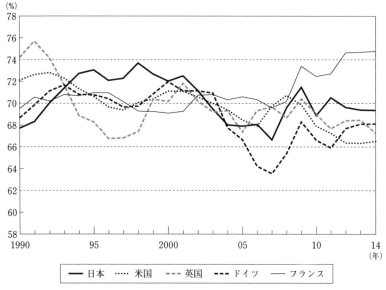

図 5-32　雇用者報酬／国民所得（要素価格表示）

注）国民純所得（要素価格表示）＝国民純所得（市場価格表示）－生産・輸入への税（マイナス補助金）．雇用者報酬は，賃金及び雇用主負担の社会保障費など（social contribution）により構成され，混合所得を含まない．
出所）OECD Stat. より 2016 年 5 月 28 日にダウンロード．

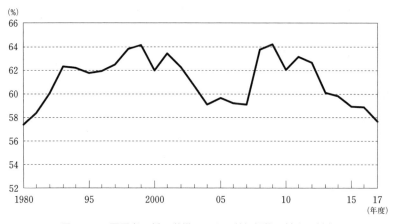

図 5-33　雇用者に係る労働コストの付加価値に対する割合

出所）財務省「法人企業統計調査」．

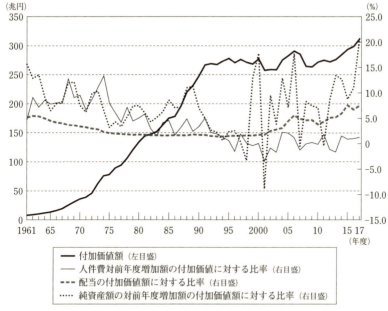

図 5-34　付加価値額と，付加価値額に対する労働コスト増加額，純資産増加額，支払配当額の比率

出所）財務省「法人企業統計調査」．

なったことが見てとれる．企業の付加価値の配分に係る優先順位が，金融危機を契機に大きく変化し，それが不可逆的なものとなった可能性がある．

2.3　対外要因はこうした労働コスト抑制に係る防衛的姿勢の継続に関わっているのか

このような永続化されたかに思える企業の労働コスト抑制姿勢は，何を理由とするのであろうか．構造化された過剰な防衛的姿勢（マインドセット）の結果なのであろうか．あるいは，合理的な根拠を持つものなのであろうか．投資抑制についてと同様に，対外要因の影響について見ていこう．

2.3.1　日本経済の低インフレ体質

図 5-35 は，先進 5 か国の 1990 年代以降の平均名目賃金（1990＝100）の推

第5章 デフレと企業行動のメカニズム

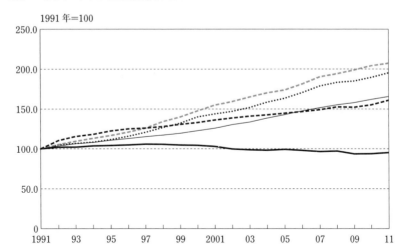

図5-35 平均年間名目賃金

出所) OECD Economic Outlook Database.

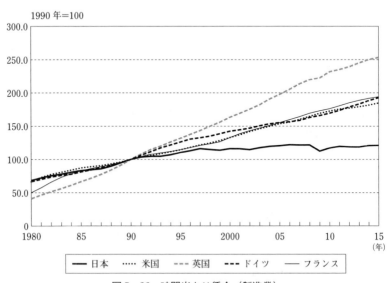

図5-36 時間当たり賃金（製造業）

出所) OECD.

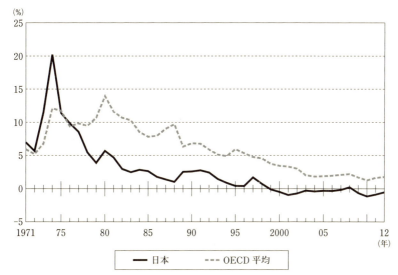

図5-37 日本とOECDにおけるCPI(食品とエネルギーを除く)の年間変化率
出所) OECD.

移を示す．先進国の中で，名目賃金が低迷し下落してきたのは，日本だけである．図5-36が示す時間当たり賃金（製造業）の伸びも，日本は他国に比べ著しく低い．これは過剰雇用への企業の対応の結果かもしれないが，賃金低下をもたらした他の要因の有無も検討を要する．

図5-37は，1970年以降のCPI（食品とエネルギーを除く）の年間変化率を，OECD平均及び日本について示したものである．日本のCPIの変化率は1970年代後半以降の平均で，OECD平均を4パーセンテージ・ポイント以上下回っている．つまりこの数十年間，日本経済は他の先進国に比べ著しく低いインフレ率を有し，しかもそのインフレ率はほぼ一貫して低下してきており，ゼロに近づきつつあった．

2.3.2 日本経済の低インフレ体質の背景
——価格抑制による国際競争

このような日本経済の低インフレ体質とも言える特徴は，何によるのであろうか．対外要因としては，円の増価（輸入価格を削減）と，新興市場国経済

からの低価格品の輸入の増加（輸入浸透）を反映するものでありうる．しかしそれに加え，輸出価格の動きが関わっている可能性がある．図5-38は輸出価格の水準（2015＝100）の変化を示すが，日本の輸出価格（円ベース，総平均，2015＝100）は1980年代以降，一貫して下落傾向にある[16]．

こうした輸出価格（円ベース）の持続的な下落は，技術進歩に加え，新興国経済からの競争圧力の上昇，及び継続的な円の増価の下で，輸出企業の価格付け行動が，輸出価格の抑制に力点を置いたものであったことを示唆する．我が国のリーディング産業である輸出産業の輸出価格抑制行動は，中間投入価格と賃金に下押し圧力をかけたと考えられる．

2000年代半ばまでに過剰な雇用が除去された後も労働コスト抑制が継続しているのは，コスト削減を通じて国際競争性の確保を図ってきたこれまでの企業の行動パターンの下で，賃金抑制と非正規化による労働コスト削減が，国際的な競争性維持の格好の手段を提供しているためである可能性がある．

ところが，こうしたコスト抑制による競争は，日本経済をより苦しい状況に置いていると見られる．製造業者の国内生産に係る交易条件（産出デフレーター／中間投入デフレーター）は，2000年代に入って以降悪化を続けており，これは利益をあげることをより困難としたと見られ，ひいては賃金に一層の下押し圧力をかけたと思われる（図5-39）．

こうした傾向は，特に電気機械産業に顕著であり，同産業の産出デフレーターは大きく低下している（図5-40）．こうした交易条件の動向は国際的な競争環境の下での企業行動の結果であると同時に，海外でより低コストの生産を図り，国内生産を縮小する企業行動を生み出す要因ともなっていると見られる．標準化され易い財の価格抑制による国際競争は，相対的に高賃金国である我が国にとって，有効な戦略ではなくなってきているのではないかと思われる．

輸出価格抑制努力にもかかわらず，世界輸出に占める日本のシェアは，1990年代以降大きく低下している．これは競争性の低下，あるいは対外直

---

[16] 伸び率で見ても，1976年1月〜2013年12月までの日本の輸出物価指数（円ベース，月別）の対前年比変化率の平均は，−1.2％とマイナスとなっている．

2. 企業の防衛的な姿勢継続の背後にあるメカニズム　241

図5-38　日本の輸出価格（円ベース，総平均）

出所）日本銀行．

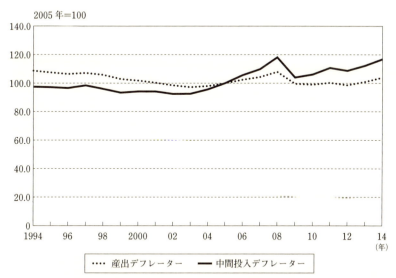

図5-39　交易条件の動向（産出デフレーターと中間投入デフレーター）：製造業

出所）内閣府 GDP 統計．

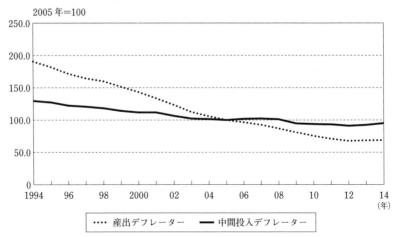

図 5-40　交易条件の動向（産出デフレーターと中間投入デフレーター）：電気機械
出所）内閣府 GDP 統計.

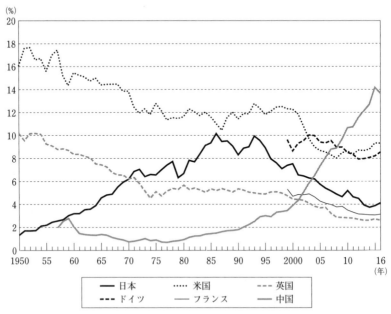

図 5-41　世界輸出に占める G5 諸国及び中国のシェア
出所）IMF, IFS.

接投資を通じた生産ベースの国外シフトの一方または双方を反映すると見られる．

ただし，他の工業国も，新興市場国，とりわけ中国の興隆を背景に世界輸出に占めるそのシェアを失っており，輸出シェア低下は我が国のみの現象ではない．我が国の輸出パフォーマンスの悪化は，中国経済の工業化の急速な進行によりもたらされている面がある（図5-41）．

2.4 賃金抑制・低金利と消費

次に，若干視点を変えて，賃金抑制がどのように消費に影響してきたかを見てみよう．名目賃金の削減，正規労働者の減少とその非正規労働者による代替の結果，雇用者報酬総額は1990年代後半以降，趨勢として下落してきた（図5-42）．最近は上昇しているとは言え，ピークである1997年度からボトムの2009年度にかけて雇用者報酬総額は27.4兆円（1997年度の雇用者報酬総額の9.9%）の減少となった．その後2010年度からは回復傾向にあり，2017年度までに24.5兆円増，ピークの1997年度比 −1.1% の水準まで戻した状況にある．

更に，雇用者報酬以外の家計の収入として金利収入を見てみよう．バブル崩壊後の低金利政策のために，家計の純受取り利子（受取り利子−支払い利子）は大幅に下落した（図5-43）．ピークである1994年度の14.1兆円からボトムとなった2013年度の1.2兆円まで，12.9兆円（91.4%）の下落である（2017年度も3.6兆円の水準にとどまる）．雇用者報酬と家計の純受取り利子の合算額は，1997年度のピークからボトムの2009年度までで31.3兆円，10.9%の下落となった．その後2017年度までに23.5兆円戻し，1997年度比 −2.7% の水準まで回復している（図5-44）．

次に，消費がどのように推移しているか見てみよう．平均消費性向（家計の最終消費支出の可処分所得に対する割合）は，90年代半ばの90%弱からほぼ一貫して上昇し，2000年代初めには95%を超え，2013年度には100.0%，すなわち可処分所得以上の消費を行う状況となった．2014年度以降は一転して平均消費性向は低下傾向となったが，2017年度に97.7%と依然として

244 第5章 デフレと企業行動のメカニズム

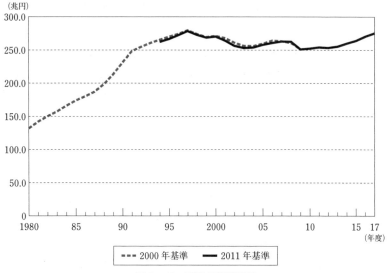

図 5-42 雇用者報酬総額

出所）内閣府 GDP 統計.

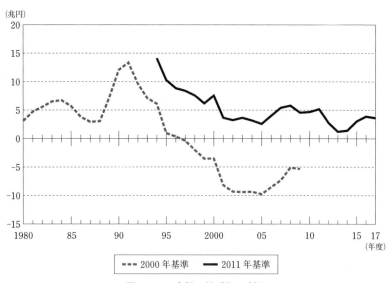

図 5-43 家計の純受取り利子

出所）内閣府 GDP 統計.

2. 企業の防衛的な姿勢継続の背後にあるメカニズム 245

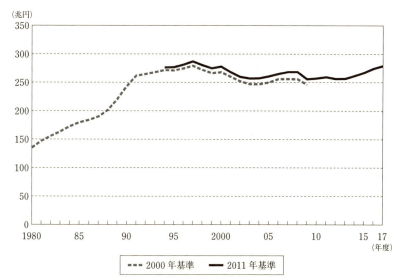

図 5-44 雇用者報酬と純受取り利子の合算額

出所) 内閣府 GDP 統計.

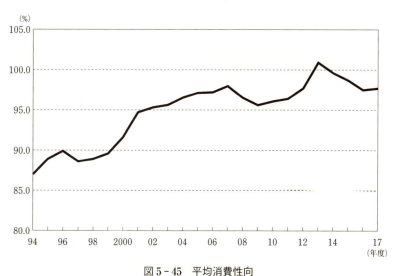

図 5-45 平均消費性向

注) 平均消費性向＝家計最終消費支出／可処分所得＝1－家計貯蓄率
出所) 内閣府 GDP 統計.

246　第5章　デフレと企業行動のメカニズム

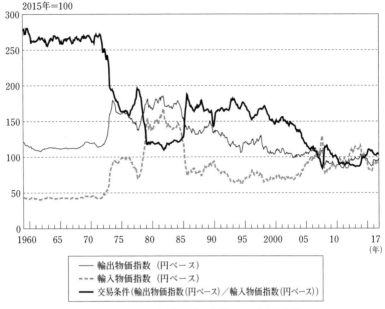

図 5-46　輸出価格，輸入価格，及び交易条件

出所）日本銀行．

非常に高い水準にある（図5-45）．

　その一方で，（同じことを裏から見ることになるが）先に第3章の図3-26で見たように，家計貯蓄率[17]は90年代半ばには10〜13%程度であったが，90年代末に10%を割って急低下し2013年度には −0.9% となった（その後若干回復したが，2017年で2.3%と低い水準にある）．

　このように雇用者報酬及び利子収入の減少・伸び悩みと平均消費性向の高止まりは，消費が増加する余地をなくしてきていることを示すと見られる．更に追加的な下押し要因として，交易条件の悪化が実質賃金の低下をもたらしていると見られる．図5-46にあるように，日本の輸出価格指数（円ベー

---

17)　家計貯蓄率＝家計貯蓄（家計可処分所得＋年金受給権の変動調整（受取）−家計最終消費支出）／（家計可処分所得＋年金受給権の変動調整（受取））．なお，家計貯蓄率は，60年代平均15.3%，70年代平均20.0%，80年代平均15.3%で，90年度には11.6%であった．

ス)は1980年代半ば以降下落傾向にあり,これと対照的に,日本の輸入価格指数(円ベース)は1980年代半ば以降安定的であったが,2000年代半ばから大幅に上昇した.輸出及び輸入価格のこうした動きを反映し,交易条件(輸出価格指数／輸入価格指数)は,1970年代の初めから趨勢としては悪化しており,80年代以降横ばい傾向であったが,1990年代後半よりかなり急速に悪化している.

交易条件の悪化は,実質賃金の定義を変形した次の式が示すように,実質賃金の低下をもたらす要因となりうる.

W/CPI (=実質賃金)$=(WL/Y)\times(y/L)\times(d/CPI)=$(労働シェア)$\times$(労働生産性)$\times$(GDPデフレーター／CPI)

※ここでは,$W=$1時間当たり名目賃金,CPI=消費者物価指数,$Y=$名目GDP,$y=$実質GDP,$L=$全労働者の総労働時間,$d=$GDPデフレーターである.

この式は,仮に労働シェアと労働生産性が不変であっても,GDPデフレーターがCPIよりも大きく下落する場合には,実質賃金が下落することを示している.交易条件(輸出価格／輸入価格)の悪化は,GDPデフレーター／CPI比率を下落させる.これは,輸入価格の上昇はCPIには反映されるが,GDPデフレーターには反映されないこと,輸出価格の下落は,CPIには反映されないが,GDPデフレーターには反映されることから理解することができる.GDPデフレーター／CPI比率の低下は,名目GDP(従って名目賃金)の伸びをCPIの伸び以下とし,実質賃金を低下させる.2000年代の実質賃金の低迷は,交易条件の悪化が影響した可能性がある.第2章で,2000年代以降,民間消費の成長寄与が低下してきていることを見たが,交易条件の悪化をも背景とした実質賃金の一貫した下落がその原因の一つとなっていると見られる.

3. デフレと長期低迷の原因に関する本章の要約

　本章は，企業全体の財務諸表の検討から読みとれる企業の行動から，長期低迷・デフレのメカニズムの解明を試みた．我々が見出したことは以下の通りである．

　1990年代初頭のバブル崩壊後，企業の売上は突然成長を止め，その後減少傾向となる．その一方で，賃金は90年代半ば頃に横ばいとなるまで暫くの間増加を続け，営業利益を下押しした．1990年代初めより営業外利益が改善を始め，これを反映し，営業外利益を含む経常利益は1990年代末に上昇トレンドを回復したが，1980年代までと異なり，経常利益の改善は賃金の増加には反映されなくなり，これは2000年代以降も基本的には維持されている．

　資産負債を見ると，企業は1980年代半ばからその資産と負債の規模を，趨勢をはるかに超えるペースで拡大させた．資産と負債の成長は1990年代に入ってから減速し，90年代半ば以降縮小を始めた．負債は2000年代に入って減少を止め，その後はほぼ横ばいとなったのに対し，資産は2000年代に増加傾向を回復する．しかし建物，機械等の物的資産は90年代後半以降，一貫して減少傾向を辿り，資産の増加は保有有価証券の増加（その全てではないが，相当な部分は対外直接投資により説明される）に支えられている．

　純資産の動きを見ると，1990年代後半の金融危機の頃から，企業は主として利益剰余金を通じて，純資産ポジションの急速な強化を開始した．

　これらの観察から，本書ではバブル崩壊以降の低迷期は，金融危機の前までの低迷の第1ステージ（企業行動の特徴に着目すると「受動的対応期」），金融危機後の低迷の第2ステージ（「危機対応期」），2000年代半ば以降の低迷の第3ステージ（「防衛姿勢継続期」）の3つの期に分かれると考え，それぞれの低迷のメカニズムを次のように分析した[18]．

---

18) 低迷の第1，第2，第3の各ステージのメカニズムのイメージ図を，補論に掲げているので参照されたい．

3. デフレと長期低迷の原因に関する本章の要約

　バブル崩壊後で金融危機の前までの低迷の第1ステージ（「受動的対応期」）においては，バブル期に行われた過剰投資に対する企業によるストック調整により投資抑制がもたらされたが，この時期には過剰資産の処理が進まず，低成長が長期化するにつれ，成長予想は下方修正され，それが望ましい資産水準を一層引き下げ，逆に言えば過剰資産を拡大し，結果として投資抑制は長期化した．またこの時期においては，売上が成長を止めたにもかかわらず，暫くの間賃金総額は増加を続け，その結果，労働コストが付加価値に占める比率は急激に上昇することとなった．過剰資産の処理，労働コストの抑制の両面でこの時期の企業の対応は受身的，受動的なものであったと言える．

　金融危機とともに始まる低迷の第2ステージ（企業行動に着目すれば「危機対応期」）では，危機の勃発と金融機関の融資姿勢の急激な厳格化に直面し，企業は，過剰資産・負債の整理を進めるとともに，労働コストを削減し，利益剰余金による財務の強化を強力に推進し，2000年代半ばまでには過剰な資産・負債及び過剰な雇用の除去が完了したと見られる．このプロセスの間，経済は低迷を続けることとなった．

　日本の長期低迷の特徴は，金融危機を契機に企業がバランスシートの強化や過剰雇用の整理を進め，2000年代半ばまでにバブルの後遺症である資産・負債・雇用の過剰を除去した後も，投資抑制・賃金抑制を行う防衛的な姿勢が継続し，低迷の第3ステージ（「防衛姿勢継続期」）に進んだところにある．そのメカニズムの解明を目指した本章の分析結果は次の通りである．

　投資抑制継続の背景の解釈には，2つの見方がありうる．一つの見方の下では，投資抑制は合理的なものではなく，長年にわたる低成長の中で定着した企業の防衛的なマインドセットがもたらしたと解釈される．他方，もう一つの見方の下では，投資抑制は合理的なもので，国内経済の低成長及び国内事業と海外事業の収益性の差を反映した合理的判断としての生産ベースの海外シフトの結果であるとされる．

　賃金については，低迷の第1ステージに労働分配率が空前の高水準に達した後，金融危機を契機に企業はそれまでの対応を一変させ，名目賃金の引下げと正規の非正規化による労働コストの削減を急激に進め，その結果，2000

年代半ばまでには過剰雇用は除去された．しかしながら，その後も賃金抑制は基本的に続くこととなった．これは，正規職員の名目賃金の抑制と，賃金の安い非正規による代替を通じた労働コスト抑制が，円高と国際競争下で長年とられてきた企業の価格付け行動（輸出価格の趨勢的な抑制）の下で，過剰雇用の除去後もコスト削減競争の有効な手段として企業により活用されているためである可能性がある．

こうした賃金抑制の消費への影響を見ると，賃金抑制と低金利政策下での家計の純受取り利子の減少の下，家計消費の可処分所得に対する比率（平均消費性向）は継続して上昇し，家計貯蓄率は一時マイナスに低下した（その後平均消費性向は低下傾向となっている）．更に，2000年代からの交易条件の悪化により実質所得は更に低下し，家計消費により大きな成長寄与を期待し難くなっている．

2000年代半ば以降，日本経済はバブルの後遺症と金融危機のショックを克服し，いわば正常な状況（平時）に戻ったと考えられるが，そうした状況下での企業の投資・賃金の抑制的な姿勢の継続は，名目賃金の低下及び構造化された内需不足とあいまって，デフレの継続をもたらしたと見られる．デフレ自体も，企業の持つ将来の売上予想を引き下げ，リスクテイクを避ける防衛的な行動（例えば投資に代えて現預金を保有すること）に報酬をもたらすことにより，経済への下押し効果を持ったと考えられる．また企業によるコスト削減による競争は賃金の抑制，ひいては消費の低迷をもたらし，それが今度は国内経済の低迷と成長予想の低下を生み，国内投資の抑制と一層のコスト削減競争をもたらすという悪循環が生じていた可能性がある．コスト抑制というミクロ的には合理的な行動がマクロ的には経済全体の低迷をもたらし，企業に対してもマイナスの影響を及ぼしてきたと見られる．

こうした企業の投資・賃金の抑制が，過度に防衛的なマインドセットに由来するものであったとしても，あるいは合理的な根拠のあるものであったとしても，日本経済に継続的な内需不足（他方で貿易依存度の上昇と対外脆弱性）と国内投資の抑制（及び結果としての潜在成長性の低下[19]）をもたらしていると

---

19) 特に物的資産への投資の長期にわたる抑制により，企業の供給能力が大きく抑制され，GDPの潜在成長率を引き下げた可能性がある．内閣府の推計した日本の潜在成長

見られる．構造的な内需不足と投資の抑制は，過剰の除去と金融危機の直接の衝撃を克服した後に，日本経済が抱えた2つの主要な問題と言えるのではないかと思われる．

こうしたいわば構造化され，一定の自己実現メカニズムを持つと見られる防衛的姿勢に支配される状況を踏まえると，何をすべきなのであろうか．我々は，次の章で，現在の政府の政策パッケージ（アベノミクス）を検討し，何が達成され，何がなされなくてはならないか評価する．

率は，1980年代の4.4%から，1990年代に1.9%に低下し，そして2000年代には0.7%に低下した．その後若干上昇し，2018年第3四半期には1.0%と推計されている．

補論

1. 低迷の3つのステージのメカニズム

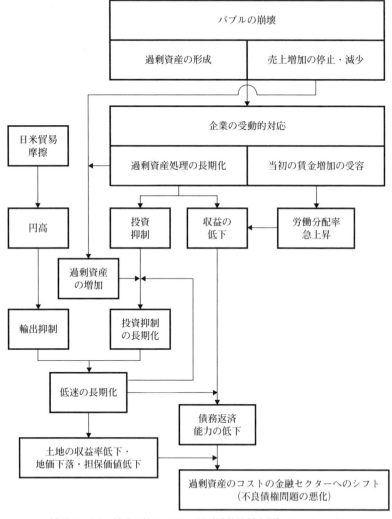

補図5-A1　低迷の第1ステージ（受動的対応期）のメカニズム
　　　　　（バブル崩壊から金融危機の前まで：1991〜97年）

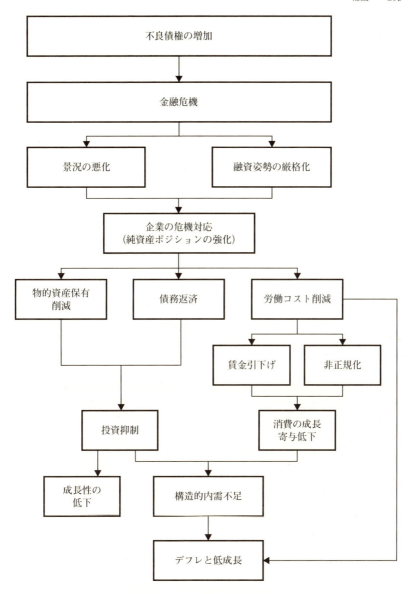

補図5-A2 低迷の第2ステージ（危機対応期）のメカニズム
（金融危機から過剰資産の解消まで：1998〜2000年代前半）

254　第5章　デフレと企業行動のメカニズム

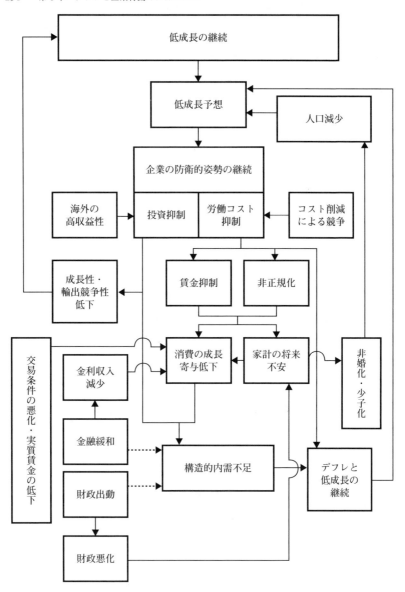

補図5-A3　低迷の第3ステージ（防衛姿勢継続期）のメカニズム
（過剰資産解消後現在まで：2000年代半ば〜現在）

注）点線で示した矢印は対応策を示す．

2. GDP ギャップ，名目賃金，CPI

補図 5-A4 に示すように，名目賃金（対前年比）は GDP ギャップ（潜在 GDP 比）に連動していると見られる．経済低迷の下での企業のコスト削減努力が賃金引下げをもたらした可能性が高い．

補図 5-A5 に示すように，名目賃金の動きと CPI の動きも連動していると見られる．経済低迷が名目賃金の引下げを生み，名目賃金の低下が CPI の低下につながった可能性がある．

3. 人口動態による解釈

低迷に関する一つの解釈として，人口動態を理由とするものがある．2010年に，藻谷浩介『デフレの正体——経済は「人口の波」で動く』という新書（藻谷 2010）がベストセラーとなった．藻谷の主張は，人口動態，特に 1996年に始まった生産年齢人口の絶対的な減少が国内需要を減らし，内需型産業の事業環境を困難にしたというものである[20]．

藻谷（2010）はデフレ（一般物価水準の下落）を分析したものではないが，その単純なメッセージ，即ち人口動態は経済動向に大きなインパクトを与えるという考えは，大きな影響力を持った．例えば，白川方明日本銀行総裁は，「少子高齢化という構造変化への対応が遅れたこと，さらには，同時に進行したグローバル化という大きな構造変化への対応が遅れていることが，低成長，ひいてはデフレの基本的な原因です」と述べている[21]（白川

---

20) 藻谷（2010）p.140 は，生産年齢人口の減少により内需型産業は恒常的に供給過剰となり，業績は改善しないとし，需要の量的な低迷の例として次のようなものを示している．
 - 国内での新車販売台数は 2000 年にピークとなり，その後基本的に減少．
 - 国内の書籍・雑誌の販売部数は 1997 年にピーク．
 - 国内貨物総輸送量（重量×距離）は 2000 年度にピーク．
 - 酒類の国内販売量は 2002 年度から減少を開始．
 - 1 人当たり水道使用量は 1997 年にピーク．

21) また，白川（2012a）は，「1990 年代の低成長の主因は未曽有のバブル崩壊に伴うデ

第5章 デフレと企業行動のメカニズム

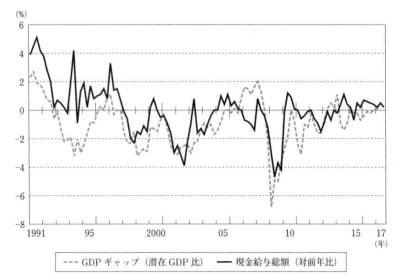

補図5-A4 名目賃金（対前年変化率）とGDPギャップ（潜在GDP比）

注）名目賃金は現金給与総額（5人以上事業所）．
出所）内閣府，厚生労働省「毎月勤労統計調査」．

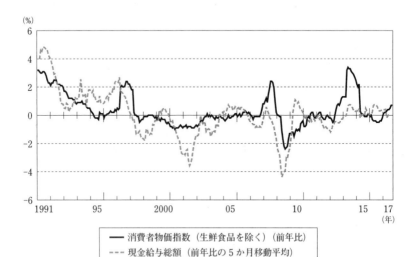

補図5-A5 名目賃金とCPI（ともに対前年変化率）

注）名目賃金は現金給与総額（5人以上事業所）．
出所）総務省統計局，厚生労働省「毎月勤労統計調査」．

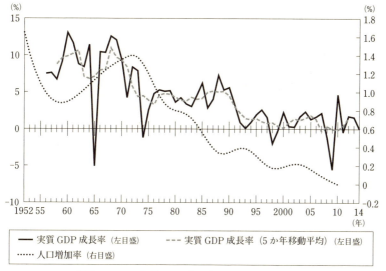

補図 5-A6　実質 GDP 成長率と人口増加率：日本

出所）IMF, OECD.

2012b).

　日本の実質 GDP 成長率と人口増加率の推移を示す補図 5-A6 を見てみよう．日本では GDP 成長率は一般的に人口動向に沿っているようにも見える．人口動態は我々の未来を決定するのであろうか．

　しかし，そうしたパターンは世界共通とは言えない．同様のしかしそれほど明瞭でないパターンは米国とフランスに見出される（補図 5-A7, 5-A8）が，英国やドイツではそうではない（補図 5-A9, 5-A10）．

　藻谷の議論，あるいは人口動態を 20 年にわたる長期低迷と結びつける議論に対する根本的な疑問は，人口動態的な変化は徐々にしか進行せず，従って例えば，補図 5-A11 の示す 1990 年代以降の名目 GDP の動きに示されるような突然の変化をもたらすことはできないということである．構造的な逆風は存在するかもしれないが，90 年代以降の長期低迷をそのプロセスを通じて説明するものではない．人口動態のような長期的・構造的な要因が長期

レバレッジ（過剰債務の調整）であった．これに対し 2000 年代以降の低成長の主因は急速な高齢化や人口減少である」（かっこ内は筆者による補足）と述べている．

258　第5章　デフレと企業行動のメカニズム

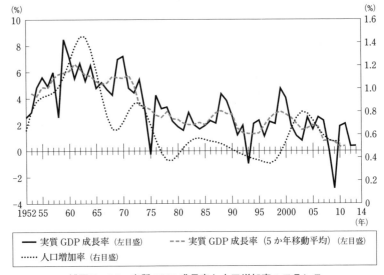

補図 5 - A7　実質 GDP 成長率と人口増加率：フランス

出所）IMF, OECD.

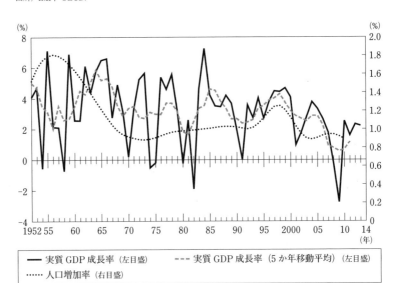

補図 5 - A8　実質 GDP 成長率と人口増加率：米国

出所）IMF, OECD.

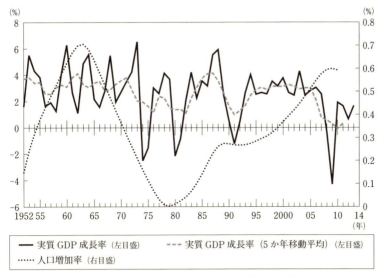

補図 5-A9　実質 GDP 成長率と人口増加率：英国

出所）IMF，OECD．

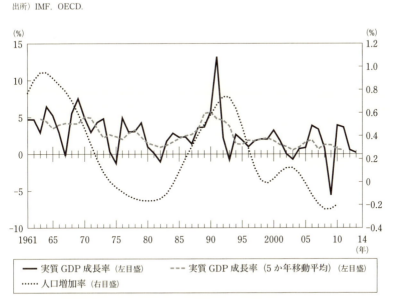

補図 5-A10　実質 GDP 成長率と人口増加率：ドイツ

出所）IMF，OECD．

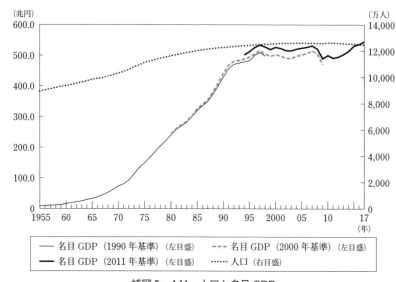

補図 5 - A11　人口と名目 GDP

出所）厚生労働省「人口動態統計」, 内閣府 GDP 統計.

低迷期や現在の状況にどのように関わっているかは検討を要する問題であるが，そうした要因で説明することが，バブルの崩壊とともに突然開始されその後永続化した低迷の基本的メカニズムの把握に寄与するとは思われない．

第6章 アベノミクスと日本経済の課題

　これまでの各章で見たように，バブル崩壊後の長期経済低迷とデフレの中で，日本経済の中心的経済主体である企業部門は非常に防衛的な姿勢を身に着けた．こうした防衛的な姿勢は，バブル崩壊後の過剰な低収益資産の圧力の下で1990年代初めに生まれ，1990年代後半の金融危機の衝撃の中で劇的に強化され，2000年代のみならず2010年代に入っても解消されず，長期化構造化された．こうした構造化された防衛的な姿勢は，それが過剰に防衛的なマインドセットによるものか，合理的な選択の結果であるかにかかわらず，一定の自己実現性を持つ．投資抑制は成長率を低下させ，一層の投資抑制を正当化させる．労働コストの抑制は消費を下押しし，結果としての売上と利益の低迷が一層の賃金抑制を正当化する．更に，投資と労働コストの抑制はデフレをもたらし，リスクテイクの回避に対して報酬がもたらされることとなる（現金保有がリターンを生む）．また，企業の防衛的姿勢がもたらす成長の脆弱さを補完することを目指す財政出動の恒常化は，財政を一層悪化させ，賃金の伸び悩みと雇用の安定性の低い非正規雇用の増大と相まって，家計の将来不安の増大をもたらし，家計の防衛的姿勢を強めている可能性がある．人口減少予想は企業，家計を問わず追加的な不安材料として機能している．こうした全てのプロセスを経て，日本経済は低成長予想と将来不安により支配される経済となったと見られる．

　2012年12月に自由民主党が政権に復帰し，自民党総裁である安倍晋三氏が二度目の首相の座に就いた．安倍首相は，包括的な経済政策パッケージを開始し，それはすぐに「アベノミクス」と称されるようになる．当初の市場の反応は非常に大きなものであった．

本章では，まずアベノミクスとは何か，次いでそれがもたらしたインパクトを見たうえで，日本経済の根源的な課題に対しどのような改善がもたらされたのか，何が重要な課題として残されているのかを見ていく．

1. アベノミクス

2012年11月14日，民主党の野田佳彦首相は，安倍自民党総裁との国会での討論の中で，2日後，即ち11月16日に衆議院を解散すると宣言した．12月16日に行われた総選挙で，自民党は480の総議席数中，解散前の119議席を294議席に伸ばす地滑り的勝利を収めた．片や，民主党は230議席から57議席へと，4分の3の議席を失う壊滅的敗北を喫した．

2012年12月26日，第2次安倍政権がスタートし，その初閣議で「基本方針」を採用，経済分野において次のように述べた．

> 「強い経済は，日本の国力の源泉である．強い経済の再生なくして，財政の再建も，日本の将来もない．……大胆な金融政策，機動的な財政策，民間投資を喚起する成長戦略の「三本の矢」で……長引くデフレ・円高から脱却し，雇用や所得の拡大を目指す」．

これがアベノミクスの開始宣言である．「三本の矢」の背景にある考えは次のように説明されている[1]．

> デフレマインドを一掃するためには，大胆な金融政策が不可欠である（大胆な金融政策）．同時に，政府が率先して需要を作り，湿った経済を発火させる必要がある（機動的な財政政策）．しかし，政府がいつまでも需要を作り続けることはできないため，企業や国民の将来への自信を回復し民間投資を喚起していかなくてはならない（成長戦略）．

---

1) 平成25年1月11日安倍内閣総理大臣記者会見等官邸ウェブサイト掲載のアベノミクス関連資料参照．

こうした考えに基づき，次のような措置がとられてきた．

(a) 第1の矢——大胆な金融政策（黒田バズーカ）
1) 当初のQQE

2013年3月20日，アジア開発銀行総裁であった黒田東彦氏が日本銀行総裁に就任した[2]．

同年4月4日，日本銀行は，次の内容からなる量的・質的金融緩和 (Quantitative and Qualitative Monetary Easing: QQE) を導入した．

- 2%の物価安定目標：日本銀行は，CPI（消費者物価指数）（生鮮食品を除く）の前年比上昇率で2%の物価安定目標を導入し，2年程度の期間を念頭にできるだけ早く実現することにコミットする[3]．
- 量的・質的金融緩和：これを達成するため，日本銀行は次のような措置からなるQQEを導入する．

  ①マネタリーベース管理：QQEの下では，金融市場調節の主たる操作目標は，無担保オーバーナイト・コールレートからマネタリーベースに変更された．日本銀行はマネタリーベースを2年間で2倍に増加させる．日本銀行は，マネタリーベースが年間約60～70兆円のペースで増加するように金融市場調節を行う．
  ②日本国債購入の増額とその残存期間の延長：イールドカーブ全体の金利低下を促すため，日本銀行は保有長期国債残高が年間約50兆円で増加するよう買入れを行う．買入れの平均残存期間を倍増する．
  ③ETF・J-REIT購入の増額：資産価格のリスク・プレミアムを低下さ

---

[2] 黒田総裁は，日本銀行職員に対する就任スピーチにおいて，日本銀行は，物価の安定という使命を果たしていない世界で唯一の中央銀行であると述べたと報じられた．また黒田総裁は，日本銀行の幹部との最初の会合で，「まず，君たちができると信じなくてはいけない」と述べたと報じられた．

[3] 日本銀行は，白川方明前総裁の下で，2013年1月に既に2%の物価安定目標を導入していた．違いは，黒田総裁の下での量的・質的金融緩和はその実現期限を設定したことである．

せる観点から，日本銀行は ETF 及び J-REIT を，保有残高がそれぞれ年間 1 兆円，300 億円増加するペースで買入れを行う．

④QQE は，2% の物価安定目標を実現し，それを安定的に持続するために必要な時点まで継続する．

2) QQE の拡充

2014 年 10 月 31 日，日本銀行は，マネタリーベースの増額ペースの 60〜70 兆円から 80 兆円への引上げを含む QQE の拡充を行った．

3) 補完措置の導入

2015 年 12 月 28 日，長期国債買入れの平均残存期間の延長（2015 年中 7〜10 年程度→2016 年より 7〜12 年程度）等，QQE の補完措置を導入した．

4) マイナス金利の導入

2016 年 1 月 29 日，日本銀行は，金融機関が保有する日銀当座預金残高の増加額の一部に 0.1% のマイナス金利を付することとした（マイナス金利付き QQE，2016 年 2 月 16 日実施）[4]．

5) 長短金利操作付き QQE の導入

2016 年 9 月 21 日，日本銀行は，QQE 導入以降の政策につき総括的検証を実施，その結果を踏まえ，それまでの政策を大きく変更し，「長短金利操作付き QQE」の導入を決定した．これは，操作目標を従来のマネタリーベース増加額から，短期金利（日銀当座預金残高の一部に −0.1% のマイナス金利適用）及び長期金利（10 年物国債金利を概ね現状程度（ゼロ % 程度）で推移させ

---

[4] 日本銀行は，三層構造を採用し，(1) 日銀当座預金の 2015 年中の平均残高（所要準備額を控除）には従来通りプラス 0.1% の金利を適用，(2) 所要準備額と日本銀行による特定の融資残高の合算額には 0% の金利を適用，(3) 日銀当座預金残高中，(1) 及び (2) の合算額を超える部分については，マイナス 0.1% の金利を適用することとした．日本銀行の推計では，本制度のスタート時点で，(1) は約 210 兆円，(2) は約 40 兆円．もし 2 月に日銀当座預金残高が 260 兆円に増加したとすると，マイナス金利の適用対象は 10 兆円になるとされている．

る)の管理に変更したものである(イールドカーブ・コントロール)[5].

6) 2%物価安定目標達成時期に係る見通しの削除

2018年4月27日,日本銀行は,同日の金融政策決定会合に提出した「経済・物価情勢の展望」(展望レポート2018年4月)から,2013年4月4日のQQE開始以来維持してきた2%物価安定目標の達成時期に係る見通しを削除した[6].

(b) 第2の矢——機動的な財政政策

1) 景気刺激策の採用

アベノミクス開始以降の6年間を見ると,当初予算の規模は,アベノミクス前の2012年度90.3兆円から2018年度97.7兆円へと7.4兆円,8.2%の増加となっている.ただし,対前年度の伸び率は,2013年度,2014年度はそれぞれ2.5%,3.5%であったが,その後は1%未満の伸びに抑制されている.他方,これまで6年間の間に4度にわたり景気刺激策が講じられた.その概要は次の通りである[7].

- 2013年1月11日,政府は,「日本経済再生に向けた緊急経済対策」を決定した.国の財政支出は10.3兆円程度に上り,実質GDP押し上げ効果は概ね2%程度とされた.東日本大震災からの復興を含む公共事業

---

[5] この新しい政策フレームワークの下では,2%の物価安定目標の達成時期については「できるだけ早期に実現する」とされている.

[6] 展望レポートにおける達成時期の見通しは,QQE導入当初は2013～15年度の3年間の見通し期間の後半にかけて達成される可能性が高いとしていたが,達成時期はその後6回にわたり延期されていた.長短金利コントロール政策を導入した2016年9月21日の金融政策決定文では,2%の「物価安定の目標」をできるだけ早期に実現するとされ,展望レポート(2016年10月)では2018年度頃とされており,2018年1月の展望レポートでは2019年度頃とされていた.なお,金融政策決定会合の決定事項の声明の中で2%物価安定目標の達成期限が言及されたのは,当初のQQEが導入された2013年4月4日の声明においてのみである.

[7] 補正予算を含めた決算ベースで見ると,2012年度の97.1兆円から2013年度100.0兆円(3.2%増)と伸びた後は若干減額傾向となっており,2016年度には97.5兆円(2012年度比0.5%増),2017年度98.1兆円(同1.1%増)と小さな伸びとなっている.

等即効性と需要創出効果に焦点が置かれた．

- 2013年12月5日，政府は，「好循環実現のための経済対策」を決定した．国費は5.5兆円程度，実質GDPの押し上げ効果は概ね1%程度とされた．
- 2014年12月27日，政府は，「地方への好循環拡大に向けた緊急経済対策」を決定した．追加的国費は3.5兆円程度，実質GDP押し上げ効果は約0.7%程度とされた．
- 2016年8月2日，政府は，「未来への投資を実現する経済対策」を決定した．国費は13.5兆円程度，実質GDP押し上げ効果は概ね1.3%程度とされた．

2) 消費税率引上げ及び財政健全化の扱い

2013年1月22日，内閣府・財務省・日本銀行は「デフレ脱却と持続的な経済成長の実現のための政府・日本銀行の政策連携について（共同声明）」を公表し，政府と日本銀行との連携の強化を図ったが，その中において「財政運営に対する信認を確保する観点から，持続可能な財政構造を確立するための取組を着実に推進する」と明記した．その後，2013年6月14日には，「経済財政運営と改革の基本方針――脱デフレ・経済再生」（いわゆる「骨太2013」）を閣議決定し，「国・地方のプライマリーバランス[8]について，2015年度までに2010年度に比べ赤字の対GDP比の半減，2020年度までに黒字化，その後の債務残高の対GDP比の安定的な引下げを目指す」との目標を掲げた．国・地方のプライマリーバランス（基礎的財政収支（Primary Balance: PB）（対GDP比））は2015年度に -3.0% となり，2010年度の水準（-6.6%）からの対GDP比赤字半減目標が達成された．

更に，2013年9月にサンクト・ペテルブルグで開催されたG20サミットで採択された「サンクトペテルブルグ行動計画」に，日本は上記財政健全化

---

[8] プライマリーバランスとは，国債発行等による収入を除く税収等の歳入と過去に発行した国債等に対する元利払いの費用を除く歳出との収支を指し，その年に必要とされる政策的経費を，その年の税収等で賄えていることを示す指標．これがバランスしていても，過去に発行した国債等の利払い分は借入残高が増加する．

目標を明記した．2013年10月1日には，政府は消費税率を予定通り2014年4月1日からそれまでの5%から8%に引き上げることを決定した．これは税率の17年ぶりの引上げである．同時に政府は，税率引上げ前の駆け込み需要の反動減による経済の下押しリスクに対処するため，経済対策を編成することを決定した（「好循環実現のための経済対策」）．2014年4月1日，消費税率は5%から8%に引き上げられた．

その後，消費税引上げ前の駆け込み需要の反動減もあり，2014年第2，第3四半期と2期連続マイナス成長となった後，2014年11月，安倍首相は，2015年10月に予定されていた消費税率の8%から10%への引上げを2017年4月まで18か月延期すること，アベノミクスについて国民の判断を求めるため衆議院を解散することを表明した．

2015年6月30日に閣議決定された「経済財政運営と改革の基本方針2015について」においては，「2020年度PB黒字化を実現することとし，そのため，PB赤字の対GDP比を縮小していく．また，債務残高の対GDP比を中長期的に着実に引き下げていく」との従前の目標が維持された．しかしながら2016年6月1日，安倍首相は，消費税率の8%から10%への引上げを2017年4月1日から2019年10月1日へと2年半再延期することを表明した．更に2017年9月25日，安倍首相は，消費税率の8%から10%への2%の引上げによる5兆円強の税収について，従来5分の1だけを社会保障の充実に使い，残りの5分の4である4兆円余りは借金の返済に使うこととなっていたのを変更し，幼児教育の無償化など全世代型社会保障に転換するために使用すること，これにより2020年度のプライマリー・バランス黒字化目標の達成は困難となること，これまでの方針を変更することになることから，国民に信を問うため衆議院を解散することを表明した．2017年10月22日に行われた選挙では，自由民主党は全465議席の過半数を大きく超える284議席を得て圧勝した．

その後2018年6月15日に閣議決定された「経済財政運営と改革の基本方針2018」において，「2025年度の国・地方を合わせたPB黒字化を目指す」「同時に債務残高対GDP比の安定的な引下げを目指す」との新たな財政健全化目標が設定された．またその進捗状況を確認するため，2021年度中間

表6-1 成長促進に関する主な措置

年	月	内容
2013年	6月	政府は,「日本再興戦略 ― JAPAN is BACK」を決定し, 低迷の20年の後の「復活の10年」に向け, 中長期的に2%以上の労働生産性の向上, 今後10年間の平均で名目で3%程度, 実質で2%程度の成長の実現を目指すとした (以後, 2016年まで毎年6月に改定*).
	9月	政府は,「経済の好循環実現に向けた政労使会議」を設立し, 関係閣僚, 経済界・労働界の代表者等の参加の下, 賃金上昇, 下請けによるコスト上昇の価格転嫁等につき共通認識の醸成を図ることとした.
2014年	2月	金融庁は, 機関投資家に, 議決権の行使と行使結果の公表について明確な指針を持つこと等を, comply or explainベースで要請するスチュワードシップ・コードを策定した.
	6月	会社法が改正され (施行は2015年5月), 上場会社等はcomply or explainベースで社外取締役の選任を促されることとなった.
	10月	年金積立金管理運用独立行政法人 (GPIF) (世界最大の年金基金) は, 基本ポートフォリオ政策を見直し, 国内債券60%→35%, 国内株式12%→25%, 外国債券11%→15%, 外国株式12%→25%と変更した.
2015年	6月	東京証券取引所は, コーポレート・ガバナンス・コードを策定・実施に移した (上場規則を改正し, comply or explainベースで複数の独立取締役の選任を要請).
	9月	安倍首相は,「新三本の矢」を提唱し,「強い経済 (2020年のGDP 600兆円)」,「子育て支援 (希望出生率1.8目標)」,「社会保障 (介護離職ゼロ)」を掲げ, 更に50年後も人口1億人を維持することを政策目標として提示した.
	10月	TPP大筋合意.
		政府は,「未来投資に向けた官民対話」を設置した (首相, 関係閣僚, 経団連会長等産業界の参加の下, 2015年10月から2016年4月まで5回にわたり開催し, 民間投資拡大のための課題について議論).
	11月	「総合的なTPP関連政策大綱」決定.
	12月	「税制改正の大綱」閣議決定 (法人税の実効税率を平成28年度に20%台 (29.97%) に引下げ).
2016年	6月	「ニッポン一億総活躍プラン」決定 (働き方改革 (同一労働同一賃金, 長時間労働是正, 高齢者就業促進), 子育て・介護の環境整備等を採り上げ).
	9月	「働き方改革実現会議」(実現会議) 設置 (首相, 関係閣僚, 産業界・労働界代表, 有識者の参加の下, 働き方改革実行計画の策定等につき審議).

2017年	3月	実現会議,「働き方改革実行計画」決定(政府による「同一労働同一賃金ガイドライン」策定,罰則付き時間外労働上限規制導入等を盛込み).
	7月	EU 経済連携協定大枠合意.
	11月	TTP11 大筋合意.

注)*同戦略は 2014 年 6 月に改定されたが,その中には次の改革が含まれた.
- 数年で法人実効税率を 20% 台に引き下げることを目指すこと(法人実効税率は 2016 年 4 月から 30% 未満に引き下げられた).
- 年金積立金管理運用独立行政法人「GPIF」(世界最大の年金基金)の基本ポートフォリオを見直すこと(本表に記した通り,2014 年 10 月 31 日,基本ポートフォリオ政策は変更され,リスク資産のシェアが高められた).
- コーポレート・ガバナンスを強化すること(本表に記した通り,2015 年 5 月 1 日に施行された会社法改正により,上場会社等は社外取締役を置かない場合,その理由を説明しなくてはならないとされた).
- その他,農業,医療,エネルギー等のハードコア分野の規制緩和,医療,雇用,教育,都市再開発,農業,歴史的建築物の活用等の分野で一層の規制改革を行う国家戦略特区の強化等.

表に挙げたものの他に,政府は下記のような措置を通じて,経済の改革と強化の努力を続けている.
「規制改革実施計画」の採択(2014 年 6 月,2015 年 6 月,2016 年 6 月,2017 年 6 月)
「産業競争力強化に関する実行計画」の採択(2013 年 2 月,2016 年 2 月)
「外国企業の日本への誘致に向けた 5 つの約束」の決定(2015 年 3 月)

指標(PB 赤字の対 GDP 比 1.5% 程度.債務残高同 180% 台前半.財政収支赤字同 3% 以下)が設けられた.

(c) 第 3 の矢──成長戦略

成長促進に関してはこれまでに多くの措置が講じられているが,主要なものは表 6-1 の通りである.

2. アベノミクス下での外国為替市場,株式市場の反応

2.1 当初の劇的な反応とその後の変化

2012 年終わりから 2013 年にかけての,当初の株式市場・外国為替市場の反応は劇的であった.日経平均株価指数は,2012 年 11 月 14 日(野田首相が衆議院の解散を明言した日)から 2013 年末までの間に 88.0% 上昇した.また,円レートも 2012 年末以降急激に減価し,対ドルレートは 2012 年 11 月

表6-2 アベノミクス下での株価・為替レートの動きについての5つの時期

期間	出来事	為替レートの変化	株価の変化
2012年11月〜2013年5月（6か月）[劇的変化期]	・衆議院解散（2012.11） ・QQE導入（2013.4）	−19.2% (80.9円→ 101.0円)	45.8% (9446円→ 1万3775円)
2013年5月〜2014年10月（17か月）[減速期]	・原油価格急落（2014年8月頃以降）	−8.5% (101.0円→ 108.0円)	19.2% (1万3775円→ 1万6414円)
2014年10月〜2015年12月（14か月）[再加速期]	・QQE拡大（2014.10）	−11.3% (108.0円→ 121.8円)	16.0% (1万6414円→ 1万9034円)
2015年12月〜2016年9月（9か月）[逆流期]	・補完措置（2015.12） ・原油価格再急落（2015年末以降） ・マイナス金利導入決定（2016.1）	19.4% (121.8円→ 102.0円)	−13.6% (1万9034円→ 1万6450円)
2016年9月〜2018年12月（27か月）[安定期]	・長短金利コントロール導入（2016.9） ・トランプ大統領当選（2016.11）	−9.3% (102.0円→ 112.4円)	17.3% (1万6450円→ 2万0015円)

注）為替レートは，東京市場17時現在，月中平均．株価は，日経225月末値．
出所）日本銀行，Yahoo Finance.

14日の79.91円から，2013年5月末の100.63円へと20.6%下落した．しかし，その後の推移は当初のような一方的な劇的なものではなく，上昇と停滞が織り交ざったものとなっている．

やや荒いものであるが，アベノミクス下での株式市場，外国為替市場の動きを時期区分すると，表6-2のように，①劇的変化期，②減速期，③再加速期，④逆流期，⑤安定期の5つに分けることができる．

この表6-2を図6-1を見つつ説明すると，衆議院解散表明が行われた2012年11月から翌2013年5月までの半年ほどで為替レート（月中平均）は

図6-1 アベノミクス下の株式市場・外国為替市場の動きの時期区分
出所）日本銀行，Yahoo Finance. https://stocks.finance.yahoo.co.jp/stocks/history/?code=998407.O（2019年1月24日閲覧）より作成．

19.2％減価，株価（月末値）は45.8％上昇という劇的変化を示した．その後翌2014年秋までの1年半弱は，為替減価・株価上昇は続いたものの，そのペースは大きく減速し，やや停滞気味となった．2014年10月末に日本銀行がQQE拡大措置をとると，為替レートは120円前後へともう一段減価し，夏頃から上昇傾向にあった株価は一層の上昇を続けた．2015年末以降，原油価格の再急落とともに円レートは100円近くまで大きく増価，株価も下落した．その後QQEの総括的検証を経て，日本銀行がベースマネー・ターゲットから長短金利コントロールに転換すると，トランプ氏の大統領当選（11月）後の米株高・ドル高もあり，円安・株高がもたらされた．

2.2 当初の劇的な反応の背景

当初の劇的な効果は，金融市場における主として海外投資家の行動により引き起こされたと見られる．図6-2は，2013年以降の東京証券取引所一部

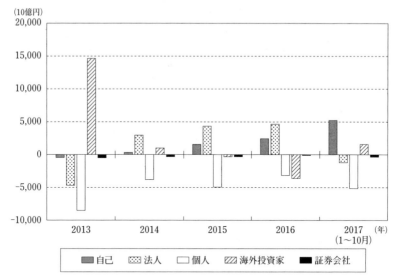

図 6-2　東京証券取引所一部における投資部門別売買金額

出所）日本取引所グループ「投資部門別売買状況」．

における投資部門別売買金額を示すが，2013年に大きく買い越したのは海外投資家であり，国内投資家はむしろ売り越していることがわかる．

　Fukuda (2015) は，2012年1月から2014年10月までの株式市場及び外国為替市場における日々の価格データを用いて，時間帯（同論文では日本の昼時間 (day time) と夜時間 (night time) と分類）毎にどのような動きを示したかを調べ，株価上昇及び為替レートの減価がともに日本の夜時間で生じたことを見出した．

　例えば，日経225先物は大阪取引所に加え，シカゴ商業取引所等で取引されているが，図6-3は，時間帯を日本の昼時間（9:00～15:15）と夜時間（15:15～6:15）に分け，それぞれの時間帯における累積価格変化を2012年10月31日＝0と置いて示したものである．日経225先物価格は，特に2013年5月にかけ，日本の夜時間に大きく上昇し，昼時間にはむしろ下落していたことが見てとれる．Fukuda (2015) は，アベノミクスの初期の劇的な反応は外国投資家が活動的である時間帯のみで生じたとし，金融政策の新たなレジ

2. アベノミクス下での外国為替市場，株式市場の反応　273

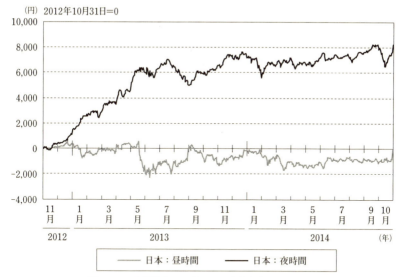

図6-3　時間帯毎の日経225先物価格の累積変化

出所）Fukuda（2015）.

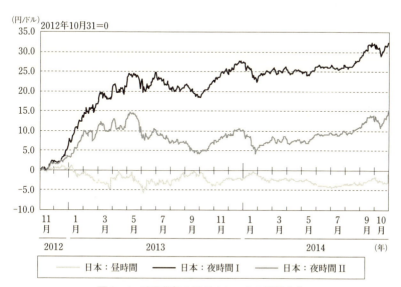

図6-4　時間帯毎の円ドルレートの累積変化

出所）Fukuda（2015）.

ームへの外国投資家の反応が，市場のセンティメントの改善に主導的役割を果たしたとしている．

図6-4は，図6-3と同様に，円ドルレートの累積変化（2012年10月31日＝0，円安方向の変化はプラスで表示される）を日本の昼時間（9:00〜17:00）と夜時間（I＝17:00〜9:00, II＝17:00〜7:00）別に記したもので，株価上昇と同様に円安が，外国投資家が活動的である日本の夜時間に生じたことを示している[9]．

3. アベノミクスと実体経済

3.1 円安，株価上昇と実質GDP成長率

こうした円の減価，株価の上昇の下，実質GDPはどのように推移したであろうか．図6-5は，円ドルレート（期中平均）の推移と実質GDP成長率（前期比，年率）を示すが，円レートの大きな変化が進行する一方で，実質GDP成長率はむしろやや減速気味で顕著な変化は見られない．図6-6は，これを株価との対比で見たもので，株価の大幅な上昇も実質GDP成長率の大きな変化を伴ってはいない．

3.2 実質GDP成長への需要項目別寄与度

図6-7は，2010年代に入ってからのアベノミクスに先行する期間（2010年第1四半期〜2012年第4四半期）とアベノミクス期（2013年第1四半期〜2018年第3四半期）[10]のGDP成長率（四半期毎の前期比成長率（年率）の期間平均）と

---

9) 日本の夜時間IIは，シドニー市場の開く朝の時間帯を除外している．この定義の下での累積減価はそれほど顕著でなくなっているが，基本的特徴は維持されているとしている．

10) 比較対象とする先行期間をどこからとるかにより，評価は大きく影響を受けるため，この部分の分析には慎重な見方が必要である．ここではリーマン・ショック後の急激な落ち込み（2009年第1四半期 −17.8%（前期比伸び率（年率）），同年第2四半

3. アベノミクスと実体経済　275

図6-5　円ドルレートの変化と実質GDP成長率

出所）日本銀行，内閣府GDP統計．

図6-6　株価の推移と実質GDP成長率

出所）Yahoo Finance，内閣府GDP統計．

276　第6章　アベノミクスと日本経済の課題

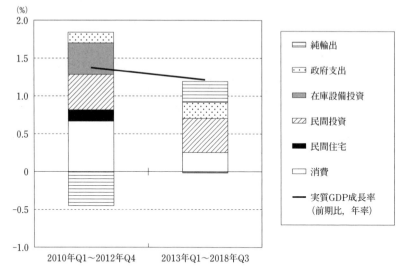

図 6-7　需要項目別成長寄与度：
　　　　先行期間（2010Q1～2012Q4）とアベノミクス期（2013Q1～2018Q3）

注）四半期毎の対前期比成長率（年率）及び各需要項目別寄与度をそれぞれの期間について単純平均したものを示している．
出所）内閣府 GDP 統計．

需要項目別寄与度（期間平均）を示している．

　まず成長率は，先行期間の 1.4% からアベノミクス期の 1.2% へと微減となっている．

　他方，寄与度の構成は大きな変化がある．純輸出が −0.5 から +0.3 と 0.8 ポイント伸び，政府支出が 0.14 から 0.21 へと寄与を 5 割増，その一方で消費は 0.7 から 0.3 へと寄与を半分以下に落とした．民間設備投資はほぼ変わらない．アベノミクス期においては，先行期間における急激な円の増価という輸出への阻害要因が取り除かれ，純輸出が成長への寄与を回復したこと，政府支出が押上げ要因となったこと，他方で投資は大きくは増えず，消費は大きく寄与を低下させたことが特徴である．

期の 8.6%（同））の大きな回復といった激しい振幅を示した 2009 年を除いて，2010 年第 1 四半期以降，2012 年第 4 四半期までを先行期間としている．

3.3 主要需要項目の動向

3.3.1 投資

前項で見たように，民間設備投資の成長寄与度は大きな伸びを示してはいない．非常に緩和的な金融政策など，アベノミクス下での政策は効果を発揮していないのであろうか．

図6-8は，償還期限別の国債金利を示すが，アベノミクスの開始以降国債金利は全ての年限で低下しており，大胆な金融政策はこの面では成果をあげていると言える[11]．国債金利，貸出金利はそれぞれ2006年，2008年以降低下傾向にあったが，図6-9が示すように2013年以降も更に低下を続け，銀行貸出しも2010年を底に増加を継続した．

実質民間設備投資の額は，リーマン・ショックで落ち込んだが，2009年

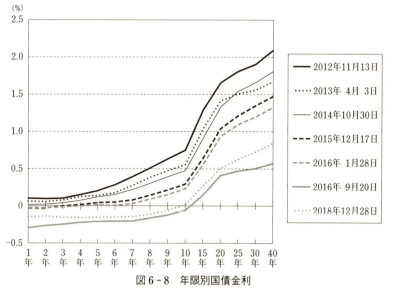

図6-8　年限別国債金利

出所）財務省理財局ウェブサイト．

---

11) 図6-8は，主に金融政策について主要なアクションがとられた日の前日の金利を示している．

278　第6章　アベノミクスと日本経済の課題

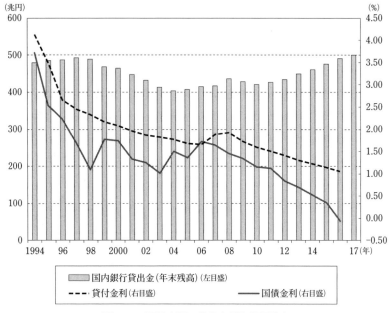

図6-9　国債金利，貸付金利と銀行貸出

出所）日本銀行ウェブサイト，IMF "IFS".

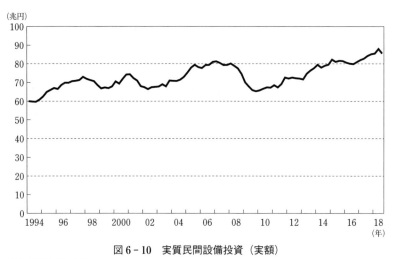

図6-10　実質民間設備投資（実額）

出所）内閣府GDP統計.

第 4 四半期に 65.4 兆円で底を打ち,その後増加傾向を辿り,2018 年第 3 四半期にはリーマン・ショック前のピークを超える 85.5 兆円という高い水準となっている（図 6-10）.ただし,アベノミクス開始前と後を比べて増加のペースには大きな変化はない.また先に見たように,キャッシュ・フロー比（図 5-19 参照）,現預金の状況（図 5-7 参照）からも,手元の資金に余裕を持ちつつも,成長への寄与を顕著に上昇させるような国内投資の増加は見られないと言えよう（次節で詳しく見る）.

3.3.2 消費

消費は先に見たように,成長寄与度を下げている.リーマン・ショック前のピークである 2007 年以降の実質民間最終消費支出（実額）の推移を見ると,リーマン・ショックで落ち込んだ後,回復傾向にあったが,2014 年 4 月の消費税率引上げ後,駆け込み需要の反動もあり大きく低下,その後回復を始めたが,回復のペースは低下している（図 6-11）.ただし,より子細に見ると,消費税率引上げ前の駆け込み需要が見られた 2014 年 1～3 月期に先立つ 2013 年 4～6 月期以降,消費は既にほぼ横ばい状態となっていた.その背景には,後出図 6-14 が示すように 2013 年中頃より消費者物価が上昇傾向

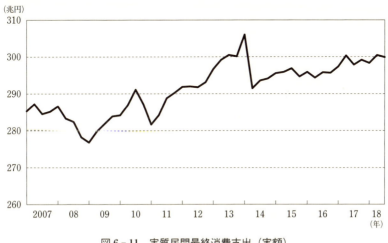

図 6-11 実質民間最終消費支出（実額）

出所）内閣府 GDP 統計.

280　第6章　アベノミクスと日本経済の課題

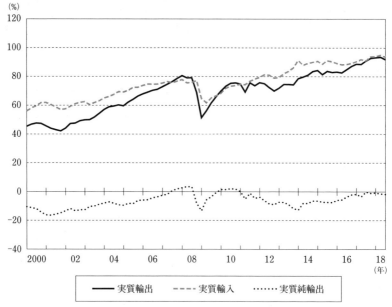

図6-12　実質輸出入，実質純輸出

出所）内閣府 GDP 統計.

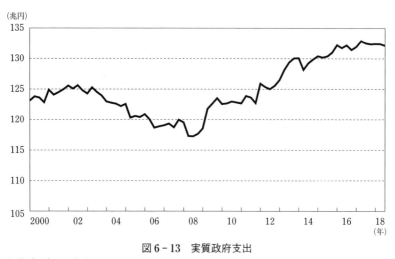

図6-13　実質政府支出

出所）内閣府 GDP 統計.

となったことから、実質賃金が下落を速めたことがあると思われる（例えば、実質賃金（2015＝100）は、消費者物価がはっきりとした上昇傾向となった2013年5月から12月までの8か月間の前年比平均と、それに先行する8か月（2012年9月～2013年4月）の前年比平均とを比較すると、後者の −0.4％ から前者の −1.4％ へと下落幅が急拡大している。前出図 5-27 参照）。

3.3.3 輸出

実質輸出はリーマン・ショック後の落ち込みから回復後横ばい傾向となり、アベノミクス下で急速な円の減価が生じたにもかかわらず実質ベースでは伸び悩んできたが、2016年後半から緩やかな増加傾向にある（図6-12）。他方、実質輸入は伸び悩んでいる。

3.3.4 政府支出

実質政府支出は、2000年代に一貫して低下してきていたが、リーマン・ショック後の財政出動で一転して増加傾向となった（図6-13）。その後実質GDPが2013年4～6月期に508.0兆円となり、リーマン・ショック前のピークである2008年1～3月期507.2兆円を超える水準となってからも、実質政府支出の増加傾向は続いている。公的需要の注入が恒常化していると見られる[12]。

3.4 物価

2013年1月に政府・日銀は共同声明を出し、その中で日本銀行は 2% の物価安定目標を設定し、これをできるだけ早期に実現することを目指すとした。同年4月の QQE では 2% の物価安定目標について、これを2年程度の期間を念頭にできるだけ早く実現することにコミットした（達成期限付きインフレ・ターゲット）。この目標は、CPI（生鮮食品を除く）の前年比ベースで設定されている。同指標は2012年から2013年初頭にかけてはマイナスとなる

---

[12] ただし、増加の大部分は政府消費支出であり、公共事業等の公的資本形成の寄与は比較的小さい。なお実質政府支出は、2017年半ば以降は横ばいとなっている。

図 6-14 CPI（生鮮食品を除く）（前年比）
出所）総務省統計局.

ことも多かったが，2013年5月以降はっきりとしたプラス基調となった（図6-14）．しかし，2015年8月以降は再度マイナス圏に下落した．その後，2016年末以降の原油価格の回復もあり，2017年1月以降はプラスに浮上し，徐々に高まったが，その後横ばいとなり，2019年1月時点で前年比0.8%となっている．上昇率の水準は1%弱あるが，2016年末以降の上昇率の底堅い動きや，図6-15, 6-16の予想インフレ率の状況から見て，日本経済は物価が継続的に下落するデフレ状況ではなくなったと言えるのではないかと思われる．なお，日銀の掲げる2%の物価安定目標に関しては，日銀は，QQE導入当初は2013〜15年度の3年間の見通し期間の後半にかけて，2%の目標に達する可能性が高いとしていた．しかし，その後達成時期は6回にわたって延期され，2017年7月には2%程度に達する時期は2019年度頃になる可能性が高いとしていたが，2018年4月27日に開催された金融政策決定会合において，日本銀行は，2%に達する時期についての文言を「経済・物価情勢の展望」（2018年4月）から削除した．

当初のQQEは，ベースマネーの拡大等を通じて予想インフレ率の引上げを図り，実質金利（名目金利−予想インフレ率）を引き下げ，実体経済を刺激することを政策効果発動の重要なチャネルとしていた（岩田 2013c）．予想イ

3. アベノミクスと実体経済　283

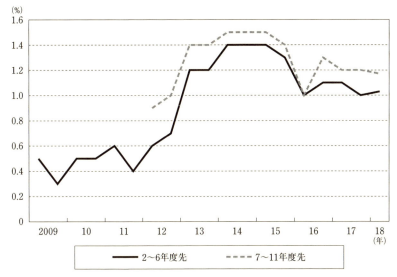

図 6-15　民間エコノミストの予想インフレ率（平均）
出所）日本経済研究センターウェブサイト．

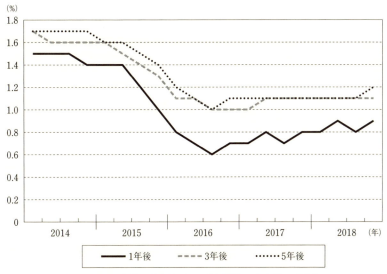

図 6-16　企業の物価見通し（全規模，全産業，平均）
出所）日本銀行「短期経済観測調査」．

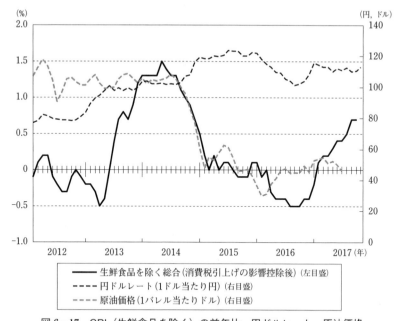

図 6-17 CPI（生鮮食品を除く）の前年比，円ドルレート，原油価格

注）消費税引上げの影響は内閣府「月例経済報告主要経済指標」による．為替レートは日本銀行，原油価格は IMF "IFS" による．
出所）内閣府，日本銀行，IMF．

ンフレ率の推移を見ると，例えば民間エコノミストの予想インフレ率（消費税増税の影響を除く，平均）は 2012 年から 2013 年にかけ大きく上昇したが，2014 年には横ばいとなり，2015 年末からは低下を始め，最近では 1% 程度の水準にある（図6-15）．2014 年 4 月から日銀短観による調査が開始された企業の物価上昇予想も，2014 年半ばから低下傾向となり，2016 年後半からは 1 年後の見通しはやや上昇気味であるが，3〜5 年後の見通しも含めれば全体としては 1% 内外で横ばいで推移している（図6-16）．

図 6-17 は，2012 年以降の CPI（生鮮食品を除く）の前年比（消費税引上げの影響を控除後のもの），円ドルレート，原油価格を示す．CPI（生鮮食品を除く）の前年比（消費税引上げの影響を控除後のもの）は，2013 年 5 月以降 2 年余りにわたってプラスを続けたが，先に見たように 2012 年 11 月から 2013 年 5 月まで円はドルに対して 19.2% 減価し，これが輸入物価上昇を通じて

3. アベノミクスと実体経済　285

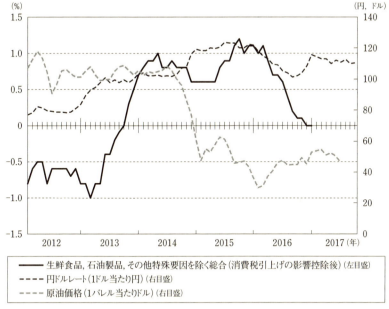

凡例：
― 生鮮食品, 石油製品, その他特殊要因を除く総合（消費税引上げの影響控除後）（左目盛）
-- 円ドルレート（1ドル当たり円）（右目盛）
-- 原油価格（1バレル当たりドル）（右目盛）

図6-18　CPI（生鮮食品，石油製品，その他特殊要因を除く）の前年比
（消費税引上げの影響控除後）

注）消費税引き上げの影響は内閣府「月例経済報告主要経済指標」による．為替レートは日本銀行，原油価格はIMF "IFS" による．
出所）内閣府，日本銀行，IMF．

消費者物価を引き上げたと考えられる．その後2014年9月以降，原油価格が1バレル100ドルを下回って急落すると，CPI（生鮮食品を除く）の前年比もゼロ近傍へと急落することとなった．その後原油価格が50から60ドル前後で横ばいとなり，円レートも120円まで更に減価が進むと，CPI（生鮮食品を除く）の前年比も横ばいとなり，2015年末から原油価格が30ドル割れまで更に一段下落し，円レートも100円前後に円高に向かうと，CPI（生鮮食品を除く）の前年比も再度マイナス圏に下落することとなった．

図6-18は，生鮮食品に加え，石油製品等を除いたCPIの前年比（消費税引上げの影響控除後）の推移を示す．図6-17と異なり，2014年秋以降，原油価格が急落した後もCPI（生鮮食品，石油製品，その他特殊要因を除く）はプラスを続けている．その後2016年に円高が進むと，同物価指数は下落に転じ

たことが示される．石油製品を除いているため，原油価格急落の影響は顕著ではないようであるが，円レートの動きには大きく影響されていることがわかる．

総じて，CPI（生鮮食品を除く）は円レート及び原油価格の影響を強く受けていると見られ，2013年半ば頃から2年余の物価上昇は，経済回復による需給のタイト化がもたらしたものではないのではないかと思われる．ただし，2016年末頃からは円レートが安定する中，原油価格の回復も反映しやや上昇率を高めており，デフレ状況とは言えなくなっていると思われる．

3.5 企業収益と投資

これまで述べてきたような金融市場における反応，実体経済の動向，物価の動向の中で，企業にはどのような変化が認められるであろうか．図6-19及び図6-20は，全営利法人企業の経常利益が，為替レートの減価，及び株価上昇と軌を一にして増加してきたことを示す．なお，（図には示していないが）財務省「法人企業調査統計」によると，売上金額は2012年度から2017年度までの5年間で12.3%の伸びを示しており，売上拡大という前向きの動きが出てきている．

図6-21は，企業の経常利益，設備投資額，現預金の推移を示す．経常利益は年度ベースでは2017年度まで史上最高を更新し続けている．その中で設備投資（法人企業統計ベース，金融業，保険業を除く全産業）は90年代末以降ほぼ横ばいであり，急激に増えているのは企業が保有する現預金である．企業は大きな利益をあげているが，投資を大きく伸ばすことはなく現預金を大幅に伸ばしている．

3.6 労働コスト抑制の継続と正規・非正規の労働市場に見られる差異

投資は成長寄与を大きく増加させるような伸びは示していないが，賃金抑制姿勢は変化したであろうか．図6-22は，国民所得に占める労働の取り分

3. アベノミクスと実体経済　287

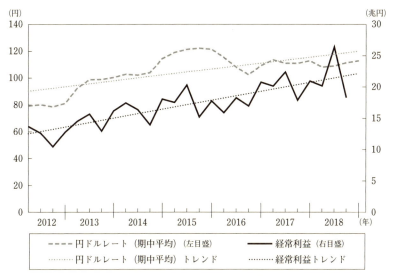

図6-19　円ドルレートと経常利益

出所）財務省「法人企業統計調査」，日本銀行.

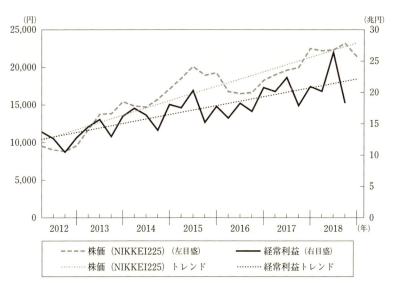

図6-20　株価と経常利益

出所）財務省「法人企業統計調査」，Yahoo Finance.

図 6-21 経常利益,設備投資,現預金

出所)財務省「法人企業統計調査」.

である労働分配率の推移を示すが,世界金融危機で急上昇した後 2010 年以降低下を続け,今も下げ止まりとなったのか定かではない.

　労働市場の状況を見ると,失業率は低下を続けており,2019 年 1 月時点では 2.5% という 1993 年 8 月以来 25 年ぶりの低い水準にある.しかし,図 6-23 に示されているように,この改善は 2010 年に開始されたものであり,アベノミクス期はその傾向が維持されたものである.

　このように労働市場がタイトになってきているにもかかわらず,先に見たように平均的な 1 人当たり賃金上昇率が低いのは,賃金水準が高い正規職員については労働市場のタイト化が非正規職員ほどではないためであると思われる.

　有効求人倍率の動きを見ると,パートタイマー,特に常用的でない臨時的パートタイマー労働需給の改善が顕著である(図 6-24).正社員の有効求人倍率は改善しているものの,2018 年 11 月時点では 1.19 で,パートの 1.88 に比べれば低い水準となっている.

　こうした正規職員と非正規職員の労働需給のタイト化の差を反映し,賃金

3. アベノミクスと実体経済　289

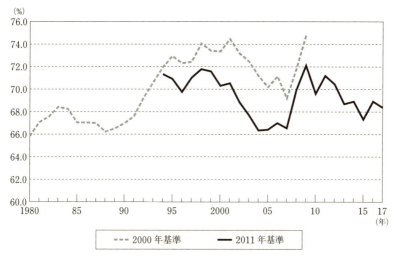

----- 2000年基準　　―― 2011年基準

図 6-22　労働分配率

注）労働分配率＝雇用者報酬／国民所得（要素価格表示）
出所）内閣府 GDP 統計．

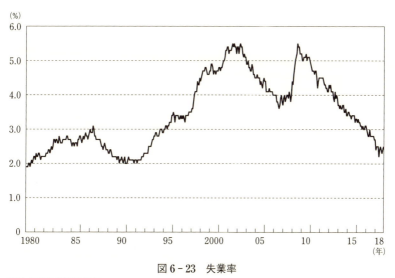

図 6-23　失業率

出所）総務省「労働力調査」．

290　第6章　アベノミクスと日本経済の課題

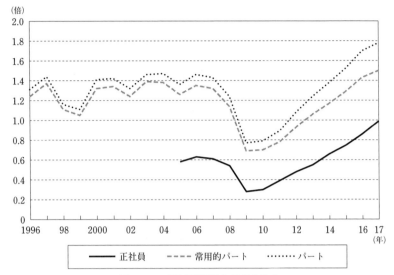

図6-24　雇用形態別有効求人倍率

出所）厚生労働省「職業安定業務統計」．

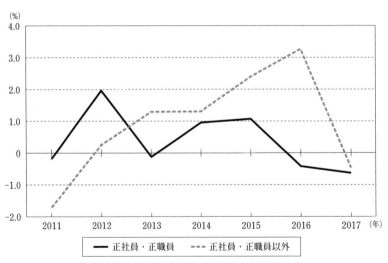

図6-25　正規・非正規別時間当たり賃金上昇率

注）時間当たり賃金＝調査年の6月に支払われた所定内給与（超過勤務手当，賞与は除かれている）を当該年の6月の所定内実労働時間数で除したもの．
出所）厚生労働省「賃金構造基本調査」．

上昇率も，非正規職員の時間当たり賃金は，近年，正規職員の時間当たり賃金よりも高い上昇率となっている．労働市場の需給のタイト化は正規雇用者よりも非正規雇用者に対しより大きな影響を及ぼしていると見られる（図6-25）．

ただし，前出図5-26, 5-27に見られるように，名目賃金は2014年以降プラスの伸びを続け，実質賃金も2015年以降下げ止まりを示しており，賃金にもわずかながら前向きの兆しが生まれている．

4. アベノミクスの評価と日本経済の課題

4.1 アベノミクスの評価

ここまでの検討を踏まえてアベノミクスの評価を行ってみよう．

第1に，アベノミクスは，特にその初期に大幅な株価の上昇，為替レートの減価を生み出した．そのメカニズムは明確でないが，特に大胆な金融緩和が外国投資家の日本経済あるいは株価や為替レートの予想に大きな変化をもたらし，それが株価・為替レートを大きく動かした可能性が高い．

第2に，株価の上昇，為替レートの減価は，現在のところ，実質GDPの成長トレンドに大きな影響を与えたとは見られない．しかし，アベノミクス開始後，金利は短期から長期まで低下し，銀行貸出しもリーマン・ショックからの回復期以降の増勢を維持しており，経済の回復は保たれている．

第3に，アベノミクス期の経済成長の構造を需要項目別に見ると，アベノミクスに先行する期間と比べ，純輸出の成長寄与度が著しく拡大したこと，政府支出の成長寄与度も大幅に増加したこと，他方で消費の成長寄与度は半減したこと，企業の設備投資の成長寄与度は大きくは変わらないことが見てとれる．

第4に，物価上昇率は2013年5月以降2年余りにわたりプラスを維持したが，これは為替レートの減価が影響したと見られる．その後物価上昇率は一時マイナスとなったが，2016年末以降原油価格回復の影響もあるが，底

堅いプラスの動きとなり，デフレの状況とは言えなくなっている．

第5に，企業収益は年度ベースでは2017年度まで史上最高を更新し続けており，売上拡大という前向きの動きが見られる．

第6に，設備投資は増えてはいるものの成長寄与を大きく増加させるものではなく，企業の現預金保有は史上最高を更新している．

第7に，労働市場は1990年代半ば以来の低い失業率であるが，需給のタイト化は正規に比べ非正規労働者市場で強く，賃金上昇率も非正規労働者が高い．企業は労働コスト抑制姿勢を基本的に変えていないと見られる．ただし，直近の名目賃金，実質賃金の動きには前向きの兆しも見られる．

4.2 日本経済の課題

アベノミクスは，マクロ経済政策のみならず，ガバナンス改革，TPPの推進，労働市場（働き方）改革など広範なミクロの改革を含めた包括的な政策パッケージであり，それが同一の政権の下で6年間にわたり強力に推進されてきたという点で顕著な出来事である[13]．しかもその政策の焦点が，金融政策から，賃金引上げ・投資促進とガバナンス改革，働き方改革と生産性向上等へと，次第にミクロの社会構造的分野にシフトを続けてきたという点でも稀に見る政策展開であると評価できる．

しかし他方で，日本経済の現時点での成長構造はなお問題を含む．本書で検討してきたように，企業の防衛的姿勢は設備投資の成長寄与の伸び悩み，賃金抑制を背景とした消費の成長寄与の減衰，その一方で政府支出への依存の継続をもたらしている．企業行動は何故変わらないのであろうか．以下，企業の投資が成長を索引する程顕著には高まらないこと，消費が成長への寄与を失ってきていること，政府支出が成長の大きなシェアを占め続けていることに絞って考察し，日本経済が何を課題としているか考えてみたい．

---

13) 安倍首相は，バブルの最盛期であった1989年6月に竹下登首相が退陣した後の28年間で17人目（2006〜07年の第1次安倍政権を含む）の首相であり，第2次安倍政権誕生までの16人の平均在職期間は，わずか1.5年である．こうした政治的不安定性は，バブル崩壊以降の日本経済にとり大きな重荷となったと考えられる．

4.2.1 企業による投資の慎重な実施

これまで見てきたように企業は金利の低下,利益の増加など経済環境が極めて良好であるにもかかわらず,キャッシュ・フロー比などから見れば大きく国内投資を拡大させてきていない.これは何故であろうか.第5章でも検討したが,根本的な原因は企業が持つ国内経済の成長予想の低さにあると考えられる.

図6-26は,企業が持つ今後3年間の実質経済成長率の見通しと,現実の実質経済成長率(3か年移動平均)を示している.1990年代初頭には3%台半ばにあった成長見通しは,一貫して低下し,2000年代初頭には0%台後半にまで低下,近年は1%強程度で推移している.成長予想の低下は現実の成長率の低下とともに進行しており,低迷の長期化とともに定着したと考えられる.即ち,長期の低成長という事実が,将来予想を強く制約していると見られる.問題であるのは,低成長予想が投資及び賃金(消費)に対し抑制的に働き,それが内需の成長,ひいては経済成長を抑制し,自己実現的に機能

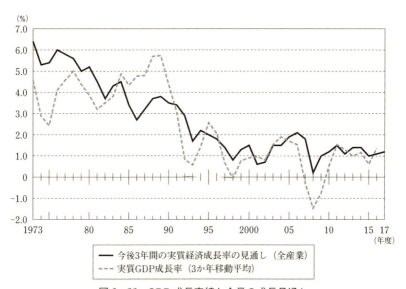

図6-26 GDP成長実績と企業の成長見通し

出所)内閣府「企業行動に関するアンケート調査」,GDP統計.

しているると見られることである．また，こうした民間部門の自律的な成長性の低さを補う必要から，政府支出依存を低下させることができず，今度はそれが賃金抑制とあいまって家計部門の将来不安を強め，支出抑制という形で低成長のメカニズムを強化している可能性もある．こうした悪循環から，日本経済は完全に脱出したとは言い難い．金利低下を通じて貸出しを促進し，需要喚起を図るというルートは投資活動のコスト面に着目したものであるが，アベノミクス下での大胆な金融緩和の試みにより，売上増加予想の立たない限り，コスト引下げによる投資活動への促進効果には限界があることが明らかになったと言える．

　国内経済の成長予想に対し，特に2010年代に入り大きな影響を持ち始めたと思われるのが，人口減少である．合計特殊出生率は，1974年に人口置換水準と言われる2.07を下回って以来，40年以上1％台にある．ただ，人口減少が一般国民レベルで大きな問題として意識されるようになったのはそれほど古いことではなく，おそらく第5章でも触れた2010年の藻谷浩介『デフレの正体――経済は「人口の波」で動く』の刊行以降ではないかと思われる[14]．確かに図6-27に示すように，我が国の予想される人口減少のマグニチュードは極めて大きく，今後の成長予想に対し強い制約として働いてくると考えられる[15)16]．

　ただし，明確に意識しておかなくてならないことは，人口減少は成長予想に対し，2010年代以降に下押し要因として機能した可能性があり，今後も

---

14) 日本銀行も本書の公表以降，人口が経済に及ぼす影響について極めて精力的に研究を続け，白川前日本銀行総裁等の対外発信にも人口減少の影響がしばしば言及されるようになった．

15) 国立社会保障・人口問題研究所「人口統計資料集（2017改訂版）」（出生中位（死亡中位）推計）によると，2015年以降，2065年までの50年間で，人口は1億2709.5万人から8807.7万人へと3901.8万人（30.7％），1年当たりで78.0万人減少すると推計されている．78万人というと，新潟市（81万人），浜松市（80万人），熊本市（74万人）など県庁所在地クラスの都市が毎年1つずつなくなる計算になる．

16) 藻谷（2010）は人口減少に国民の注意を向けたということ，特にその需要サイドのインパクトに警鐘を鳴らしたという意味で意義が大きい．人口減少をとりあげた書籍は少なくないが，需要サイドに焦点を当てた議論は数えるほどしかない．その数少ない例には，額賀（2005），足立（2004）がある．なお，藻谷（2010）に対する大学などの研究者からの議論は極めて少なかったが，吉川（2011a）及び吉川（2016）がある．

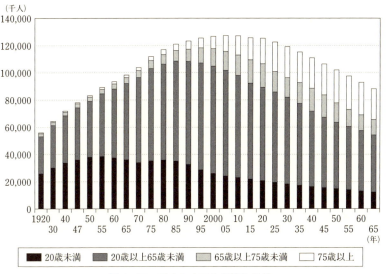

図6-27　日本の人口の推移と予想

出所）国立社会保障・人口問題研究所「人口統計資料集（2017改訂版）」.

予想形成に当たり下押し要因となりうるが，それ以前（2000年代まで）の成長予想の低下とはおそらく大きな関わりを持たないということである．2000年代までの成長予想の低下，更にその背景となった実際の成長率の低下の要因は，第5章で分析したように，バブル崩壊後の企業の対応に起因すると考えられる．2000年代半ばまでに企業部門の過剰が除去された後の企業の防衛的姿勢の継続には，長期にわたる低成長の中で深く定着した国内経済の低成長予想が作用していると思われる．現時点で低成長予想が非合理的なマインドセットによるものなのか，人口減少，海外の収益性の高さなど合理的な理由によるものか，判定は困難である．しかし，企業が自ら作りだした15年にわたる低成長という負の遺産による制約を受けていることは（程度の問題はあるであろうが）否定できないのではないかと思われる．

　低成長予想がマインドセットによるものであるとすれば，それを変える方策としては逆説的であるが，過去の低成長の制約を受けない領域（例えば，輸出，観光，医療ツーリズム，対内直接投資，特区の活用などいわば外需の内需化）での経済活動の促進等を進め，成長の実績を作り出すことが有効と思われ

296　第6章　アベノミクスと日本経済の課題

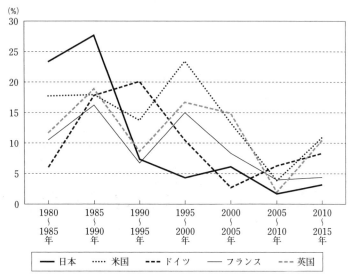

図6-28　我が国と主要先進国の実質GDP成長率（5年毎）
出所）国連，IMF.

る．また，ガバナンス改革（外の目の導入）などを通じて，より積極的な企業行動を促していく必要がある．同時に，将来に向け長期的・構造的問題への対応も必要である．特に今後の成長予想への最大の制約は人口減少予想であり，これを緩和し歯止めをかける政策（特に出産・子育てが女性のキャリアの中断に結びつかないようにすること）が極めて重要となる．

　人口減少に関して，我が国経済は，トータルのGDP成長率では他の先進国に劣後してきたが，人口1人当たりGDPの成長率，更には生産年齢人口1人当たりGDPの成長率では決して劣後しているわけではないという意見がある[17]．図6-28は，日本を含む主要先進5か国の5年間毎のGDP成長率を示す．我が国は1990年代以降，他国に比べ低い水準で推移している．

　図6-29は，やはり5年毎に計算した1人当たりGDPの成長率を示す．これで見ると，我が国は90年代は低迷したが，2000年代以降は高い方ではないものの著しく低いわけではない．更に図6-30は，5年毎の生産年齢人

　17）　例えば，白川日銀総裁が英国LSEで行った講演である．白川（2012a）参照．

4. アベノミクスの評価と日本経済の課題　297

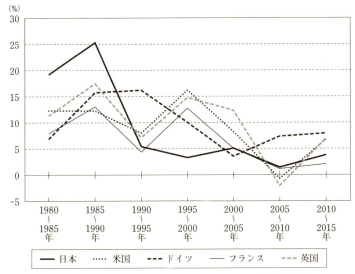

図6-29　人口1人当たりの実質GDP成長率（5年毎）
出所）国連, IMF.

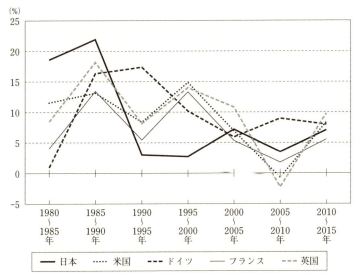

図6-30　生産年齢人口（15〜64歳）1人当たりの実質GDP成長率（5年毎）
出所）国連, IMF.

口1人当たり GDP の伸びを示す．我が国の伸び率は 2000 年代以降はやや低目とはいえ，5か国の平均的なところに近い水準にある．ただし，我が国については，就業者数の伸びが生産年齢人口の伸びを一貫して上回っており（あるいは減少の場合はより低い減少率を示しており），就業者数1人当たり GDP では，その伸びは図で示すよりも低くなることに留意を要する[18]．

　これらの図は，供給サイドから見ると，就業率の上昇による引上げ効果を含めても，生産年齢人口1人当たり GDP の伸びは他国よりもやや低目であり，これを引き上げるには技術進歩や教育訓練など生産性を上げることが不可欠であることを示している．他方，社会の維持にかかる費用には，防衛や治安の維持，経済インフラの維持管理など，人口規模とかかわりなく生じるものがあるため，人口1人当たり，あるいは生産年齢1人当たりの成長率のみでは安定的な社会の運営が困難となるという面がある．従って，人口減少に合わせ，オーバーヘッドコスト（共通費用）を節約できるコンパクトな社会形成を目指す必要があるが，同時にある程度トータルとしての GDP の成長を目指していかなくてはならない．ただし，生産年齢人口は今後も減少が予想され，就業率の引上げも無限に続けることはできない．このため，現在予想されている将来の人口動態を前提とする場合には，供給サイドから見れば生産年齢人口1人当たり GDP の伸びが技術進歩等により近年の水準を大きく上回らない限り，全体としての GDP が将来にわたり大きく伸びることを期待することは基本的に難しいということになる．

　なお，バブル崩壊以来マイナスとなることが多かった GDP ギャップ（(実際の GDP−潜在 GDP)／潜在 GDP）は，アベノミクス期にマイナス幅を縮小し最近ではプラスとなっている（図 6-31）．バブル崩壊以来日本経済が悩まされてきた需要不足が，ようやく解消されたとも言える．

　しかし，マイナスの GDP ギャップの解消を前向きの動きとのみとらえることには慎重な見方がある．図 6-32 は，内閣府による潜在成長率の推計値を示す．我が国経済の潜在成長率は，1990 年代初頭には 4% 台であったが，バブル崩壊後低下を続け，90 年代後半の金融危機を経て 1% 未満の水

---

18) 例えば，2010〜15 年の間の生産年齢人口の伸びは −5.2% であるが，就業者数は 1.6% の伸びを示しており，就業率の上昇が生産年齢人口の減少を補っている．

4. アベノミクスの評価と日本経済の課題　299

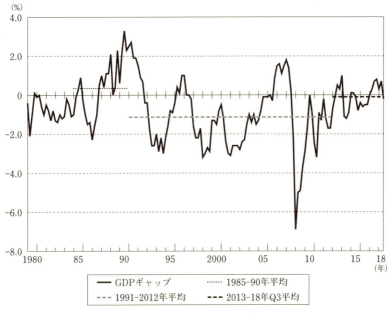

図 6 - 31　GDP ギャップ

出所）内閣府ウェブサイト．

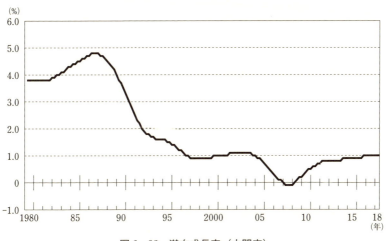

図 6 - 32　潜在成長率（内閣府）

出所）内閣府ウェブサイト．

準に落ち込んだ．世界金融危機時には0％近傍となったが，その後回復し，現在に至るまで1％程度の低い水準で横ばいとなっている．こうした潜在成長率の低下が，需要の増加の下で，マイナスのGDPギャップの解消に寄与した可能性がある[19]．

4.2.2　賃金の抑制と消費の低迷

これまでに見てきたように賃金ないし労働コストの抑制は消費の成長寄与の低下をもたらしている．図6-33は，1994年以降の約24年間を，概ね第2章で提示した低迷期の時期区分（アベノミクス期を入れると5区分）に沿って5区分し，その間の各需要項目の成長寄与度の期間毎の平均を示している．消費の成長寄与度は，94〜97年の0.8ポイントから2013年以降のアベノミクス期の0.3ポイントへと一貫して低下してきている．その背景には，先に

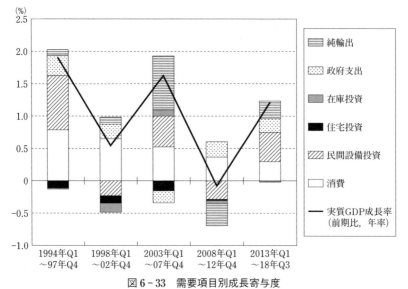

図6-33　需要項目別成長寄与度

出所）内閣府GDP統計．

---

[19]　中小企業庁（2017）p.12によると，2016年の企業の設備年齢は，1990年と比べ大企業で約1.5倍，中小企業で約2.0倍と設備の老朽化が進んでいるとされ，長年にわたる投資抑制が企業の競争力・成長性にマイナスの影響をもたらしていることがうかがわれる．

見たように実質賃金の低下がある．企業の労働コスト抑制姿勢に大きな変化はない．労働需給はタイトになってきているが，先に見たように，需給の逼迫度が高いのは非正規労働市場である．労働市場の正規と非正規への分断，賃金やその他の待遇面での差の存在が，企業に非正規化による労働コスト抑制という道を提供している．即ち，労働市場の分断がコスト削減による国際競争の有効な手段となっていると見られる．

しかし，第1に，先に述べたようにコスト削減による競争は高賃金国には限界がある．第2に賃金抑制が消費を抑制し，内需を制約し，低成長を実現させ，低成長の悪循環を形成していると考えられる．第3に，更に労働市場の合理的な根拠のない分断は，有配偶率の低下等を通じて少子化の推進要因となるなど，社会に外部不経済を生みつつあると見られる．図6-34は，正社員（役員を含む）の有配偶率は30～34歳で57.8%，35～39歳で68.6%であるのに対し，パート・アルバイト等の非典型雇用ではそれぞれ23.3%，28.1%と正社員（役員を含む）の半分以下の水準となっていることを示して

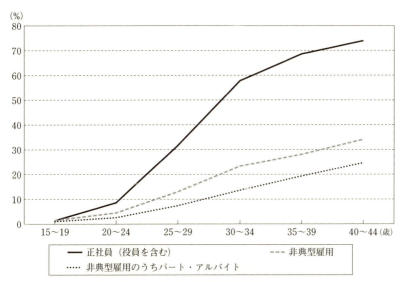

図6-34　正規・非正規雇用有配偶率（男性）

出所）労働政策研究・研修機構「若年者の就業状況・キャリア・職業能力開発の現状②——平成24年版「就業構造基本調査」特別集計より」JILPT資料シリーズNo.144, 2014年9月．

いる．賃金引上げを図るとともに，正規・非正規や年齢・性別などに基づく合理的根拠のない格差を是正し，企業による人的資源の使い方の変化を促すことが，自己実現的な低成長の循環からの脱却を図る上で重要である．他方，企業の行動が，単なるマインドセットの問題ではなく，国内市場の縮小予想と国際的な競争圧力の上昇の下での合理的な対応である面も否定できない．そうであるとすると，生産性向上を超える賃金上昇は国際競争力を損ない，生産ベースの一層の国外シフトを促し，また国内投資増加は低収益資産の蓄積に終わりかねない．

先に述べたように，人口減少への対応とともに高賃金に耐えられる国際競争性をそなえるため，賃金の引上げとともに生産性の向上を並行して進める必要がある．生産性向上のためにも，我が国の人的資源の使い方の基本的見直しと人的資源への投資が決定的に重要であり[20]，労働力をコストとのみみなし，主にその削減により競争力を強めていこうとすることは self-defeating（自滅的）であると考えられる．

4.2.3 成長の政府支出依存の恒常化

先に見たように，アベノミクスに先行する期間に比べ，アベノミクス期には成長の政府支出への依存度が高まっている．企業が最高益を更新する中で，成長が政府支出依存を続けていることは懸念される事態と言わざるを得ない．図 6-35 は，毎年度の国債発行額の推移を示す．アベノミクス期にとりわけ増加しているわけではないが，毎年度 GDP の 3 分の 1 に近い 150〜170 兆円前後の国債が発行されている．

また，国債の保有構造も懸念の対象である．図 6-36 は，国債・財投債発

---

20) 現在，政府が推進している「働き方改革」は，長時間労働の規制，同一労働同一賃金の原則の徹底といった前向きの要素を含むものである．ただし，この改革が目指す生産性の向上をどのような労働市場改革で図るかは，科学的・客観的な根拠に基づく慎重な検討と制度設計が必要である．労働市場改革を考える場合の大前提は，労働者と企業は対等ではないという事実である．労働者はそもそも圧倒的に不利な（弱い）立場で労働契約を結び，労働する存在であり，個人としてはほとんどの場合，労働の仕方を選択できる立場にはない．この意味で本来必要であるのは「働き方」改革ではなく，企業や組織あるいは日本社会が日本の人的資源をどう育成しどう活用していくかという「人的資源の育成と活用の仕方」改革である．

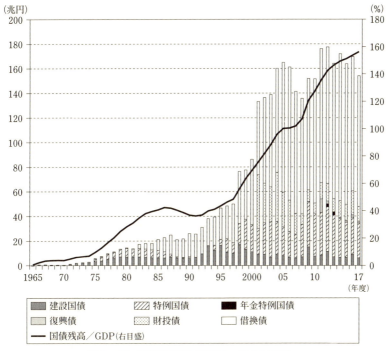

図6-35　国債発行額（1965～2017年度）

出所）日本銀行ウェブサイト．

行残高に占める主な保有主体別シェアである．2012年12月に預金取扱い機関は307.9兆円，シェア38.9%と最大の保有シェアを有したが，2018年9月には保有額154.3兆円，シェア15.5%に低下し，代わって日本銀行が2012年12月時点の保有額90.9兆円，シェア11.5%から2018年9月の保有額454.6兆円，シェア45.7%と急増している．長短金利コントロールの下で国債金利が非常に低水準にあり，日銀の大量買付けによって国債が大規模に銀行から日銀にシフトし，代わりに銀行の日銀当座預金が急増している．銀行の巨額の日銀当座預金は，基本的に0.1%の付利の対象となっており，銀行にとって他の運用対象が限定される中で，当座預金（従って，ベースマネー）の急増が実体経済に大きな効果を持つことは期待できない．銀行の保有していた国債が日銀当座預金に置き換わることは，金融機関の健全性

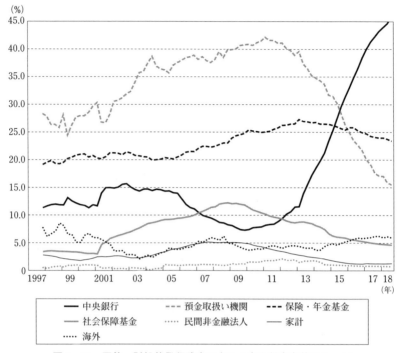

図 6-36　国債・財投債発行残高に占める主な保有主体のシェア
出所）内閣府「人口，経済社会等の日本の将来像に関する世論調査」(平成 26 年度).

が財政の健全性でなく，日銀の財務の健全性により大きく依存するようになることを意味する．このため現在の緩和的な金融政策からの出口のプロセスにおいて，日銀の財務の健全性を維持することが，金融システムの安定にとって重要となると思われる．逆に言えば，経済成長の財政支出依存の継続が，今後金融緩和と相まって金融システムのリスクを高めることとならないよう，できる限り速やかに民間主導の成長構造を実現する必要が一層高まっていると言える[21]．

　消費が力強さを失う中で，賃金抑制と非正規化，財政悪化等を背景とした若年層の将来不安が消費を抑制しているとして，社会保障の一層の充実を求

21）さらに，著しい低金利環境の長期化は，金融機関の収益の圧迫要因となっており，金融機関の健全性の維持強化は今後重要な課題となると考えられる．

4. アベノミクスの評価と日本経済の課題   305

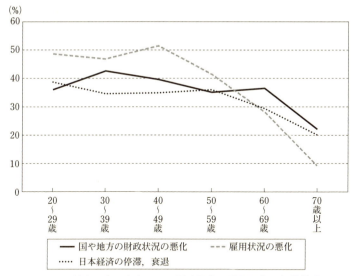

図 6-37 将来不安の内容として財政悪化，雇用悪化，経済停滞を
あげた者のシェア（年齢別）

出所）内閣府「人口，経済社会等の日本の将来像に関する世論調査」（平成 26 年度）．

める意見が見られる．しかし，先に見た今後の人口減少の見通し，高齢化の一層の進展を考えると，現在歳出予算の約 3 分の 1 を占める社会保障費が，今後更に増加することは不可避であると考えられる．むしろ財政が防衛や治安の維持，最低限のインフラの維持管理等への対応力を将来にわたって維持していくために必要であるのは，増税及び社会保障費等の削減である．こうした中で若年層の将来不安の解消には，社会保障支出などにおける若年層向けのウェイトを高めていくことが重要であるが，それが同時に財政の悪化を伴う場合，将来不安の払拭にはマイナスの結果となりかねない．図 6-37 は，自身の将来について不安を感じると答えた者について，将来不安の要因（複数回答）として，国や地方の財政状況の悪化，雇用状況の悪化，経済の衰退をあげた者の回答者に占めるシェアを回答者の年齢別に見たものである．これらが将来の不安要因となっている者のシェアは，若年層で大きいことが示されている．

　将来不安の解消の必要性を考えると，社会保障支出の全体としての抑制と

ウェイトの若年層へのシフト,教育,就業訓練等の充実が重要であるが,それとともに財政負担を高めずに行う改革,即ち,企業・組織による人的資源の使い方の大きな改革が不可欠である.具体的には若年者か高齢者かどうか,男性か女性か,子育て期にあるかどうかなどによる仕事をすることに対するハードルの高さの圧倒的な違いを根本的に是正し,健康で意欲があれば,不合理な差別なく一生働き,収入を得られる社会の構築が有効であると思われる.即ち,個人のみならず,企業,地方を含め,「自助自立」を根幹に据えた社会への移行を図っていく必要があり,基本的には公的な支援に頼らない個人,景気対策や補助金に頼らない企業,地方交付税や国庫補助など国の財政支援に頼らない地方が必要である.アベノミクス,更にはそれに次ぐ政策展開は我が国の全ての経済主体の自立を促し,自助を後押しするものに向かうことにならざるを得ないであろうと考えている.

4.3 日本経済の現在とチャレンジ

我が国経済は,三十数年の変調と困難を経て,低成長予想と将来不安に支配される経済となった.特に企業が持つ国内経済の低成長予想は,国内投資への慎重な対応,賃金抑制を通じた消費の下押し,更にこれを補うために政府支出依存や異例の金融緩和からのexitができないことによる潜在的な金融リスクの高まり,若年層の将来不安などの副産物をもたらしている.この低成長予想は,これまでの成長実績に強く制約されているという意味でマインドセットの問題という面があるが,人口減少による市場の量的縮小の予想など,一方で合理的な背景に根差す面があることも否定できない.

この悪循環から脱却するためには,企業には売上が増加するという予想が,家計には所得が安定的に伸びるという予想が必要である.外需の内需化,ガバナンス改革など当面の措置についてはすでに触れたが,中長期的方策について最後に一言述べる.

売上増加に向かうためには,迂遠に見えるが,企業による人の使い方の改革が最も重要ではないかと思われる.現在企業には正規社員の長時間労働や,非正規化によるコストダウンという価格競争の道が開かれているが,賃

金水準が相対的に高い先進国にとっては，こうした価格競争は限界がある．また非正規化を通じた労働コストの削減による競争は，非正規社員の低い有配偶率など社会的なコストを生んでいる．従って，長時間労働の適切な規制，正規・非正規間の不合理な差別的取扱いの是正を通じて，企業がコストカットによる競争から，売上増による競争へと転換することを後押しする必要がある．ただし，正規・非正規の間の差別を解消することと同時に，雇用の安定と賃金の安定を切り離す必要があると思われる．正規であれ，非正規であれ，同一労働同一賃金の原則の下で可能な範囲で雇用の安定性を提供するとともに[22]，賃金を企業業績とリンクさせ，また労働者間に賃金をめぐる競争原理を導入する必要がある．正規社員の強い雇用保障と賃金保障が結び付く場合には，生産性の向上は望みがたい．正規・非正規が，同じ土俵の上で生産性を高める競争を促す仕組みが必要である．制度化に当たっては慎重な検討が必要であるが，正規職員を外部との競争に曝す仕組みが求められている[23]．

　人口減少は，そのネガティブな影響（売上減少・成長率低下予想の形成，実際の経済成長の低下，国力の低下）を考えれば，我が国の経済社会にとり最大の課題である．人口減少の抑止（出生率の上昇）の最大の障害は，出産・子育てによるキャリアの中断が，特に女性にもたらすコストである．こうしたキャリア中断の生じない働き方を企業が受け入れられるような環境整備（例えば在宅勤務，短時間労働などライフステージに応じた働き方の許容の促進，長時間労働，勤務地の変更などが当然のことと考えられてきた男性正社員の働き方の見直しなど）を進めることが重要である．出生率が上がるまでは，当面は，高齢者，

---

[22] Aoyagi and Ganelli（2013）は，全ての新規採用に正規・非正規を問わない単一の期限の定めのない雇用契約を結び，その下で退職金と雇用保障が勤務年数に応じて徐々に上昇するようにすることにより，正規・非正規という労働市場の分断を是正することを提唱している．これは現行の正規労働者の雇用保障を低下させ，現行の非正規労働者の雇用保障を上昇させるものである．なお同ペーパーは，労働市場の柔軟性と安定性の同時達成を図るデンマーク型の"flexicurity"を，①労働市場の柔軟性（正規労働者の雇用保障の削減を含む），②失業保険の充実，③積極的労働政策の3つからなり，仕事ではなく労働者を守るものとして紹介しつつ，日本にとっては高い財政負担が最大の問題と指摘している．

[23] ただし，先に述べたように，生産性の向上をどのような枠組みの下で図るかは，科学的な根拠に基づき，極めて慎重に制度設計する必要がある．

女性，非正規など既存の人的資源の最大限の活用が重要である．全ての者が自助自立を基礎として，健康で働く意欲があれば，不合理な差別なく働き安定した所得を得られる社会を構築することが必要である[24]．

　外国人の労働者としての活用は，定住化が不可避的に生じることを想定し，それに伴う影響を踏まえた長期的な視野に立った検討が不可欠である（定住化が生じれば移民である）．外国人を労働者としてのみとらえ，近視眼的にその活用を進めることは，将来に禍根を残すと思われる．経済的目的だけでなく，国民の構成を変えることにつながる選択であることを前提に，国民全体でのコンセンサスの形成と，外国人の大量流入を想定していない現在の社会制度全般の見直しが不可欠であると思われる．

　財政悪化の影響は，すでに顕在化し始めている．例えば，国公立大学の経営の悪化，博士課程修了者の長期非正規化は，人材を研究職から遠ざけ，今後，我が国の研究水準，技術開発に間違いなく悪影響を及ぼすであろう．また，道路，トンネルなど経済インフラの老朽化は，徐々に身近な問題となりつつあるように思われる．人口減少を踏まえれば，集住へのシフトは不可避であり，社会保障費の抑制も避けられない．個人，企業，地方などすべての経済主体が国の財政や外国人に依存せず，自助自立を基本に据えて行動することが必要である．

　地方財政のあり方にも問題がある．地方財政は，毎年度の地方財政計画の策定，地方交付税による財源保障や標準税率の法定など国の関与が強い中央集権的な仕組みの下で運営されている．これは全国一律の行政サービスの保証を目指す集権的国家統治の仕組みの反映であるが，地方の財政規律を弱体

---

24)　定年制は，年功賃金体系の当然の帰結であるが，純粋に生産性に基づく賃金雇用体系に照らせば，想像しがたいほどの人的資源の浪費を生みうる仕組みである．日本で定年となった熟練技術者が外国企業に雇用され，これらの国の産業の競争性強化に寄与したとのエピソードを耳にするたびに，日本の社会が強い雇用保障と年功賃金という，既存のシステムのもたらす損失にいかに鈍感であり続けたかを痛感する．現在の年功をベースとした賃金体系の背景には，人材の定着を図るという狙いと，企業業績や評価に応じた給与を基本とする賃金体系をとりいれることが企業や組織にとって容易ではないということがあると思われるが，生産性に見合わない賃金を年功を理由に払い，賃金以上の生産性を持つ人材を（そうでない人材とともに）手放す仕組みとなっている．定年制を含め，賃金・雇用体系の見直しが必要である．

化させる結果を生んでいると思われる．自治体間の地方税収の偏在の問題もある．国家財政の極端な悪化の下，地方の財政規律を強化することは避けて通れない課題である[25]．

我が国の社会システムは，社会保障や経済インフラなどを含め，人口や経済が拡大することを前提に成り立ってきたと見られ，人口減少・低成長下で，そうした社会の基本的な仕組みが機能しがたくなっている．目標として人口減少の抑制，経済の拡大を目指すのは良いし，そうすべきであるが，政策としては拡大しない場合に備えることが重要である．経済は拡大せず，人口は減少することを前提に社会の仕組みを抜本的に見直すべき時期を迎えていると思われる．その場合のキーワードは，上記のように「自助自立」ではないかと思われる．企業，個人，地方を通じた「自助自立」を基本原理として，社会の仕組みを再構築する必要があると思われる．

---

25) 威容を誇る東京都の都庁舎や都心の区役所などの豪奢な高層ビルは，地方議会が支出と住民や企業の税負担との考量を行っているのだろうかという疑問を呼び起こすものである．地方は住民の合意を得て税を調達し，それを公的サービスに充当するのではなく，国から与えられた財源を使う存在となっていないであろうか．2018年に国税として導入が決まった森林環境税は，森林環境譲与税として地方に譲与されるが，これが地方税の現在のあり方（国が用意し，地方が使う）を示しているように思われる．

補表 6-A　アベノミクスのクロノロジー

2012 年	11 月 14 日	民主党野田首相（当時），安倍自由民主党総裁との党首討論において，衆議院を 2 日後，即ち 11 月 16 日に解散することを表明.
	11 月 15 日	安倍総裁，自民党が政権に復帰すれば，政府と日銀は 2～3％ のインフレ目標を設定し，無制限の金融緩和を行う旨表明.
	12 月 16 日	衆院選において，自民党は，480 議席中，選挙前の 119 議席を 294 議席に伸ばす地滑り的勝利．これに対し民主党は，237 議席を 4 分の 3 減らし 57 議席とする壊滅的敗北.
	12 月 18 日	白川日銀総裁，自民党本部に安倍総裁を訪問.
	12 月 26 日	第 2 次安倍政権が発足，最初の閣議で「基本方針」を決定．そこにおいて，大震災と原発事故からの復興に加え，4 つの重点分野（経済，外交安全保障，教育，国民生活）を挙げ，経済分野については次のように述べた．「強い経済は日本の国力の源泉である．強い経済の再生なくして，財政の再建も，日本の将来もない．……大胆な金融政策，機動的な財政政策，民間投資を喚起する成長戦略の「三本の矢」で，……長引くデフレ・円高から脱却し，雇用や所得の拡大を目指す」.
2013 年	1 月 11 日	政府，「日本経済再生にむけた緊急経済対策」を決定．国の財政支出は 10.3 兆円，実質 GDP 押上げ効果は概ね 2％ 程度.
	1 月 22 日	内閣府，財務省，及び日本銀行は，デフレ脱却と持続的経済成長の実現のための政府・日銀の政策連携強化について共同声明を発表．その中で，日本銀行は消費者物価の前年比上昇率で 2％ の物価安定目標を設定し，これをできるだけ早く実現することを目指すとした（同日，日本銀行は金融政策におけるこうした変更を公表）.
	3 月 20 日	黒田東彦前 ADB 総裁，日本銀行総裁に就任.
	4 月 4 日	日本銀行，白川前総裁から黒田総裁への交替，及び副総裁の交替（新副総裁には長年日銀を率直に批判してきた学習院大学の岩田規久男教授が含まれていた）後，初めての金融政策決定会合において，量的・質的金融緩和（Quantitative and Qualitative Monetary Easing: QQE）を導入.
	6 月 14 日	政府，「経済財政運営と改革の基本方針」を決定．経済財政政策運営の方針と「三本の矢」の推進を含む日本再興の基本戦略を提示.
		政府，「日本再興戦略 ― JAPAN IS BACK」を決定．産業の復興，戦略的市場創造，国際展開の 3 つの行動計画により構成.

2013年	8月8日	政府,下記の3つの目標を含む中期財政計画を承認. 国地方を合わせた基礎的財政収支を2010年度の水準 (GDP比6.6%の赤字) から2015年度までに半減させ,2020年度までに黒字化し,その後債務残高のGDP比を安定的に引き下げる.
	9月1日	政府,経済の好循環実現に向け,意見交換を行い課題解決のための共通認識を得ることを目的として,関係閣僚,経済界・労働界の代表からなる政労使会議の設置を決定.
	10月1日	政府,2014年4月1日より消費税率を現在の5%から8%へと,17年ぶりに,引き上げることを決定. 同時に,政府は,税率引上げ前の駆け込み需要の反動減による経済の下押しリスクに対処するため,経済対策を編成することを決定.
	12月5日	政府は,「好循環実現のための経済対策」を決定. 国費は5.5兆円,実質GDPの押上げ効果は概ね1%程度.
	12月20日	政労使会議,政府による好循環実現に向けた環境整備の下,労使は,各企業の経営状況等を踏まえつつ,企業収益の拡大を賃金上昇につなげていくとの声明を公表.
2014年	4月1日	消費税率,5%から8%に引上げ. 法人実効税率,2.4%引下げ.
	6月24日	改訂「日本再興戦略」公表 (数年のうちに法人実効税率の30%未満への引下げを目指すこと,企業のガバナンスを強化すること,女性の活躍を促進すること,柔軟な働き方を可能とすること,外国人材を活用すること,農業政策を改革すること等).
	8月13日	2014年第2四半期実質GDP前期比伸び率 (年率) 1次速報,−6.8%.
	10月31日	日本銀行,QQEの拡大を公表 (ベースマネーの年間増加目標を従前の60〜70兆円から80兆円に引上げ等).
	11月17日	2014年第3四半期実質GDP前期比伸び率 (年率) 1次速報,−1.6%.
	11月18日	安倍首相,2015年10月に予定されていた消費税率の8%から10%への引上げを2017年4月まで18か月延期すること,アベノミクスについて国民の判断を求めるため衆議院を解散することを表明.
	11月21日	衆議院解散.
	12月14日	衆院選において,自民党は選挙前の議席をわずか2つ減らす291議席を獲得. 35議席を獲得した公明党との連立政権は,全475議席の3分の2を超える圧倒的な多数を維持.
	12月24日	第3次安倍内閣発足.

2014年	12月27日	政府,「地方への好循環拡大に向けた緊急経済対策」を決定.追加的国費は3.5兆円,実質GDP押上げ効果は0.7%程度.
2015年	9月24日	安倍首相,アベノミクスは第2ステージに移行するとし,新三本の矢(目標)を提示.即ち,強い経済(GDP 600兆円を目標),子育て支援(希望出生率1.8を目標),安心な社会保障(介護離職ゼロ),更に50年後も人口1億人を維持.
	12月18日	日本銀行,QQEの補完措置を導入.買入国債の平均残存期間の若干の長期化等を含む.
2016年	1月29日	日本銀行,金融機関の日銀当座預金残高の一部に −0.1% のマイナス金利を課することを決定(2月16日より実施).必要であれば金利を更に引き下げると表明.
	6月1日	安倍総理,消費税率の8%から10%への引上げを2017年4月1日から2019年10月1日へと2年半再延期することを表明.
	8月2日	政府,「未来への投資を実現する経済対策」を決定.国費は13.5兆円,実質GDP押上げ効果は概ね1.3%程度.
	9月21日	日本銀行,QQE(及びマイナス金利付きQQE)の総括的検証結果を公表し,従前のベースマネー増加額をターゲットとする政策を変更し,長短金利操作を行う「イールドカーブ・コントロール」を採用することを決定(短期金利は日銀当座預金の一部に −0.1% のマイナス金利適用,長期金利は10年物国債金利でゼロ%程度).
2017年	9月25日	安倍総理,消費税率の10%への引き上げによる税収の使途の変更(借金の返済でなく,幼児教育の無償化など全世代型社会保障への転換のために使用),2020年度のプライマリーバランス黒字化目標の達成断念.従来の方針の変更について国民の信を問うための衆議院の解散を表明.
	10月22日	衆院選において,自民党は全465議席の過半数を大きく超える284議席を得て圧勝.

参考文献

青島矢一・武石彰, メイケル・A・クスマノ編 (2010)『メイド・イン・ジャパンは終わるのか――「奇跡」と「終焉」の先にあるもの』東洋経済新報社.
朝日新聞「変転経済」取材班編 (2009)『失われた〈20年〉』岩波書店.
安達誠司 (2013)「金融政策決定プロセスと金融政策論争の系譜」岩田規久男編『日本経済再生　まずデフレをとめよ』日本経済新聞出版社, pp. 71-125.
足立真紀子 (2004)「少子・高齢化が家計部門に与える影響」『みずほ総研論集』2004年Ⅰ号, pp. 1-35.
池尾和人編 (2009)『不良債権と金融危機』(「バブル／デフレ期の日本経済と経済政策」シリーズ, 分析・評価編第4巻) 内閣府経済社会総合研究所.
石井茂 (1998)『決断なき経営――山一はなぜ変われなかったのか』日本経済新聞社.
伊丹敬之編 (2006)『日米企業の利益率格差』有斐閣.
伊藤光利 (2002)「長期超低金利政策の政治経済学――「現実認識」と影響力構造」村松岐夫・奥野正寛編『平成バブルの研究 (下) 崩壊編――崩壊後の不況と不良債権処理』東洋経済新報社, pp. 189-272.
伊藤元重編 (2009)『国際環境の変化と日本経済』(「バブル／デフレ期の日本経済と経済政策」シリーズ, 分析・評価編第3巻) 内閣府経済社会総合研究所.
岩田一政 (2010)『デフレとの闘い――日銀副総裁の1800日』日本経済新聞出版社.
岩田一政・内閣府経済社会総合研究所編 (2011)『バブル／デフレ期の日本経済と経済政策――我々は何を学んだのか』内閣府経済社会総合研究所.
岩田規久男 (1993)『金融政策の経済学――「日銀理論」の検証』日本経済新聞社.
岩田規久男編 (2000)『金融政策の論点――検証・ゼロ金利政策』東洋経済新報社.
岩田規久男 (2001)『デフレの経済学』東洋経済新報社.
岩田規久男 (2009)『日本銀行は信用できるか』講談社現代新書.
岩田規久男 (2011)『デフレと超円高』講談社現代新書.
岩田規久男編 (2013a)『日本経済再生　まずデフレをとめよ』日本経済新聞出版社.
岩田規久男 (2013b)『リフレは正しい――アベノミクスで復活する日本経済』PHP研究所.
岩田規久男 (2013c)「「量的・質的緩和」のトランスミッション・メカニズム――「第一の矢」の考え方」京都商工会議所における講演, 2013年8月28日日本銀行公表.
https://www.boj.or.jp/announcements/press/koen_2013/data/ko130828a1.pdf

岩田規久男・宮川努編（2003）『失われた10年の真因は何か』東洋経済新報社．
植田和男（2001）「1990年代における日本の不良債権問題の原因」星岳雄，ヒュー・パトリック編，筒井義郎監訳『日本金融システムの危機と変貌』日本経済新聞社，pp. 69-98.
植田和男（2005）『ゼロ金利との闘い――日銀の金融政策を総括する』日本経済新聞社．
植村修一・佐藤嘉子（2000）「最近の地価形成の特徴」『日本銀行調査月報』2000年10月号，pp. 161-195.
梅田雅信（2011）『日銀の政策形成――「議事録」等にみる，政策判断の動機と整合性』東洋経済新報社．
大来洋一（2010）『戦後日本経済論――成長経済から成熟経済への転換』東洋経済新報社．
大蔵省（1984）「金融の自由化及び円の国際化についての現状と展望」『金融』第448号，pp. 36-42.
大蔵省（1992）「金融行政の当面の運用方針」（1992年8月18日）大蔵省銀行局内銀行局金融年報編集委員会編『第42回銀行局金融年報　平成5年版』金融財政事情研究会，1993年．
大蔵省財政金融研究所（1993）「資産価格変動のメカニズムとその経済効果――資産価格変動のメカニズムとその経済効果に関する研究会報告書」『フィナンシャル・レビュー』第30号（1993年11月号），pp. 1-75.
大竹文雄・柳川範之編（2004）『平成不況の論点――検証・失われた十年』東洋経済新報社．
大谷聡・白塚重典・中久木雅之（2004）「生産要素市場の歪みと国内経済調整」『金融研究』第23巻第1号，pp. 95-125.
大淵寛（1997）『少子化時代の日本経済』日本放送出版協会．
大淵寛・兼清弘之編（2005）『少子化の社会経済学』原書房．
大淵寛・森岡仁（1981）『経済人口学』新評論．
大淵寛・森岡仁編（2006）『人口減少時代の日本経済』原書房．
岡田靖・浜田宏一（2009）「バブルデフレ期の日本の金融政策」吉川洋編『デフレ経済と金融政策』（「バブル／デフレ期の日本経済と経済政策」シリーズ，分析・評価編第2巻）内閣府経済社会総合研究所，pp. 377-417.
岡本直樹（2001）「デフレに直面する我が国経済――デフレの定義の再整理を含めて」内閣府景気判断・政策分析ディスカッション・ペーパー，No. DP/01-1.
小川一夫（2009a）『「失われた10年」の真実――実体経済と金融システムの相克』東洋経済新報社．
小川一夫（2009b）「バランスシートの毀損と実物経済――1990年代以降の日本経済の実証分析」池尾和人編『不良債権と金融危機』（「バブル／デフレ期の日本経済

と経済政策」シリーズ,分析・評価編第4巻)内閣府経済社会総合研究所,pp. 345-386.
小川一夫・竹中平蔵 (2001)『政策危機と日本経済——90年代の経済低迷の原因を探る』日本評論社.
翁邦雄 (1999)「「日銀理論」は間違っていない」『週刊東洋経済』1999年10月10日号(第5101号), pp. 106-111.
翁邦雄 (2009)「バブルの生成・崩壊の経験に照らした金融政策の枠組み——FED VIEWとBIS VIEWを踏まえて」吉川洋編『デフレ経済と金融政策』(「バブル/デフレ期の日本経済と経済政策」シリーズ,分析・評価編第2巻)内閣府経済社会総合研究所, pp. 3-38.
翁邦雄・小田信之 (2000)「利非負制約下における追加的金融緩和策——日本の経験を踏まえた論点整理」『金融研究』第19巻第4号, pp. 145-186.
翁邦雄・白川方明・白塚重典 (2000)「資産価格バブルと金融政策——1980年代後半の日本の経験とその教訓」『金融研究』第19巻第4号, pp. 261-322.
翁邦雄・白塚重典・藤木裕 (2000)「ゼロ金利下の金融政策——中央銀行エコノミストの視点」IMES Discussion Paper Series(日本銀行金融研究所), No. 2000-J-10.
奥武則 (2004)『むかし〈都立高校〉があった』平凡社.
カウフマン,フランツ・グザファー著,原俊彦・魚住明代訳 (2011)『縮減する社会——人口減少とその帰結』原書房.
片岡剛士 (2010)『日本の「失われた20年」——デフレを超える経済政策に向けて』藤原書店.
カッツ,リチャード著,鈴木明彦訳 (1999)『腐りゆく日本というシステム』東洋経済新報社.
加藤久和 (2001)『人口経済学入門』日本評論社.
金川徹 (1986)『貿易摩擦と国際経済の諸問題——日本とアメリカの貿易摩擦を中心に』啓文社.
金川徹 (1989)『日米貿易摩擦——対立と協調の構図』啓文社.
加野忠 (2006)『ドル円相場の政治経済学——為替変動にみる日米関係』日本経済評論社.
軽部謙介 (2004)『ドキュメントゼロ金利——日銀VS政府なぜ対立するのか』岩波書店.
軽部謙介・西野智彦 (1999)『検証経済失政——誰が,何を,なぜ間違えたか』岩波書店.
河合正弘・高木信二 (2009)「為替レートと国際収支——プラザ合意から平成不況のマクロ経済」伊藤元重編『国際環境の変化と日本経済』(「バブル/デフレ期の日本経済と経済政策」シリーズ,分析・評価編第3巻)内閣府経済社会総合研究

所，pp. 235-275.
木村武・嶋谷毅・桜健一・西田寛彬（2001）「マネーと成長期待——物価の変動メカニズムを巡って」『金融研究』第30巻第3号，pp. 145-165.
クー，リチャード（2007）『「陰」と「陽」の経済学——我々はどのような不況と戦ってきたのか』東洋経済新報社．
クー，リチャード（2008）『日本経済を襲う二つの波——サブプライム危機とグローバリゼーションの行方』徳間書店．
草野厚（1998）『山一証券破綻と危機管理——1965年と1997年』朝日新聞社．
楠壽晴（2005）「バブルの原因再考（上）」『預金保険研究』第5号，pp. 1-22.
楠壽晴（2006）「バブルの原因再考（下）」『預金保険研究』第7号，pp. 1-15.
久保田勇夫（2008）『証言・宮澤第一次「1986～1988」通貨外交』西日本新聞社．
公文敬（2006）『人口減少デフレは始まっている——21世紀に横たわる第五の景気循環』東洋経済新報社．
黒田東彦（2005）『財政金融政策の成功と失敗——激動する日本経済』日本評論社．
経済企画庁（1984）『昭和59年度 年次経済報告』経済企画庁．
経済企画庁（1991）『平成3年度 年次経済報告』経済企画庁．
経済企画庁（1993）『平成5年度 年次経済報告』経済企画庁．
香西泰（1981）『高度成長の時代——現代日本経済史ノート』日本評論社．
香西泰・伊藤修・有岡律子（2001）「バブル期の金融政策とその反省」香西泰・白川方明・翁邦雄編『バブルと金融政策——日本の経験と教訓』日本経済新聞社，pp. 111-199.
国際協調のための経済構造調整研究会（1986）「国際協調のための経済構造調整研究会報告書」（前川レポート）1986年4月7日．
　　http://worldjpn.grips.ac.jp/documents/texts/JPUS/19860407.O1J.html
国土交通省土地・建設産業局（2012）「不動産市場における資産価格変動に関する研究会報告書」2012年3月．http://www.mlit.go.jp/common/001205914.pdf
古城佳子（2009）「国際政治と日本の規制緩和，構造改革——国際政治の変化と外圧」寺西重郎編『構造問題と規制緩和』（「バブル／デフレ期の日本経済と経済政策」シリーズ，分析・評価編第7巻）内閣府経済社会総合研究所，pp. 45-76.
小峰隆夫（2006）『日本経済の新局面』中央公論新社．
小峰隆夫（2010）『人口負荷社会』日本経済新聞出版社．
小峰隆夫編（2011a）『日本経済の記録——第2次石油危機への対応からバブル崩壊まで（1970年代～1996年）』（「バブル／デフレ期の日本経済と経済政策」シリーズ，歴史編第1巻）内閣府経済社会総合研究所．
小峰隆夫編（2011b）『日本経済の記録——金融危機，デフレと回復過程（1997年～2006年）』（「バブル／デフレ期の日本経済と経済政策」シリーズ，歴史編第2巻）内閣府経済社会総合研究所．

小峰隆夫・連合総合生活開発研究所編（2007）『人口減・少子化社会の未来——雇用と生活の質を高める』明石書店．
小宮隆太郎・日本経済研究センター編（2002）『金融政策論議の争点——日銀批判とその反論』日本経済新聞社．
近藤健彦（1999）『プラザ合意の研究』東洋経済新報社．
近藤誠（2011）「石油危機後の経済構造調整とグローバリゼーションへの対応——1970 年代〜84 年を中心に」小峰隆夫編『日本経済の記録——第 2 次石油危機への対応からバブル崩壊まで（1970 年代〜1996 年）』（「バブル／デフレ期の日本経済と経済政策」シリーズ，歴史編第 1 巻）内閣府経済社会総合研究所，pp. 1-127．
榊原英資（2001）「1990 年代の日米の経済政策をめぐる対立と協調」三木谷良一，アダム・S・ポーゼン編，清水啓典監訳『日本の金融危機——米国の経験と日本への教訓』東洋経済新報社，pp. 179-198．
桜井良治（1993）「バブル経済の崩壊と日本経済の本質」『法經論集』（静岡大学）第 71 号，pp. 56(17)-28(45)．
桜川昌哉（2003）「不良債権が日本経済に与えた打撃」岩田規久男・宮川努編『失われた 10 年の真因は何か』東洋経済新報社，pp. 151-174．
佐藤隆文（2003）『信用秩序政策の再編——枠組み移行期としての 1990 年代』日本図書センター．
佐藤隆文（2010）『金融行政の座標軸——平時と有事を越えて』東洋経済新報社．
地主俊樹・黒木祥弘・宮尾龍蔵（2001）「1980 年代後半以降の日本の金融政策——政策対応の遅れとその理由」三木谷良一，アダム・S・ポーゼン編，清水啓典監訳『日本の金融危機——米国の経験と日本への教訓』東洋経済新報社，pp. 115-156．
清水啓典（2001）「護送船団規制，銀行経営と日本の金融危機」三木谷良一，アダム・S・ポーゼン編，清水啓典監訳『日本の金融危機——米国の経験と日本への教訓』東洋経済新報社，pp. 69-114．
清水谷諭（2005）『期待と不確実性の経済学——デフレ経済のミクロ実証分析』日本経済新聞社．
白井さゆり（2012）「人口動態の変化は我が国のマクロ経済に影響を与えているのか？——金融政策へのインプリケーション」フィンランド中銀，スウェーデン中銀，ストックホルム大学セミナーにおける講演（9 月 3 日〜7 日）の邦訳，2012 年 9 月 7 日日本銀行公表．
https://www.boj.or.jp/announcements/press/koen_2012/data/ko120910a1.pdf
白川方明（2002）「「量的緩和」採用後 1 年間の経験」小宮隆太郎・日本経済研究センター編『金融政策論議の争点——日銀批判とその反論』日本経済新聞社，pp. 157-234．

白川方明（2008）『現代の金融政策——理論と実際』日本経済新聞出版社．

白川方明（2010a）「日本経済とイノベーション」日本記者クラブにおける講演，2010年5月31日日本銀行公表．

https://www.boj.or.jp/announcements/press/koen_2010/data/ko1005b.pdf

白川方明（2010b）「特殊性か類似性か？——金融政策研究を巡る日本のバブル崩壊後の経験」第2回 International Journal of Central Banking 誌秋季コンファランスにおける基調講演の邦訳，2010年9月16日日本銀行公表．

https://www.boj.or.jp/announcements/press/koen_2010/data/ko1009c.pdf

白川方明（2011a）「高度成長から安定成長へ——日本の経験と新興国経済への含意」フィンランド中央銀行創立200周年記念会議における発言の邦訳，2011年5月5日日本銀行公表．

https://www.boj.or.jp/announcements/press/koen_2011/data/ko110506a.pdf

白川方明（2011b）「バブル，人口動態，自然災害」日本銀行金融研究所主催2011年国際コンファランスにおける開会挨拶の邦訳，2011年6月1日日本銀行公表．

https://www.boj.or.jp/announcements/press/koen_2011/data/ko110601a.pdf

白川方明（2012a）「デレバレッジと経済成長——先進国は日本が過去に歩んだ「長く曲がりくねった道」を辿っていくのか？」London School of Economics and Political Science における講演（アジアリサーチセンター・STICERD 共催），2012年1月10日日本銀行公表．

https://www.boj.or.jp/announcements/press/koen_2012/data/ko120111a.pdf

白川方明（2012b）「最近の金融経済情勢と金融政策運営」内外情勢調査会における講演，2012年6月4日日本銀行公表．

https://www.boj.or.jp/announcements/press/koen_2012/data/ko120604a1.pdf

白川方明（2012c）「人口動態の変化とマクロ経済パフォーマンス——日本の経験から」日本銀行金融研究所主催2012年国際コンファランスにおける開会挨拶の邦訳，2012年5月30日日本銀行公表．

https://www.boj.or.jp/announcements/press/koen_2012/data/ko120530a1.pdf

白塚重典・田口博雄・森成城（2000）「日本おけるバブル崩壊後の調整に対する政策対応——中間報告」IMES Discussion Paper Series（日本銀行金融研究所），No. 2000-J-12．

新保生二（2002）「デフレをもたらしたのは構造要因か、金融政策か」小宮隆太郎・日本経済研究センター編『金融政策論議の争点——日銀批判とその反論』日本経済新聞社，pp. 81-120．

杉原茂・太田智之（2002）「資産価格の下落と企業のバランスシート調整」原田泰・岩田規久男編『デフレ不況の実証分析——日本経済の停滞と再生』東洋経済新報社，pp. 95-120．

第一生命経済研究所編（2003）『資産デフレで読み解く日本経済——深まる縮小均衡

の危機』日本経済新聞社.
高山憲之・斎藤修編 (2006)『少子化の経済分析』東洋経済新報社.
滝田洋一 (2002)『日本経済　不作為の罪』日本経済新聞社.
滝田洋一・鹿島平和研究所編 (2006)『日米通貨交渉――20 年目の真実』日本経済出版社.
竹中治堅 (2005)「地価バブルへの対応はなぜ遅れたか――東京の問題が日本の問題に転じるまで」村松岐夫編『平成バブル　先送りの研究』東洋経済新報社，pp. 93-127.
建部正義 (2010)『金融危機下の日銀の金融政策』中央大学出版部.
田中隆之 (2002)『現代日本経済――バブルとポスト・バブルの軌跡』日本評論社.
田中隆之 (2007)「ゼロ金利制約下におけるリフレーション政策論議――日銀は何を行い何を行わなかったか」『専修経済学論集』第 41 巻第 3 号，pp. 159-223.
田中隆之 (2008)『「失われた十五年」と金融政策』日本経済新聞出版社.
田中隆之 (2009)『金融危機にどう立ち向かうか――「失われた 15 年」の教訓』筑摩書房.
田中秀臣・安達誠司 (2003)『平成大停滞と昭和恐慌――プラクティカル経済学入門』日本放送出版協会.
中小企業庁 (2017)『2017 年版　中小企業白書』中小企業庁.
津谷典子・樋口美雄編 (2009)『人口減少と日本経済――労働・年金・医療制度のゆくえ』日本経済新聞出版社.
内閣府 (2001)「平成 13 年度　年次経済財政報告（経済財政政策担当大臣報告）――改革なくして成長なし」2001 年 12 月.
内閣府 (2005)『平成 17 年度　年次経済財政報告』2005 年 7 月 15 日.
内閣府 (2008a)『平成 20 年度　年次経済財政白書』2008 年 7 月 23 日.
内閣府 (2008b)『日本経済 2008-2009――急速に厳しさが増す景気後退』内閣府政策統括官室（経済財政分析担当）.
内閣府 (2010)『平成 22 年度　年次経済財政白書』2010 年 7 月 23 日.
内閣府 (2012a)『平成 24 年版　子ども・子育て白書』内閣府.
内閣府 (2012b)『高齢社会白書　平成 24 年版』内閣府.
内閣府 (2014)「潜在成長率について（中長期，マクロ的観点からの分析①）」2014 年 2 月 14 日.
　　http://www5.cao.go.jp/keizai-shimon/kaigi/special/future/0214/shiryou_02.pdf
中尾武彦 (2002)「日本の 1990 年代における財政政策の経験――バブル崩壊後の長引く経済低迷の中で」PRI Discussion Paper Series（財務省財務総合研究所），No. 02A-11.
中川智之 (1996)「我が国金融機関の不良債権の現状について」『ファイナンス』第 32 巻第 7 号，pp. 18-24.

中曽宏（2014）「「失われた20年」が示す将来への指針——2014年IADI・APRC国際コンファレンスにおける講演」2014年4月23日日本銀行公表．
　　https://www.boj.or.jp/announcements/press/koen_2014/data/ko140423a2.pdf
中原伸之（2006）『日銀はだれのものか』中央公論新社．
西崎健司・上野陽一・田中昌宏（2011）「日本の物価変動の背景——事実と論点の整理」日本銀行ワーキングペーパーシリーズ，No. 11-J-9.
西野智彦（2001）『検証　経済迷走——なぜ危機が続くのか』岩波書店．
西野智彦（2003）『検証　経済暗雲——なぜ先送りするのか』岩波書店．
西村清彦（2005）『日本経済　見えざる構造転換』関西社会経済研究所．
西村清彦・三輪芳朗編（1990）『日本の株価・地価——価格形成のメカニズム』東京大学出版会．
西村吉正（1999）『金融行政の敗因』文春新書．
西村吉正（2009）「不良債権処理政策の経緯と論点」池尾和人編『不良債権と金融危機』（「バブル／デフレ期の日本経済と経済政策」シリーズ，分析・評価編第4巻）内閣府経済社会総合研究所，pp. 251-283.
西村吉正（2011）『金融システム改革50年の軌跡』金融財政事情研究会．
日米共同円・ドル・レート，金融・資本市場問題特別会合作業部会（1984）「日米共同　円・ドル・レート，金融・資本市場問題特別会合作業部会報告書」（円ドル委員会報告書）1984年5月．
日本銀行（1990）『調査月報』1990年4月号．
日本銀行（1994）「平成5年度の金融および経済の動向」日本銀行『調査月報』1994年6月号，pp. 11-72.
日本銀行（1998a）「金融市場調節方針の変更について」1998年9月9日．
　　https://www.boj.or.jp/announcements/release_1998/k980909c.htm/
日本銀行（1998b）「速水総裁定例記者会見要旨（1998年7月21日）」．
　　http://www.boj.or.jp/announcements/press/kaiken_1998/kk9807b.htm/
日本銀行（1998c）「速水総裁定例記者会見要旨（1998年8月13日）」．
　　http://www.boj.or.jp/announcements/press/kaiken_1998/kk9808a.htm/
日本銀行（1999a）「速水総裁記者会見要旨（1999年5月20日）」．
　　http://www.boj.or.jp/announcements/press/kaiken_1999/kk9905a.htm/
日本銀行（1999b）「速水総裁定例記者会見要旨（1999年8月17日）」．
　　http://www.boj.or.jp/announcements/press/kaiken_1999/kk9908a.htm/
日本銀行（1999c）「速水総裁定例記者会見要旨（1999年9月21日）」．
　　http://www.boj.or.jp/announcements/press/kaiken_1999/kk9909c.htm/
日本銀行（2000a）「速水総裁記者会見要旨（2000年2月15日）」．
　　http://www.boj.or.jp/announcements/press/kaiken_1999/kk9909c.htm/
日本銀行（2000b）「速水総裁記者会見要旨（2000年3月10日）」．

http://www.boj.or.jp/announcements/press/kaiken_2000/kk0003a.htm/
日本銀行（2000c）「速水総裁記者会見要旨（2000 年 4 月 12 日）」．
http://www.boj.or.jp/announcements/press/kaiken_2000/kk0004a.htm/
日本銀行（2000d）「速水総裁記者会見要旨（2000 年 6 月 14 日）」．
http://www.boj.or.jp/announcements/press/kaiken_2000/kk0006a.htm/
日本銀行（2000e）「速水総裁記者会見要旨（2000 年 7 月 19 日）」．
http://www.boj.or.jp/announcements/press/kaiken_2000/kk0007a.htm/
日本銀行（2001）「最近の銀行貸出市場の動向について」マーケット・レビュー，No. 2001-J-10．
https://www.boj.or.jp/research/wps_rev/mkr/data/kmr01j10.pdf
日本銀行（2003a）「経済・物価の将来展望とリスク評価（2003 年 4 月）」．
https://www.boj.or.jp/mopo/outlook/data/gor0304.pdf
日本銀行（2003b）「経済・物価の将来展望とリスク評価（2003 年 10 月）」．
https://www.boj.or.jp/mopo/outlook/data/gor0310.pdf
日本銀行（2004a）「経済・物価情勢の展望（2004 年 4 月）」．
https://www.boj.or.jp/mopo/outlook/data/gor0404.pdf
日本銀行（2004b）「経済・物価情勢の展望（2004 年 10 月）」．
https://www.boj.or.jp/mopo/outlook/data/gor0410.pdf
日本銀行（2005a）「経済・物価情勢の展望（2005 年 4 月）」．
https://www.boj.or.jp/mopo/outlook/data/gor0504.pdf
日本銀行（2005b）「わが国企業による有利子負債の圧縮と利益配分策」日銀レビュー，No. 2005-J-7．
https://www.boj.or.jp/research/wps_rev/rev_2005/data/rev05j07.pdf
日本銀行（2005c）「経済・物価情勢の展望（2005 年 10 月）」．
https://www.boj.or.jp/mopo/outlook/data/gor0510.pdf
日本銀行（2009）『金融経済月報』2009 年 2 月．
日本銀行（2018）「経済・物価情勢の展望（2018 年 4 月）」．
http://www.boj.or.jp/mopo/outlook/gor1804b.pdf
日本銀行調査統計局（2000）「わが国の物価動向――90 年代の経験を中心に」2000 年 10 月．https://www.boj.or.jp/research/brp/ron_2000/data/ron0010a.pdf
日本銀行調査統計局（2005）「企業収益の改善とその日本経済への含意」2005 年 9 月 20 日．https://www.boj.or.jp/research/brp/ron_2005/data/ron0509a.pdf
日本銀行調査統計局（2012）「日本の人口動態と中長期的な成長力――事実と論点の整理」2012 年 8 月．
https://www.boj.or.jp/research/brp/ron_2012/data/ron120831a.pdf
日本経済新聞社編（2000）『検証バブル――犯意なき過ち』日本経済新聞社．
額賀信（2005）『需要縮小の危機――人口減少社会の経済学』NTT 出版．

野口旭（2002）『経済学を知らないエコノミストたち』日本評論社．

野口旭（2005-06）「平成経済政策論争（1）～（11）」『経済セミナー』2005年4月号（第603号）～2006年2・3月号（第613・614号）．

野口旭（2006）『エコノミストたちの歪んだ水晶玉──経済学は役立たずか』東洋経済新報社．

野口旭（2013）「構造問題とデフレーション」岩田規久男編『日本経済再生　まずデフレをとめよ』日本経済新聞出版社，pp. 127-147．

野口旭・岡田靖（2003）「金融政策の機能停止は何故生じたのか」岩田規久男・宮川努編『失われた10年の真因は何か』東洋経済新報社，pp. 79-105．

野口悠紀雄（1992）『バブルの経済学──日本経済に何が起こったのか』日本経済新聞社．

野口悠紀雄（2005）『日本経済改造論──いかにして未来を切り開くか』東洋経済新報社．

バーナンケ，ベン・S（2001）「自ら機能麻痺に陥った日本の金融政策」三木谷良一，アダム・S・ポーゼン編，清水啓典監訳『日本の金融危機──米国の経験と日本への教訓』東洋経済新報社，pp. 157-178．

服部茂幸（2008）『金融政策の誤算──日本の経験とサブプライム問題』NTT出版．

浜田宏一・堀内昭義・内閣府経済社会総合研究所編（2004）『論争　日本の経済危機──長期停滞の真因を解明する』日本経済新聞社．

早川英男（2016）『金融政策の「誤解」──"壮大な実験"の成果と限界』慶應義塾大学出版会．

林文夫（2003）「構造改革なくして成長なし」岩田規久男・宮川努編『失われた10年の真因は何か』東洋経済新報社，pp. 1-16．

速水優（1998）「アジア経済と日本の役割」第24回日本・アセアン経営者会議における速水日本銀行総裁基調演説，1998年10月29日日本銀行公表．
https://www.boj.or.jp/announcements/press/koen_1998/ko9810c.htm/

原島求（2005）『日本経済失敗学──何が日本人に欠けているために第二の敗戦を喫したのか？』ブイツーソリューション．

氷見野良三（2005）『〈検証〉BIS規制と日本［第2版］』金融財政事情研究会．

深尾京司（2002）「日本の貯蓄超過と「バブル」の発生」村松岐夫・奥野正寛編『平成バブルの研究（上）形成編──バブルの発生とその背景構造』東洋経済新報社，pp. 217-248．

深尾京司（2012）『「失われた20年」と日本経済──構造的原因と再生への原動力の解明』日本経済新聞出版社．

深尾光洋（2002）「1980年代後半の資産価格バブル発生と90年代の不況の原因──金融システムの機能不全の観点から」村松岐夫・奥野正寛編『平成バブルの研究（上）形成編──バブルの発生とその背景構造』東洋経済新報社，pp. 87-126．

深尾光洋（2009a）「銀行の経営悪化と破綻処理」池尾和人編『不良債権と金融危機』（「バブル／デフレ期の日本経済と経済政策」シリーズ，分析・評価編第4巻）内閣府経済社会総合研究所，pp. 153-184.

深尾光洋（2009b）「長期不況と金融政策・為替レート・銀行信用」池尾和人編『不良債権と金融危機』（「バブル／デフレ期の日本経済と経済政策」シリーズ，分析・評価編第4巻）内閣府経済社会総合研究所，pp. 285-344.

福田慎一（2009）「バブル崩壊後の金融市場の動揺と金融政策」吉川洋編『デフレ経済と金融政策』（「バブル／デフレ期の日本経済と経済政策」シリーズ，分析・評価編第2巻）内閣府経済社会総合研究所，pp. 201-232.

福田慎一（2015）『「失われた20年」を超えて』NTT出版.

藤井眞理子（2009）『金融革新と市場危機』日本経済新聞出版社.

藤井良広（2001）『金融再生の誤算』日本経済新聞社.

船橋洋一著訳（1988）『通貨烈烈』朝日新聞社.

平成金融危機への対応研究会（2005）「破綻処理手法の進化と関連法の整備（金融再生法以後）」『預金保険研究』第4号，pp. 47-80.

星岳雄，ヒュー・パトリック編，筒井義郎監訳（2001）『日本金融システムの危機と変貌』日本経済新聞社.

堀雅博（2009）「アジアの発展と日本経済——外需動向・為替レートと日本の国際競争力」深尾京司編『マクロ経済と産業構造』（「バブル／デフレ期の日本経済と経済政策」シリーズ，分析・評価編第1巻）内閣府経済社会総合研究所，pp. 177-208.

堀雅博・木滝秀彰（2004）「銀行機能低下元凶説は説得力を持ちうるか」浜田宏一・堀内昭義・内閣府経済社会総合研究所編『論争　日本の経済危機——長期停滞の真因を解明する』日本経済新聞社，pp. 245-272.

ホリオカ，チャールズ・ユウジ（2007）「日本の「失われた10年」の原因——家計消費の役割」林文夫編『経済停滞の原因と制度』勁草書房，pp. 19-36.

ボルカー，ポール，行天豊雄著，江沢雄一監訳（1992）『富の興亡——円とドルの歴史』東洋経済新報社.

松崎正博（1988）『日米摩擦の政治経済学』八千代出版.

松島茂・竹中治堅編（2011）『日本経済の記録——時代証言集（オーラルヒストリー）』（「バブル／デフレ期の日本経済と経済政策」シリーズ，歴史編第3巻）内閣府経済社会総合研究所.

松谷明彦（2004）『「人口減少経済」の新しい公式——「縮む世界」の発想とシステム』日本経済新聞社.

三重野康（2000）『利を見て義を思う——三重野康の金融政策講義』中央公論新社.

三木谷良一，アダム・S・ポーゼン編，清水啓典監訳（2001）『日本の金融危機——米国の経験と日本への教訓』東洋経済新報社.

宮尾龍蔵（2004）「銀行機能の低下と九〇年代以降のデフレ停滞――「貸し渋り」説と「追い貸し」説の検討」浜田宏一・堀内昭義・内閣府経済社会総合研究所編『論争 日本の経済危機――長期停滞の真因を解明する』日本経済新聞社，pp. 217-244.

宮川努（2003）「「失われた10年」と産業構造の転換――なぜ新しい成長産業が生まれないのか」岩田規久男・宮川努編『失われた10年の真因は何か』東洋経済新報社，pp. 39-61.

宮崎義一（1992）『複合不況――ポスト・バブルの処方箋を求めて』中公新書．

村上昭義・伊神正貫（2017）「科学研究のベンチマーキング2017――論文分析でみる世界の研究活動の変化と日本の状況」文部科学省科学技術・学術政策研究所調査資料，No. 262.

村松岐夫・奥野正寛編（2002a）『平成バブルの研究（上）形成編――バブルの発生とその背景構造』東洋経済新報社．

村松岐夫・奥野正寛編（2002b）『平成バブルの研究（下）崩壊編――崩壊後の不況と不良債権処理』東洋経済新報社．

藻谷浩介（2010）『デフレの正体――経済は「人口の波」で動く』角川oneテーマ21.

八代尚宏（2004）『少子・高齢化の経済学――市場重視の構造改革』東洋経済新報社．

山口泰（1999）「金融政策と構造問題――日本の経験」フランス銀行で開催されたコンファレンス（10月8, 9日）における山口副総裁発言原稿，1999年11月2日日本銀行公表．
https://www.boj.or.jp/announcements/press/koen_1999/ko9911b.htm/

山口義行（2002）『誰のための金融再生か――不良債権処理の非常識』ちくま新書．

湯浅昇羊・辻広雅文（1996）『ドキュメント住専崩壊』ダイヤモンド社．

預金保険機構（2005）「金融機関破綻に関する定量分析」『預金保険研究』第4号，pp. 1-22.

吉川洋（1992）『日本経済とマクロ経済学』東洋経済新報社．

吉川洋（1997）『高度成長――日本を変えた6000日』読売新聞社．

吉川洋（1999）『転換期の日本経済』岩波書店．

吉川洋（2009a）「デフレーションと金融政策」吉川洋編『デフレ経済と金融政策』（「バブル／デフレ期の日本経済と経済政策」シリーズ，分析・評価編第2巻）内閣府経済社会総合研究所，pp. 115-154.

吉川洋（2009b）『デフレ経済と金融政策』（「バブル／デフレ期の日本経済と経済政策」シリーズ，分析・評価編第2巻）内閣府経済社会総合研究所．

吉川洋（2011a）「少子高齢化と経済成長」RIETI Policy Discussion Paper Series, No. 11-P-006.

吉川洋（2011b）「少子高齢化と経済成長」藤田昌久・吉川洋編『少子高齢化の下で

の経済活力』日本評論社，pp. 1-11.
吉川洋（2013）『デフレーション——"日本の慢性病"の全貌を解明する』日本経済新聞出版社.
吉川洋（2016）『人口と日本経済——長寿，イノベーション，経済成長』中公新書.
吉川元忠（1998）『マネー敗戦』文春文庫.
吉冨勝（1998）『日本経済の真実——通説を超えて』東洋経済新報社.
労働政策研究・研修機構（2014）「若年者の就業状況・キャリア・職業能力開発の現状②——平成24年版「就業構造基本調査」特別集計より」JILPT資料シリーズ，No. 144.
労働政策研究・研修機構（2018）「諸外国における外国人材受入制度（非高度人材の位置づけ）——イギリス，ドイツ，フランス，アメリカ，韓国，台湾，シンガポール」JILPT資料シリーズ，No. 207.
若田部昌澄（2013）『経済学者たちの闘い——脱デフレをめぐる論争の歴史』東洋経済新報社.
渡辺孝（2001）『不良債権はなぜ消えない』日経BP社.
渡辺努（2009）「四半世紀の物価変動」吉川洋編『デフレ経済と金融政策』（「バブル／デフレ期の日本経済と経済政策」シリーズ，分析・評価編第2巻）内閣府経済社会総合研究所，pp. 277-294.
渡辺努（2012）「ゼロ金利下の長期デフレ」日本銀行ワーキングペーパーシリーズ，No. 12-J-3.
渡辺努（2013）「デフレ脱却の条件」キャノングローバル戦略研究所，2013年3月26日．https://www.canon-igs.org/research_papers/130326_watanabe.pdf

Ahearne, Alan, Joseph E. Gagnon, Jane Haltmaier, and Steven B. Kamin (2002), "Preventing Deflation: Lessons from Japan's Experience in the 1990s," Board of Governors of the Federal Reserve System, International Finance Discussion Papers Number, No. 729.
Aoyagi, Chie and Giovanni Ganelli (2013), "The Path to Higher Growth: Does Revamping Japan's Dual Labor Market Matter?" IMF Working Paper, No. 13/202.
Bank of Japan (1998), "Change of the Guideline for Money Market Operations," Announcement of the Monetary Policy Meeting Decisions, September 9, 1998. https://www.boj.or.jp/en/announcements/release_1998/k980909c.htm/
Bernanke, Ben S. (2000), "Japanese Monetary Policy: A Case of Self-induced Paralysis?" in: Ryoichi Mikitani and Adam Posen (eds.), *Japan's Financial Crisis and Its Parallels to U. S. Experience*, Washington, DC: Institute for International Economics, pp. 149-166.
Cabinet Office, Government of Japan (2001), "Annual Report on Japan's Economy

and Public Finance 2000-2001: No Gains Without Reform," December 2001.
https://www5.cao.go.jp/zenbun/wp-e/wp-je01/wp-je01-000i1.html
Drees, Burkhard and Ceyla Pazarbaşıoğlu (1995), "The Nordic Banking Crises: Pitfalls in Financial Liberalization?" IMF Working Paper, No. 95/61.
Flath, David (2005), *The Japanese Economy*, 2nd ed., Oxford: Oxford University Press.
Fujiki, Hiroshi, Kunio Okina, and Shigenori Shiratsuka (2001), "Monetary Policy under Zero Interest Rate: Viewpoints of Central Bank Economists," *Monetary and Economic Studies*, Institute for Monetary and Economic Studies, Bank of Japan, Vol. 19(1)/February 2001, pp. 89-130.
Fukuda, Shin-ichi (2015), "Abenomics: Why was it so Successful in Changing Market Expectations?" *Journal of the Japanese and International Economies*, Vol. 37/September 2015, pp. 1-20.
Hayashi, Fumio, and Edward C. Prescott (2002), "The 1990s in Japan: A Lost Decade," *Review of Economic Dynamics*, Vol. 5(1), pp. 206-235.
IMF (2003), *World Economic Outlook, April 2003: Growth and Institutions*, Washington, DC: International Monetary Fund.
IMF (2014), "Japan 2014 Article IV Consultation — Staff Report; and Press Release," IMF Country Report, No. 14/236.
https://www.imf.org/external/pubs/ft/scr/2014/cr14236.pdf
Iwata, Kikuo (2013), "Quantitative and Qualitative Monetary Easing and its Transmission Mechanism: Logic behind the First Arrow," Speech at a Meeting Held by the Kyoto Chamber of Commerce and Industry (KCCI), August 28, 2013, Bank of Japan.
https://www.boj.or.jp/en/announcements/press/koen_2013/data/ko130828a1.pdf
Jinushi, Toshiki, Yoshihiro Kuroki, and Ryuzo Miyao (2000), "Monetary Policy in Japan since the Late 1980s: Delayed Policy Actions and Some Explanations," in: Ryoichi Mikitani and Adam Posen (eds.), *Japan's Financial Crisis and Its Parallels to U. S. Experience*, Washington, DC: Institute for International Economics, pp. 115-148.
Joong Shik Kang (2014), "Balance Sheet Repair and Corporate Investment in Japan," IMF Working Paper, No. 14/141.
Katz, Richard (1998), *Japan: The System That Soured*, New York: M. E. Sharpe.
Kosai, Yutaka (1986), *The Era of High-Speed Growth: Notes on the Postwar Japanese Economy*, Tokyo: University of Tokyo Press.
Krugman, Paul R. (1998), "It's Baaack: Japan's Slump and the Return of the Liquidi-

ty Trap," Brookings Papers on Economic Activity, No. 2, pp. 137-205.

Krugman, Paul R. (2000), "Thinking About the Liquidity Trap," *Journal of the Japanese and International Economies*, Vol. 14(4), pp. 221-237.

Kuroda, Haruhiko (2013), "Public Policy Study and Monetary Policy Management," Speech at the Graduate School of Public Policy, the University of Tokyo, December 7, 2013, Bank of Japan.
https://www.boj.or.jp/en/announcements/press/koen_2013/data/ko131207a1.pdf

Mori, Naruki, Shigenori Shiratsuka, and Hiroo Taguchi (2001), "Policy Responses to the Post-bubble Adjustments in Japan: A Tentative Review," *Monetary and Economic Studies*, Institute for Monetary and Economic Studies, Bank of Japan, Vol. 19(S1)/February 2001, pp. 53-112.

Motonishi, Taizo and Hirshi Yoshikawa (1999), "Causes of the Long Stagnation of Japan During the 1990s: Financial or Real?" NBER Working Paper, No. 7351.

Nakao, Takehiko (2002), "Japan's Experience with Fiscal Policy in the 1990s in the Aftermath of the Bubble Economy," Presentation at the fourth Banca d'Italia workshop on public finances "The Impact of Fiscal Policy" on 21-23 March 2002.
https://www.bancaditalia.it/pubblicazioni/altri-atti-convegni/2002-impact-fiscal-policy/4.3_nakao.pdf?language_id=1

Nakaso, Hiroshi (2001), "The Financial Crisis in Japan During the 1990s: How the Bank of Japan Responded and the Lessons Learnt," Bank for International Settlements (BIS) Papers, No. 6.

Nakaso, Hiroshi (2014), "What the Lost Decades Left for the Future," Keynote Speech at the 2014 International Conference Held by the International Association of Deposit Insurers, Asia-Pacific Regional Committee, April 23, 2014, Bank of Japan.
http://www.boj.or.jp/en/announcements/press/koen_2014/data/ko140423a1.pdf

Nishizaki, Kenji, Toshitake Sekine, and Yoichi Ueno (2012), "Chronic Deflation in Japan," Bank of Japan Working Paper Series, No. 12-E-6, Bank of Japan.

Okina, Kunio, Masaaki Shirakawa, and Shigenori Shiratsuka (2000), "The Asset Price Bubble and Monetary Policy: Japan's Experience in the Late 1980s and the Lessons," Bank of Japan, IMES Discussion Paper Series, No. 2000-E-12.

Okina, Kunio and Shigenori Shiratsuka (2002), "Asset Price Bubbles, Price Stability, and Monetary Policy: Japan's Experience," *Monetary and Economic Studies*, Institute for Monetary and Economic Studies, Bank of Japan, Vol. 20(3)/October 2002, pp. 35-76.

Sakakibara, Eisuke (2000), "US-Japanese Economic Policy Conflicts and Coordination during the 1990s," in: Ryoichi Mikitani and Adam Posen (eds.), *Japan's Financial Crisis and Its Parallels to U. S. Experience*, Washington, DC: Institute for International Economics, pp. 167-184.

Shirakawa, Masaaki (2010), "Japan's Economy and Monetary Policy," Speech at a Meeting Held by the Naigai Josei Chousa Kai (Research Institute of Japan) in Tokyo, January 29, 2010, Bank of Japan.
https://www.boj.or.jp/en/announcements/press/koen_2010/data/ko1001a.pdf

Shirakawa, Masaaki (2012a), "Deleveraging and Growth: Is the Developed World Following Japan's Long and Winding Road?" Lecture at the London School of Economics and Political Science (Co-hosted by the Asia Research Centre and STICERD, LSE), January 10, 2012, Bank of Japan.
https://www.boj.or.jp/en/announcements/press/koen_2012/data/ko120111a.pdf

Shirakawa, Masaaki (2012b), "Japan's Economy and Monetary Policy," Speech at a Meeting Held by the Naigai Josei Chousa Kai (Research Institute of Japan) in Tokyo, June 4, 2012 Bank of Japan.
https://www.boj.or.jp/en/announcements/press/koen_2012/data/ko120604a1.pdf

Svensson, Lars E. O. (2003), "Escaping from a Liquidity Trap and Deflation: The Foolproof Way and Others," NBER Working Paper, No. 10195.

Ugai, Hiroshi (2007), "Effects of the Quantitative Easing Policy: A Survey of Empirical Analysis," *Monetary and Economic Studies*, Institute for Monetary and Economic Studies, Bank of Japan, Vol. 25(1)/March 2007, pp. 1-48.

Yamaguchi, Yutaka (1999), "Monetary Policy and Structural Policy: A Japanese Perspective," Remarks by Yutaka Yamaguchi, Deputy Governor of the Bank of Japan, before Colloque Montaire International at Banque de France, October 8-9, 1999, Bank of Japan.
http://www.boj.or.jp/en/announcements/press/koen_1999/ko9911a.htm/

あとがき

　本書では，1980年代のバブル形成から90年代初頭のその崩壊，90年代後半の金融危機そしてデフレの発生といった長期にわたる日本経済の苦闘をとりあげ，そのメカニズムの解明に努めた．本書の一貫した主張は，こうした経済の変調の中心には企業行動があったというものである．バブル崩壊以降の日本経済の問題を，銀行の不良債権問題ととらえることがよく行われるが，金融機関の不良債権と位置付けることは問題をベール越しに見るようなものである．本質は企業の低収益資産の蓄積であったと思われる．

　このように整理すると，90年代を通じて財政出動，金融緩和が大規模に行われたにもかかわらず，経済が本格的に回復しなかった理由はよくわかる．日本経済は需要不足ではなく，(持続可能な需要水準と比べた)供給力の過剰に悩んでいたのである．そうであれば需要追加はそもそも時間を稼ぐ以上の効果は望めないものであり，過剰な資産の処理こそ求められていた対応であった．

　本書において，そうした処理が速やかに行われなかった背景として，当初問題の深刻さに対する認識に遅れがあったこと，その後問題が顕在化を始めた後は問題の巨大さが迅速な対応を困難としたこと等をあげ，漸進的対応による問題の長期化が結果的に経済の変質をもたらしたことを指摘した．こうした経験を踏まえれば，将来に向けどのような教訓を導き出すべきであろうか．本書ではこれまでに生じた問題のメカニズムの解明と現在の問題の識別に力点を置き，今後どうすべきかについては余り触れることはできなかった．この30年の経験を踏まえ，いくつか我が国が目指すべき方向について述べてみたい．

　まず，既に述べたように，バブル崩壊以降の日本経済の困難は，80年代にはバブル形成がもたらすリスクに対する認識が十分でなく，90年代初頭

にはバブルの崩壊がもたらす問題の大きさに対する認識が遅れたことに示されるように，問題の所在に対する認識の遅れ，それによる根本的な対応の遅れが重要な背景となった．また，90年代前半に見られたように，問題が顕在化し始めると問題の巨大さが迅速な対応を困難とし，結果として長期にわたる対応とそれに伴う経済の変質といういわば2次的な影響をもたらした．これは人口減少や財政悪化の問題についても当てはまると思われる．将来の人口減少が専門的見地から指摘されるようになって久しい[1]．しかし，これがもたらす困難な問題に対する認識はごく近年になりようやく高まってきた段階で，現在はその破壊的インパクトの大きさにとるべき対応（例えば，集住化）を円滑に進めることが困難となっているように思われる．財政についてもいずれ同じことが起きる可能性が高い．企業の防衛的姿勢の継続による民間セクター主導の成長の不在の中で，成長の政府支出依存が恒常化し，高齢化の影響もあり財政悪化がとどまる気配はない．これが日本経済社会の衰退（これは既に徐々に顕在化している[2]）を不可避とする深刻な問題であることの認識と，迅速な対応が望まれる．

---

1) 例えば，1992年，経済企画庁「平成4年版 国民生活白書——少子社会の到来，その影響と対応」（平成4年11月13日）は，少子化問題をとりあげ，出生率の低下が急速な高齢化と相まって，若年・中年層への負担の増大など経済社会に多大な影響を及ぼすことになると警鐘を鳴らした．同白書には，厚生省「日本の将来推計人口」（平成4年9月推計）の低位推計（通常用いられる中位推計よりも出生率の仮定をより低く置いた推計）によれば，2090年には総人口が半減し6000万人程度まで低下するとの衝撃的な数字が紹介されているが，その後の実際の合計特殊出生率は1990年代末から2010年代半ばまで，低位推計の仮定を更に下回る低い水準で推移することとなった．

2) その顕著な例は，大学の財政悪化を背景とする若年研究者の研究環境の急速な悪化や，学術論文数などに示される我が国の研究・技術開発力の低下である．例えば，筆者が勤務していた東京大学でも，近年若年層の任期付き教員が著しく増加している．また，学術論文数の国際比較についても，村上・伊神（2017）によると，2003〜05年（平均値）から2013〜15年（同）にかけ，後者の期間の上位4か国（日本は第5位）は，米国（34％増），中国（325％増），ドイツ（39％増），英国（41％増）と軒並み論文数を大幅に増加させているのに対し，2003〜05年に米国の論文数の3割を生産し世界第2位であった日本は唯一1％増と横ばいとなっている．2013〜15年における日本の論文数は米国の5分の1強（22％），中国の3分の1弱（31％）に過ぎない．また，近年洪水等の大規模災害が多発しているが，これは気候変動の影響に加え，人口減少，高齢化と財政余力の低下によるインフラの整備・維持管理能力の社会全体としての低下が背景となっていると思われる．

また，研究の場に移って以来，強く感じることは，政策形成が科学的な根拠を持たずに行われ，またそうした政策が失敗したときにその失敗の原因を究明し，それを将来に生かすという作業が極めて少ないということである．例えば，第1章のバブルの形成に関して触れた80年代の「民活法」や「リゾート法」のもたらしたもの（多くの事業が破綻したとされる），あるいは80年代末から90年代初めにかけて行われた，急激な金融引き締めや不動産関連融資に対する総量規制の導入等による積極的なバブルつぶしともいえる措置により経済をオーバーキルしたことは，どのように検証され，その教訓はどう生かされたのであろうか[3]．このようなバブル期の高揚やバブル崩壊期の社会的公正への志向（メディアには，結果的にバブルつぶしにつながった急激な金融の引締めを，まるで正義の味方の到来であるかのように賞賛する見方も現れた）に見られたように，集団の多くの構成員が一つの方向に向かっているときであっても科学的な証拠に基づく議論が重視される土壌があれば，大きな間違いに対する一つの抑止力になるのではないだろうか．証拠に基づく政策論議こそこれからの我が国に強く求められるものの一つであろう．

　更に本書では，これまでの社会の仕組みが維持しがたくなってきていると述べ，「自助自立」を基本原理として社会を再構築する必要があると主張した．これは今後，人口減少が本格化し，同時に一層の高齢化と財政悪化が進行する中では，企業であれ，個人であれ，地方であれ，自分で対応できると

3） 他にもその適切性に疑問を覚える政策の例は多い．筆者は東京の都立高校で学んだが，入学した年は希望校への単願を認めない学校群制度の導入初年度であった．学校群制度の導入は，当時の東京都の教育長から出された入試準備教育偏重の是正通達（65年11月）に端を発し，それが有名校とそれ以外の「学校格差」是正を求めるマスコミに好意的にとりあげられる中，入試改革の具体案として急浮上し，ほとんど議論もなく翌66年7月に正式決定，67年3月には実施された（奥武則『むかし〈都立高校〉があった』（2004年，平凡社））．その後の都立高校の凋落・私立中高一貫校の台頭と教育費の高騰は多くの国民を苦しめることとなったが，90年代に単独選抜が復活するまで30年近い年月が経過した．これ以外にも，「ゆとり教育」（東大で筆者のクラスにいた日本で教育を受けた中国出身の女子学生はこれを「ゆるみ教育」と酷評した），今や法曹関連諸制度のお荷物と化した感さえある「ロースクール」，高学歴ワーキングプアを量産している「大学院重点化」など，囚われた思い，あるいは需要者や社会のニーズの所在に無関心なまま供給サイドの事情で行われるスローガン政策は後を絶たない．これらは，現実に対する冷静で科学的な分析を欠く政策がいかに大きなコストを国民にもたらすか苦い教訓を提供するものである．

ころは自分で対応することを基本とする社会に変えていかなければ，これまでのような安全で安定した社会は維持できないという危機感によるものである．これを外国人労働者の導入で解決しようという意見も見られるが，外国人労働者は決して労働力だけの存在ではなく，国民と同じ人間としての存在であることをまず認識する必要がある．自国の労働者にはなり手がいないので他国の労働者（労働力）を活用しようといった近視眼的な対応は，将来に禍根を残すと思われる．他国の例に見られるように，長期的視点を欠く外国人労働者の活用は意図せずに（即ち覚悟も準備もなしに）国民の構成を変えることにつながる政策である[4]．地方についても政治も行政も中央からの分配（これは間違いなく減少・枯渇する方向に進むと思われる）で持続困難な地方の政策を支えるという悪循環から脱却する必要がある[5]．地方自体がコンパクトな住み方を図ることは，その重要な一歩であろう．

---

4) 例えば，ドイツは，第2次世界大戦後の復興期における労働力不足を補うため，二国間協定に基づき低・中技能の外国人労働者を受け入れた．彼らは「ガストアルバイター（Gastarbeiter）」（ゲストワーカー）と呼ばれ，その名の通り，当初は労働契約満了後に帰国すると考えられていた（1980年代には帰国促進政策も講じられた）が，予想に反して多くの者が残留し，ドイツ社会と一線を画する外国人の下層階級を生み出すことになったとされる（労働政策研究・研修機構 2018）．一方，シンガポールでは，非熟練外国人労働者の定住を回避する政策がとられている．例えば，外国人労働者に対する公的な社会保障制度は皆無に等しく，失業と同時に就労パスを失い，出国が求められる．また，家事労働に従事する外国人の女子労働者には6か月毎に妊娠検査が義務付けられている．家事労働者を含め（非熟練労働者に発行される）労働許可保有者の妊娠は，労働許可の条件から逸脱したとみられ，現実的には国内での堕胎か出産のための帰国の選択しか残されていないとされる（労働政策研究・研修機構 2018）．シンガポールのように，外国人労働者について労働力としての側面以外は認めないといった位置づけが，我が国で受け入れられるであろうか．これは大いに疑問であり，外国人労働者の受け入れ拡大は，現実にはドイツと同様，外国人の定住拡大（即ち，移民）と社会の分断につながる可能性が高いと思われる．

5) 何故，都道府県や多くの自治体は，確かな効果があるとは考え難い「ゆるキャラ」をいっせいに作るのであろうか．また何故ふるさと納税という，返礼品を含めれば納税者にとって節税手段となりうる仕組み（ふるさと納税額は，一定の条件を満たせば，そのほぼ全額が国税（所得税）及び地方税（住民税）から減額されるため，一定額以上の返礼品を得られれば納税者は利益を得ることができる）の利用を自治体が競って納税者に呼びかけるという皮肉な状況が生まれるのであろうか．前者は自治体におけるコスト（税負担）とベネフィット（政策効果）の考量の薄さ（財政民主主義の不在），後者については個々の自治体にとっては合理的な行動が国全体では非合理な結果をもたらすという制度のインセンティブ構造に問題がある．

他方，全く逆のことを述べるようであるが，これまで同質性，一体性を大きな特徴としてきた日本社会の強みは，やはり集団性（あるいは帰属する集団全体への配慮の強さ）にある．東日本大震災時の被災地の方々の秩序だった対応は，全体を考えて自制的に行動するという日本の社会の持つ大きな強みを明らかに示すものであった．それだからこそ，その強みを失うことは惜しいと言わざるを得ない．金融危機以降の非正規化の進行は，元々異なる背景の下で労働市場に存在した分断を，危機に直面した企業がコスト削減・競争力維持のために活用した結果であると思われる．これは日本社会に大きなコストを生みつつあり，正規・非正規の間の不合理な格差の是正は社会的な要請であると言える[6]．特に人口減少・高齢化や財政悪化のしわ寄せが若年層と，将来の成長性の犠牲という形で行われていることは，我が国の最大の問

---

[6] その顕著な例は，大学の非常勤講師の処遇であろう．非常勤講師という業務は，かつては大学での師弟関係などに基づき依頼され，また引き受けるものであり，経済的には全く割の合うものではなく，現在も非常勤をお願いすることは伝統的には借りを作るということであると思われる．経済的には，例えば，非常勤で1学期間1コマを担当したときの報酬は，十数万円〜18万円程度であろうか．これを15万として仮に週に6コマ（1学期15回），通年で授業を行うと年間180万円である．6コマ担当を常勤で行えば，准教授であれば800万，教授であれば1000万円程度であろうか．仮に800万円とすれば，1コマの単価は4倍以上，1000万円とすれば5倍以上である．常勤職には大学の行政事務負担があるので，それを3分の1（授業にかける時間は全体の3分の2）と考えても，単価は3〜4倍となる．現在は大学院で博士号を取得しても常勤職を得ることが難しくなっており，30代後半や40代，場合によっては50代になっても非常勤で生活をしている者も多い．今後，大学はこれだけの待遇格差を「同一労働同一賃金」という原則の下で説明することが求められていくことになる．なお，授業は新規授業であれば，授業時間の5〜10倍の準備作業が必要であり，2年目以降も授業時間の1〜2倍の準備時間は要する．また課題や試験の採点にはやはり同程度の時間を要する．90分授業に2時間の準備と1時間の事後作業（授業時間と合計で4.5時間）を要するとなると，1コマ1学期15万円の報酬は，時間当たり2,200円程度となる．現在，東京でアルバイトの平均時給は1,100円程度であろうか．2倍とはいえ，大学院進学や留学などで社会に出るタイミングも遅く，準備期間中の費用負担も大きい高度の知識と技能を要する業務であることを考えると，大学非常勤講師という仕事は極めて不合理な待遇の下に置かれた存在であることがわかる．近年は，非常勤講師だけでなく，特任（行政事務は担当せず授業のみを行うということで賃金が大幅に低い水準に設定され，かつ任期付きであるという形が多いと思われる）など様々な形での，正規に比べ雇用条件の劣る非正規職が若年層に拡大しているように思われる．こうした変化の中で，高い能力を有する者が研究の道を選ばなくなれば，国の将来は危ういと言わざるを得ない．

題であろう．第 6 章で述べた非正規労働者の有配偶率の低下は，国民の再生産が確保できないという意味で国家に大きなリスクをもたらすものである．女性のキャリア形成と出産・子育てとの両立を企業や組織がバックアップしていくことは，社会の責任といえる[7]．他方，同時に，経済社会の再建には，生産性の向上が不可欠である．そのためには，AI の活用等技術が果たすべき役割が重要だが，それと同時に，正規職員，非正規職員という労働市場の分断を改め，両者が同じ土俵の上に立って生産性・競争性を競う枠組みが必要である[8]．しかしそれを雇用の流動性を高めることにより行うことには，慎重な検討が必要である[9]．労働する側が最も強く求めることは職の安定であると思われ，それが損なわれる場合にはその行動は現在以上に防衛的なものとなる可能性が高い．かつてのような帰属の復活が可能かあるいは適切かどうかは不明であるが，組織や集団全体としての業績と個人の生産性に応じて収入の調整は柔軟に行いつつも，職の安定を得られるような労働形態が構築できないであろうか．そうした形で緩やかな帰属の復活が図れないか

---

[7] これには女性の就労環境の改善だけでなく，子育てや安定した女性のキャリア形成との両立が困難な現在の男性正社員の働き方の見直しが不可欠である．組織の要請があれば，職務内容のみならず，勤務地の変更（時には海外への赴任）をも柔軟に受け入れることを期待される日本の正社員（無限定社員）は，配偶者の仕事や子育てといった家庭生活との調和を念頭に置かない，いわば「スーパー正社員」ともいうべきものであり，こうした勤務形態を正社員に一律に求めていくことは，人口減少への対処という国家の抱えた最重要と言っても良い課題と齟齬をきたしていると思われる．

[8] それには，正規職員と非正規職員との労働条件の実質的均等化，現実には非正規職員の労働条件の改善と（受け入れられ難いことであろうが）正規職員の賃金水準の引下げを含まざるを得ないと思われる．

[9] 雇用の流動性を高めるという場合に，これが何を意味しているかは慎重な検討を要する．これが単一の組織に依存しないキャリア形成の自律性を高めるという意味であれば，労働する側の意識改革と技能習得が主要な問題であり，社会の変化とともにこれまでもまた今後も自律的に徐々に進行していくと思われる．仮に，雇用の流動性の引上げが解雇の自由を指すのであれば雇用する側と雇用される側は元々対等の関係にないということを踏まえた慎重な検討が必要である．また，これが新卒一括採用の取りやめとその通年採用への切り替えという形で行われるのであれば，一般的に既卒の経験者と比べて業務に係る知識経験に劣る新卒者の失業の急増を回避するには何が必要か十分な検討が必要となる（大学までの教育の大きな見直し（実学教育の重視），若者の家族からの自立のタイミングの前倒し（就職期の十分前に就職を見越して受けるべき教育を自ら選択すること）などが必要で，移行に長期を要する問題をはらむと思われる）．

と思う．

　サッカー日本代表監督であった岡田武史氏の言葉に，日本の目指すべき方向は「個を強化した組織力」であるという指摘がある．組織の一員としての規律，求められる仕事をこなす完璧さで日本の労働者の右に出る者はいないのではないだろうか．これに加え，日本の労働者が，自立を基本に据え，仕事を通じて専門性を高め，自分の頭で考え，説明し，他を巻き込んで行動していく力をつけたら，極めて強い集団が生まれると思われる．自立した個を育てる家庭教育，学校教育，職場での教育が極めて重要となると考えている．

　繰り返せば，かなり抽象的な結論となるが，第1に，問題の正面からの識別と早期の根本的な対応，証拠に基づく科学的な議論を求める原則の確立，第2に，若年層や女性，更に将来世代への政策フォーカスの抜本的シフト，人的資源育成への資源の重点投入，社会全体での人的資源の活用の仕方の包括的な見直し，第3に，自助自立を基本とした社会の再構築，緩やかな帰属の復活による職の安定と，正規・非正規の分断の是正を通じた生産性向上を促す規律の確立を推進し，国や組織に依存しない強化された個により構成される強い社会や組織を作ることが我が国に求められていると思われる．まとめれば，科学的思考，若年層と将来への集中投資，自助自立の3点である．

　最後に原稿の最終段階で通読していただいた大守隆氏（元経済企画庁調査局内国調査第一課長）からは，多くの有益なご指摘をいただいた．特に我が国経済の低成長は，キャッチアップは得意でもフロントランナーとして新しい需要を開拓していく力が元々不足していることの表れではないかとのご指摘は深いもので，日本の経済社会に何が必要かを考えていくうえで非常に示唆に富むものである．本書ではこうした点についてはほとんど触れることはできなかったが，今後も重要な検討課題として考察を続けていければと考えている．

2019年3月16日

　　　　　　　　　　　　　　　　　　　　　　　　　　　荒 巻 健 二

索　引

アルファベット

CPI（消費者物価指数）　19, 147, 149,
　　150, 156, 173, 174, 176, 183, 184, 194-
　　197, 239, 247, 255, 256, 263, 279, 281,
　　284-286
ETF・J-REIT　263, 264
EU 経済連携協定　269
FDI　156, 157
flexicurity　307
GDP　250
　　──ギャップ　255, 256, 298-300
　　──デフレータ　20, 174, 176, 247
IS バランス・アプローチ　59
IT バブル　94, 97
　　──崩壊　144, 150
J カーブ効果　54
PB 黒字化　267
QQE →量的・質的金融緩和策
ROA　121, 231
TPP　268, 292
TPP11　269
2 年，3 年ルール　129
3 つの過剰　151, 163
4 兆元の景気対策　6

あ　行

アウトプット・ギャップ　185
アベノミクス　3-5, 10, 11, 15, 16, 20,
　　26-28, 79, 83, 84, 97, 181, 197, 251,
　　261, 262, 265, 267, 269, 270, 272, 274,
　　276, 277, 279, 281, 288, 291, 294, 298,
　　300, 302, 310-312

　　──の第 2 ステージ　312
安定成長　68, 83
　　──期　42, 102
イールド・カーブ　195, 263
　　──・コントロール　27, 265, 312
異次元緩和　20
インターバンク市場　120, 191
インフラの老朽化　308
インフレ　185, 189, 237, 239, 310
　　──・ターゲット　191, 193, 281
　　──・ターゲティング　194
　　──・プレミアム　194
　　──見通し　194
　　──予想　193
　　──率　193, 239
　　予想──率　193, 282-284
失われた 20 年　99
売上低迷　121, 123, 124, 151, 216, 217
営業外収支　202, 204, 205, 215
営業外利益　248
営業利益　202-205, 215, 231, 248
円高　309
円ドル委員会　48
　　──報告書　40
円の国際化　48
欧州　2
　　──債務危機　19, 164
大いなる安定　18, 152

か　行

海外生産比率　227, 228
海外投資比率　165
外国人の労働者　308

索　引

開示債権　124
外需依存　166
　――度　166
外需の内需化　306
外的なショックへの脆弱性　165, 166
家計貯蓄率　160, 162, 250
貸渋り　14, 132, 180, 181, 214
貸出条件緩和債権　125
貸しはがし　214
過剰供給力　16, 107, 179, 180, 219, 221
過剰雇用　4, 18, 24, 151, 152, 217, 233, 239, 249, 250
過剰債務　8, 9, 18, 219, 256
過剰資産　5, 6, 8-10, 17, 21, 23, 24, 55, 58, 103, 106, 115, 117, 121, 123, 124, 130, 133, 138, 143, 151, 152, 165, 168-170, 188, 199, 215, 216, 219, 221, 223, 231, 249, 252-254
　――の処理　171
　――・負債　2, 4, 5, 10, 22, 24, 200, 216-218, 221, 223, 228, 235, 249
　――・負債の処理　165
過剰生産力　116, 152
過剰設備　18
過剰投資　102, 116, 219, 249
過剰負債　5, 6, 9, 115, 151, 152, 175
ガバナンス　223, 292, 296, 306, 311
貨幣供給量　175
貨幣数量説　179
間接償却　131
危機管理措置　150
危機対応期　4, 24, 217, 218, 231, 248, 249, 253
企業が保有する現預金　152, 286
企業行動　4, 11, 16, 18-21, 23, 24, 144, 173, 201, 213, 217, 218, 223, 229, 233, 240, 248
企業の防衛的姿勢　25, 217, 218, 253, 292, 295
規制緩和　198
期待成長率　15

キャッシュ・フロー　166, 222, 223, 225, 227, 228
　――比　223, 228, 279
キャピタル・ゲイン　109, 123, 132, 231
キャピタル・ロス　108-110, 112, 116, 194
供給過剰　20
供給サイド要因説　13, 85, 86, 89
供給力過剰　187, 199
緊急措置法　127, 128
銀行危機　139, 140
銀行行動　31, 40
銀行の破綻数　120
金利調整済み PER　38, 76, 77
金融機関行動　11, 12
金融機関の破綻原因　123
金融機関の融資態度　144, 180, 198, 213, 216, 231, 249
金融危機　2, 4, 5, 9, 10, 13, 14, 16, 18-20, 23-25, 79, 91, 94, 96-99, 105, 115, 116, 119, 120, 127, 133, 136, 138, 139, 143, 144, 146, 150, 152, 155, 156, 160, 163, 165, 166, 171, 180, 201, 202, 207, 211, 213-217, 221, 223, 225, 228, 229, 231, 233, 235, 237, 243, 248-250, 252, 253, 261, 287, 298
金融再生プログラム　129, 159
金融再生法　125, 128
　――上の開示債権　125
金融自由化　11, 12, 31, 40, 41, 48, 67-69, 71, 72, 82
金融政策　11
　大胆な――　262, 263, 310
金融整理管財人　128
金融セクターの機能不全　181
金融セクター要因説　13, 14, 86, 91
金融仲介機能　175, 180
金融ビッグバン　138, 150
グローバル化　255
景気回復　18
経済低迷　5, 20, 24, 173, 179, 198, 199,

338　索　引

　　　201, 202, 255
経常収支　204
経常利益　202, 204, 205, 216, 226, 248, 286, 287
交易条件　240, 246, 250, 254
構造改革　12, 46, 183, 190
構造協議　40, 43
構造調整　53, 190
構造要因　88
公定歩合　51-53, 81, 82, 114, 115, 138, 182, 183, 187
公的資金　136, 137, 139
高度成長　1, 11, 12, 64, 66, 68, 83
　――期　42, 83, 121
コーポレート・ガバナンス　269
　――・コード　268
コール・レート　185
　オーバーナイト・――　182, 183, 194
　最適――　185, 186
　無担保オーバーナイト・――　182, 263
国有化　17, 128, 135, 142, 143
コスト削減　250
コスト抑制　250
護送船団方式　69

さ　行

財政悪化　69, 71, 308
財政健全化　114, 150, 180
　――目標　266
財政再建　12, 262
　――元年　45
　増税なき――　45
財政政策
　機動的な――　262, 265, 310
財テク　13, 71
債務残高　267
債務超過　137
　――企業　133
サブプライム・ローン　6

産業再生機構　129
三本の矢　26, 262, 310
三洋証券　119, 127
地上げ　80
時間軸政策　195
資金余剰　156
　――額　147
　――部門　147
自己実現（的）メカニズム　251, 261, 293, 302
自己資本規制　132
自己資本比率　16, 125, 128, 212, 213
資産・負債・雇用の過剰　249
自助自立　306, 308, 309
システミックな危機　142
実質金利　193
実質経済成長率の見通し　293
実質賃金　18, 25, 160, 161, 166, 229, 231, 232, 247, 281, 301
自動車摩擦　43
資本注入　16, 17, 127-129, 135, 142, 143, 150
資本取引規制の自由化　69
社外取締役　268
ジャパン・プレミアム　129
集住　308
住宅価格のブーム　111
住宅金融専門会社（住専）　16, 126, 136, 137
受動的対応期　4, 23, 216, 218, 231, 248, 252
首都改造計画　47
取得銀行（受け皿となる銀行）　129
需要サイド要因説　13, 86, 89
需要不足　20, 179, 180, 187, 198, 199, 298
　構造化された――　217
　国内需要の不足　166
純資産　23, 24, 211-216, 231, 235, 237, 248, 253
純貯蓄部門　160

索引　339

条件緩和債権　131
証券取引法65条　70
少子高齢化　255
消費者物価指数　→CPI
消費税　11
将来不安　261, 306
昭和金融恐慌　136, 142
初期調整期　10, 14, 15, 18, 20, 97-99, 101, 105, 115, 116, 119, 133, 144
人口減少　225, 254, 294, 296, 302, 306-309
　——予想　225, 261, 296
人口高齢化　114
人口動態　13, 89, 225, 255, 257, 298
新三本の矢　268, 312
人的資源　302
「人的資源の育成と活用の仕方」改革　302
信用保証制度　133
スカンジナビア諸国　139, 140, 142
スタグフレーション　41
スチュワードシップ・コード　268
ストック調整　15, 102, 107, 221, 249
スミソニアン合意　40
正規雇用　9, 18, 23, 24, 26, 146, 201, 215, 216, 233, 250, 286, 288, 290-302, 306, 307
正規の非正規化　217, 249
正規・非正規　307
正規労働者　148, 231, 233-235, 243, 291, 307
政策協調　54
政策金利　150, 185
生産性　298, 307
　——の向上　292, 302, 307
生産年齢人口　255
正社員　288, 301
成長性　164
成長政策　26, 27
成長戦略　262, 269, 310
成長見通し　293

成長予想　10, 25, 102, 116, 228, 249, 250, 293-296
成長率低下予想　307
政府債務　8, 9
セーフティ・ネット　17
世界金融危機　2, 4, 6, 11, 15, 19, 94, 97, 98, 112, 119, 147, 152, 156, 164, 202, 205, 214, 223, 235, 300
石油危機　1, 11, 41, 68, 70
ゼロ金利　21, 190-192, 195, 199
　——政策　21, 150, 182, 183, 190, 191
　——政策導入　173
　——制約　173, 181
　——導入　173, 181
潜在成長性　160, 163
　——の低下　250
潜在成長率　250, 298-300
専門金融機関制度　68
早期健全化法　128, 129
早期是正措置　16, 125, 128
総量規制　13, 14, 82, 138, 187, 199
ソロモン・レポート　48
ゾンビ企業論　133

た　行

ターム・プレミアム　193
第1次石油危機　40
第2次石油危機　40
対外脆弱性　164, 250
対外直接投資　157, 207, 209, 223, 225-228, 240, 248
大介入　159
対外不均衡　45, 53, 57, 62, 64, 66, 81
対外摩擦　12, 57
地価　12, 15, 36, 38, 57, 70, 72, 80, 82, 90, 110, 111, 123, 137, 138, 143, 165, 252
　——上昇　11
　——税　82
地方財政　308

340 索引

中期財政計画　311
中国　2, 5, 6, 9
中長期的な物価安定の目途　182
長期回復　151, 163
　──期　15, 97, 98, 105, 119, 155, 156, 160, 164
長期金利　192
長期景気回復　4, 11, 97, 151, 152, 163, 165
長期国債　195
長期停滞　180
長期低迷　1-4, 11, 13, 14, 31, 79, 82, 83, 85, 89-93, 96, 97, 99, 150, 173, 180, 201, 218, 219, 248, 249, 257, 261
　──期　3, 4, 13, 85, 257
　──と低インフレ　2
長短金利コントロール　265, 270, 271, 303
長短金利操作付きQQE　264
直接償却　131
貯蓄超過　201
　──部門　163, 165
賃金　202-205, 215-217, 229, 231, 235, 238-240, 248, 249, 252, 288, 291, 292, 302, 308
　──・投資抑制　10, 218
　──の抑制　5, 26, 217, 218, 229, 233, 240, 243, 249, 250, 253-255, 261, 292, 294, 300, 301, 304, 306
　──抑制姿勢　286
通貨供給　175
ディスクロージャー　137
　──規制　136
　──義務　136
低成長　218, 254
　──予想　25, 28, 229, 261, 293, 295, 306
定年制　308
低迷　3
　──の3つのステージ　252
　──の第1ステージ　18, 216, 218, 219, 221, 228, 229, 249, 252
　──の第2ステージ　18, 23, 216, 218, 219, 221, 228, 248, 249, 253
　──の第3ステージ　217-219, 221, 228, 248, 249, 254
テイラー・ルール　185, 186
デフレ　1-4, 11, 14, 18-21, 24-26, 53, 144, 147, 165, 173-176, 179, 181-183, 185, 186, 189, 191, 195, 198, 199-201, 202, 217, 218, 248, 250, 253-255, 261, 262, 266, 310
　──ギャップ　13, 20, 89, 179, 187
　──マインド　262
同一労働同一賃金　268, 269, 302, 307
当座預金　303
投資／キャッシュ・フロー比率　157
投資超過　201
投資と賃金の抑制　202, 250
投資と労働コストの抑制　261
投資のキャッシュ・フローに対する比率　156
投資の抑制　4, 5, 15, 18, 24-26, 107, 156, 164, 215-219, 221, 223, 228, 231, 237, 249-254, 261
　　国内──　306
　　──的実施　293
投資有価証券　207, 209, 215, 223, 225
徳陽シティ銀行　120, 127
土地関連融資　82
土地神話　13, 70, 72, 138
取付け　16

な　行

内需拡大　12, 51, 53, 54, 66
内需主導　66, 71
　　──経済　57
内需不足　250
　　構造的な──　164, 251, 253, 254
　　国内需要の不足　→需要不足
中曽根康弘　12

索引　341

ニクソン・ショック　40, 41
日銀当座預金　195, 264, 303, 303, 312
日銀特融　137
日米摩擦　41
日本債券信用銀行　16, 120, 128
日本再興戦略　27, 268, 310, 311
日本長期信用銀行　16, 120, 127, 128
年金積立金管理運用独立行政法人（GPIF）
　　268, 269
年功賃金体系　308
ノンバンク　82

は　行

働き方　311
　——改革　268, 269, 292, 302
破綻銀行　129
　——の処理　150
破綻懸念先以下　129
破綻処理　16
バブル　1-5, 9-13, 15-19, 22-25, 31, 33,
　　36, 38-41, 52, 57, 58, 70-72, 74, 79,
　　82-85, 88, 91, 93, 94, 97-99, 106, 107,
　　109, 115, 140, 155, 165, 166, 170, 199,
　　202, 223, 228, 235, 249, 250, 292
　——期　3, 8, 42, 102, 103, 105, 116,
　　163, 217, 219, 249
　——崩壊　1, 2, 4, 10, 99, 101-103,
　　106-108, 110, 112, 115, 116, 119,
　　121, 123, 132, 135, 138-140, 142-
　　144, 152, 156, 160, 166, 171, 173,
　　175, 180, 181, 186, 188, 198, 201,
　　202, 207, 215-217, 218, 225, 228,
　　229, 231, 233, 243, 248, 249, 252,
　　260, 261, 292, 295, 298
　——の形成と崩壊　1
バランスシート　22, 102, 108, 110-112,
　　116, 123, 129, 131, 132, 151, 152, 155,
　　163, 188, 205, 213, 216, 223, 228, 249
東日本大震災　165
非正規化　29, 165, 240, 253, 254, 301,
　　304, 306-308
非正規雇用　9, 18, 24, 26, 146, 148, 155,
　　163, 166, 201, 216, 233, 250, 286, 288,
　　290, 291 301, 302, 307
非正規比率　233
非正規労働者　28, 231, 233-235, 243,
　　292, 307
非典型雇用　301
非伝統的な政策　193
人の使い方の改革　306
ファンダメンタルズ　33
　——価格　74
福祉元年　44
不良な資産　131
双子の赤字　59
物価　291
　——安定目標　27, 182, 263-265, 281,
　　310
　——安定目標達成　265
　——上昇予想　284
　——の安定　188, 198
　——の低下　4
　——見通し　283
物的資産　22, 24, 219-221
　過剰な——　170, 220, 221
不動産関連資産　123
不動産関連部門への信用　123
不動産関連融資　67-70, 80, 82, 115, 199
　——急増　68
プライマリーバランス　266, 267
　——黒字化目標　312
プラザ合意　12, 40, 46, 48-51, 66, 71
ブラック・マンデー　40, 81
ブリッジバンク　128
不良債権　16-18, 23, 124, 125, 129, 130-
　　132, 135-137, 143, 216, 253
　自己査定による——　125
　——額　124, 137
　——残高　124
　——処理　8, 17, 124, 129, 131, 134,
　　135, 140, 159

342　索　引

　　——比率　124, 129, 130
　　——問題　2, 5, 14, 15, 17, 20, 111,
　　　116, 119-121, 123, 125, 129-131,
　　　133, 134, 136-138, 143, 175, 180, 252
ブレトンウッズ体制の崩壊　1
ペイオフ・コスト　126, 127
米国　2, 5, 6, 9, 11, 12, 41-43, 183
ベースマネー　27, 191, 192, 194, 196,
　　197, 303, 311, 312
　　——・ターゲット　271
ヘリコプター・マネー　193
変動相場制　1
防衛的姿勢　5, 28, 156, 164, 166, 214,
　　223, 237, 249, 251, 261
　　——継続期　5, 24, 217, 218, 248, 249,
　　254
貿易依存度　160, 162, 250
貿易紛争　116
貿易摩擦　15, 41, 43, 57, 71, 252
包括的な処理フレームワーク　136, 139,
　　165
ポートフォリオ・リバランス　192, 195
保護主義　12, 48
北海道拓殖銀行　16, 120, 127
保有有価証券　248

ま　行

マイナス金利　27, 264, 270, 312
　　——付きQQE　264
マインドセット　28, 218, 223, 228, 249,
　　261, 295, 302, 306
　　防衛的な——　250
前川レポート　12, 40, 50, 71
マネーサプライ　175, 195
マネーストック　14, 21, 90, 115, 187,
　　196, 197
マネタリーベース　263, 264
民活　47, 57
　　——法　54
民間設備投資　223

名目金利　191, 192
名目賃金　4, 9, 18, 146, 155, 165, 166,
　　201, 216, 217, 229, 233, 235, 237-239,
　　247, 249, 250, 255, 256
モラトリアム　137
モラルハザード　190

や　行

山一証券　16, 120, 127
有形固定資産　170, 171, 207, 215, 219,
　　223, 225
有形資産　219
　　——額　219
　　——規模　219
融資姿勢の厳格化　253
有配偶率　301, 307
　　——の低下　301
ユーロ圏　5, 6, 9
輸出価格　240, 241, 246, 247, 250
輸出規制　44, 46
輸出自主規制　44
輸出物価　240
輸入価格　239, 247
輸入浸透　176, 198
　　——率　177
良いデフレ　189
預金金利規制　69
預金の全額保護　126, 130
預金保険機構　16, 123, 126-128
預金保険法　126
予想インフレ率　→インフレ
予想成長率　64, 105, 106, 112, 115, 224,
　　225

ら・わ行

利益剰余金　121, 211, 212, 215, 248, 249
リザーブマネー　195
リスク管理債権　125
リスク管理資産　124

リスク・プレミアム　34, 39, 74, 75, 77,
　　192, 193, 263
リゾート法　54
りそなグループ　130
りそな銀行　130
流動性危機　140
流動性ポジション　163
量的緩和　21, 194, 195, 197, 199
　　──政策　150, 173, 182, 194, 195, 197
量的・質的金融緩和策（QQE）　27,
　　173, 181, 182, 263-265, 281, 282, 310
　　──拡大　270, 311
　　──拡大措置　271
　　──導入　270, 282
　　──の総括的検証　271, 312
　　──の補完措置　264, 270, 312
理論価格　34, 38
ルーブル合意　40, 50, 51, 53

レーガノミクス　11, 58
レーガン政権　41
労働コスト　4, 24-26, 28, 231, 233, 235-
　　237, 249
　　──の削減　156, 163, 216, 217, 231,
　　　233, 240, 249, 253, 307
　　──の上昇　231
　　──の抑制　18, 166, 217, 235, 237,
　　　240, 249, 250, 254, 261, 286, 292,
　　　300, 301
労働シェア　231, 247
労働市場の分断　301
労働生産性　231, 232, 247, 268
労働分配率　25, 231-233, 249, 252, 287,
　　289

悪いデフレ　189

著者略歴

1952 年東京都生まれ．一橋大学社会学部・同法学部卒業，経済学修士（オックスフォード大学），経済学博士（京都大学）．IMF 財政局エコノミスト，大蔵省国際金融局開発金融課長，長崎大学経済学部教授，経済企画庁財政金融課長，京都大学大学院客員教授等を経て，東京大学大学院総合文化研究科・教養学部教授．ロンドン大学東洋アフリカ研究学院客員教授．東京大学名誉教授．2017 年より東京女子大学特任教授．専門は国際金融．

主要業績

Japan's Long Stagnation, Deflation, and Abenomics, Palgrave/Macmillan, 2018.『金融グローバル化のリスク』日本経済新聞出版社, 2018 年.「トランプ台頭の経済的背景とその政策の評価」『国際社会科学』第 66 号, 2017 年. "Capital Account Liberalization: Japan's Experience and Implications for China," in: Kevin P. Gallagher *et al., Capital Account Liberalization in China*, Boston University, 2014.『アジア通貨危機と IMF』日本経済評論社, 1999 年.「コーポレート・ガバナンス」『ファイナンス』1994 年 7～8 月号.

日本経済長期低迷の構造――30 年にわたる苦闘とその教訓

2019 年 4 月 25 日　初　版

［検印廃止］

著　者　荒　巻　健　二
　　　　　あら　まき　けん　じ

発行所　一般財団法人　東京大学出版会

代表者　吉　見　俊　哉

153-0041　東京都目黒区駒場 4-5-29
電話　03-6407-1069　Fax 03-6407-1991
振替　00160-6-59964

印刷所　株式会社三秀舎
製本所　牧製本印刷株式会社

© 2019 Kenji Aramaki
ISBN 978-4-13-040286-6　Printed in Japan

JCOPY　〈出版者著作権管理機構　委託出版物〉
本書の無断複製は著作権法上での例外を除き禁じられています．複製される場合は，そのつど事前に，出版者著作権管理機構（電話 03-5244-5088, FAX 03-5244-5089, e-mail: info@jcopy.or.jp）の許諾を得てください．

福田慎一	編	検証　アベノミクス「新三本の矢」 成長戦略による構造改革への期待と課題	四六	2800 円
藤田昌久	編	日本経済の持続的成長 エビデンスに基づく政策提言	A5	4600 円
堀内昭義 花崎正晴 中村純一	編	日本経済　変革期の金融と企業行動	A5	6800 円
岩井克人 瀬古美喜 翁　百合	編	金融危機とマクロ経済 資産市場の変動と金融政策・規制	A5	4800 円
浅子和美 宮川　努	編	日本経済の構造変化と景気循環	A5	5400 円
宮川　努	著	長期停滞の経済学 グローバル化と産業構造の変容	A5	5400 円
宮川　努 淺羽　茂 細野　薫	編	インタンジブルズ・エコノミー 無形資産投資と日本の生産性向上	A5	5200 円
大瀧雅之	編	平成長期不況 政治経済学的アプローチ	A5	5800 円

ここに表示された価格は本体価格です．御購入の
際には消費税が加算されますので御了承下さい．